智慧之父與叛逆之子
佛與禪

金木水 著

致謝

　　本書得以出版，真是費了九牛二虎之力，因此我的感謝由衷而發——

　　感謝王悅，你見證了本書從構思到成稿，沒有你的協助，文稿的完成無法想像。感謝楊翊之、毛麗君、蔣莉、陸欣、陳霞、陳波、胡守景、李星良對初稿提出的意見，各位的意見拉近了我與讀者間的距離。感謝陳萱宇編輯在出版過程中的支持與幫助；很高興與時報出版社再次合作。

　　借此機會，我還希望感謝我的讀者，因為我是針對一類非常特殊的讀者，就像本書書名所描述的那樣——追求真理但保持懷疑。能與相似的心靈在此相遇，這是我寫作的原始動力。一想到這點，我就更感謝上述人員為我們架起了這座溝通的橋梁。

自序

連貫的思想史
才有意義

　　單獨寫佛的書很多，單獨寫禪的書也很多，可寫「完整」的很少。**本書致力於勾勒一幅完整的思想畫面**，因為非如此，我們就無法回答如下問題：

　　一、佛與禪有何相同及不同？

　　二、佛為何及如何變成了禪？

　　三、佛和禪是印度的、中國的，還是日本的？

　　畫過畫的朋友們都知道，靜態可以用點，動態可以用線，層次可以用色，可感覺，那只能來自整體！

完整的畫面

　　至於怎樣的畫面才叫完整，我的要求還是比較高的，不僅要求內容完整，還要求功能完整。

　　首先，這幅畫應該足夠寬，這樣我們才能通過比較回答第一個問題。如果單獨寫佛教如何智慧，或單獨寫禪宗如何殊勝，理性的讀者難免質疑：佛真的智慧，那為何又有禪？禪真的殊勝，那是否比佛還殊勝？封面的標題難免讓各位以為佛智慧、禪叛逆，只是，人類的思想從來都在智慧與叛逆中迴圈；舊思想被新思想所取代，新思想又被更新的思想取代。我的態度是：「比較出真知，真智慧就不怕理性的

檢驗！」[1] 佛禪的智慧，咱們也信個明明白白！

其次，這幅畫應該足夠長，這樣我們才能通過分析回答第二個問題。佛教的思想發源於印度，流經中國、朝鮮、日本、東南亞等地，近代又走向了世界，就如同黃河發源於高山，經過上游、中游、下游，最終歸入大海。這一系列事件當然不是「自然發生」——佛法的要旨就在於萬事萬物有因有緣才會發生，這中間的因緣就需要分析。印度為何能產生佛教的智慧？中國如何能引發禪宗的叛逆？在日本怎麼又能變種出花、茶、劍道？這種延綿的脈動，非連續的因緣無法解讀。

最後，這幅畫應該布局均勻，這樣我們才能以不同視角回答第三個問題。作為中華民族，我們自然認定佛教為中華文化的一部分，起碼「禪宗是中國的產物」。但在更廣的視野中，隱約出現一種矛盾：不少印度的學者堅持佛教是印度的產物，其他國家的佛教不過是印度智慧的延續，理由是佛教源於印度。又有日本學者認為日本佛教自成體系，理由是目前日本佛教廟宇眾多，佛教典藏甚多，為世界佛教研究的中心。[2] 同樣可以設想，以「詳實考據」著稱的韓國學者可得出結論，韓國佛教是韓國的產物；越南學者可得出結論，越南佛教是披著宗教外衣的本土文化；甚至在不久的將來，西方學者也可提出，現代佛教不過是帶有東方色彩的嬉皮士思想。這就需要不同視角。

回到黃河的例子，從某一段看，只能看到它的局部。青海人會說，沒有這兒的九曲十八彎，就沒有黃河的發源。山西人會說，壺口瀑布才能代表黃河的壯觀。山東人又會說：「俺這兒地上懸河，才算得上真正沉積下來的『黃』色的河。」這些說法都對，卻都不是黃河的全貌。以前人真沒辦法，而現在通過衛星就可以俯視全貌。

反對的理由

道理這麼簡單，有人會問：「別人為什麼不這麼做呢？」

原因很簡單：「完整的畫面」既不符合學術界的常規，也不符合宗教人士的常規。學術界目前以考據為常規，不細不足以為考據。我們讀某某大家的著作，

通常發現厚厚一本書只在說明一件小得不能再小的事：在 A 地發現的 A 卷本的 A 句話，與之前 B 地發現的 B 卷本的 B 句話不同，又與之前 C 地發現的 C 殘片的 C 殘句不同，由此填補了史料空缺，云云。學者們畢生精益求精，自然不喜歡「完整」，認為那太不科學。

而宗教人士向來以體驗為常規，不玄不足以為體驗。如印順法師所評論：「禪者都注重修持，精思密察的法相、翔正確實的歷史，是他們所忽略的。」[3] 修行者們畢生靜坐冥想，自然不喜歡「畫面」，他們認為自己的感覺就是全部。兩界不僅一致傾向於「碎片」，還彼此排斥，從而加劇了方法之「碎」。這倒解釋了大師們的態度：他們作為規則的制定者，以身作則維護規則，不是不能而是不屑於描繪「完整的畫面」。

好在，本人不是大師，所以我「藐視」常規——碎片的主題令人困惑，碎片的歷史令人乏味，碎片的視角不過是自說自話，碎片的方法來自不必要的傲慢。總之，「碎」對專業者有益，對公眾意義不大。生活在這個時代的普通人能全面地把握思想，是一種幸運、一種態度、一種責任。

因此，本人以身作則，「踐踏」常規。生命的真諦在於體驗，不在於文字；但你我兩個生命間的交流，又離不開文字。因此，佛禪的智慧要寫，但按照字典或課本是寫不出來的。國學大師馮友蘭曾說，他講思想不希望照著講，而希望接著講。我沒馮老那般有智慧，卻足夠叛逆。我希望不僅接著講，還橫著講、斜著講——貫穿自己的體會來講。

所以，說來汗顏，本人的方法實在算不上驚天動地，不過是「貫通」常規罷了。喜歡考據的朋友，不妨去讀胡適、湯用彤的書；喜歡修行的朋友，不妨去讀鈴木大拙、隆波通的書。而本書的功能是把大師們的意見貫穿起來，加入本人的種種「質疑」及感悟，目的在於為各位勾勒出一幅東方智慧的完整畫卷。謹將它獻給真正愛智慧的你。

金木水
2019 年於南京

目錄

第
三
篇

默然成道
—— 佛、禪怎麼變成了花、茶、劍道

智慧之父
—— 佛陀因何大事現身於世

生活的驚醒

我曾被父親的話「驚醒」。在填報大學志願的時候，他建議我報數學專業，這倒不算什麼，可理由是「數學自由，一個人，一枝筆，過一輩子」。對在饑荒、戰亂、鬥爭中度過一輩子的他來講，這是理想的人生。可我的反應是：還有比「一個人，一枝筆，一輩子」更可悲的嗎？不，這恰恰是我不想要的自由。世界那麼寬廣，我要定義自己的自由！謝謝父親，我走向了與他建議相反的路，投身於社會的洪流中。這是執著的開始。

第一章

一個永恆的生命問題：
解脫

我希望從一句西方名言——「人生而自由，卻無往不在枷鎖之中①」開始，來說明一個古老而永恆的人類話題：解脫。其實，我有更多中國聖賢的名言可供引用，但我特意選擇盧梭這句話，為的是說明這不僅僅是東方人關心的，也是西方人關心的；不僅僅是古人關心的，也是現代人關心的——解脫是一個永恆的生命問題。

當然也不否認，盧梭這句話說得很好，信息量很大，其中有幾個關鍵字：**自由、枷鎖、無往**。

i. 自由

這裡的「自由」只能是精神上的，否則的話就講不通：各位現在行動自由，身體健康，怎麼能說「在枷鎖之中」呢？

西方講精神自由，而東方講心靈解脫，起碼就本書而言，兩者是一回事。要我給「解脫」下個定義的話，它就是廣義的精神自由，而要我給「精神自由」下個定義的話，它就是廣義的解脫。何以見得？

如果把精神自由分解了，它可以有三個層面。

它可以是當下的。我們在音樂中，在高山上，在遊戲中，在運動中，都體驗過稍縱即逝、瞬間放飛的感覺，這是感覺上的解脫。

更好的情況，它不僅是當下的，還是今生的。與自己講和、與社會講和、與世界講和，這是心靈上的解脫。

最好的情況，它不僅是當下的、今生的，還是永恆的。坦然地面對生存意義

的拷問，這是靈魂上的解脫。

或許你質疑：解脫是否更具有宗教意味呢？這正是我想澄清的：它可以，但不必。在上面的三種情況中，前兩種都是現世的，只有最後一種是永恆的。在多元化的今天，答案取決於每個人對生命的理解：如果你覺得生命是瞬間的，那目標也應該是瞬間的；如果你覺得生命是有限的，那目標也應該是今生的；如果你覺得生命是無限的，那目標也應該是永恆的。重要的是，不管哪種，你都屬於「某種」——都嚮往某一層面的精神自由。植物意識不到自由，動物能意識到卻僅追求行動的自由，而人，只要是人，都嚮往精神上的解脫。這是你我與生俱來的負擔。

ii. 枷鎖

類似地，這裡的「枷鎖」指的是精神上的束縛，否則的話也講不通。有哪些精神束縛呢？

近代之前，指望上帝的歐洲人抱怨的是「死」與「罪」[②]（前者指死亡本身，後者指死亡之後）。他們在想：來世會不會下地獄？能不能得到永生？而東方人則在想：下輩子能不能過得更好，起碼別更差？

到了近代，人們開始自己解決問題，於是抱怨「痛」與「惡」。前者來自物質的匱乏，後者來自社會的爭鬥。僅僅在幾十年前人們還在祈禱千萬別再遇到饑荒，千萬別再發生戰亂。

進入現代，物質豐富了，社會進步了，可一種空前的虛無感襲上人們心頭，人們開始抱怨「煩」與「畏」。這兩個詞在二十世紀初德國哲學家海德格爾的學說中並列出現。

煩，即身處人群、沉淪於瑣事時，對生活的厭煩。要與世俗的事物打交道，我們就煩勞；要與世俗的人打交道，我們就煩神。大多數時候，我們把自己淹沒在日常事務中，隨波逐流。演員、銀行家、作家、政治家光環最耀眼，卻也最易患上精神疾病，為什麼？活得太煩。

畏，即遠離世間、慨歎浮生時，對死亡的敬畏。你雖然不想煩，但想到有朝

一日想煩也煩不了，就心懷恐懼；想到如果明天不煩今天就要選擇，又感到恐懼。北歐是世界上福利保障制度最完善卻也是自殺率最高的地區。為什麼？因為他們活著不知道為什麼，想到生存的意義就「畏」。

iii. 無往

最後這個關鍵字最令人費解：無往，我們也只能從精神的角度去理解。

痛與惡可以通過環境消除，死與罪可以通過信仰消除，可生存的煩與畏，它們隨時伴隨著我們。迄今為止人類的進步，不僅沒有緩解，反而凸顯出人類精神的困境。

這裡的關鍵在於世界是有限的，生命是有限的，物質是有限的，可人的精神是無限的。沒錯，即使瞬間的精神也無限，今生的精神同樣無限，永恆的精神更無限。以有限的物質去追求無限的精神，我以為，這就是人，尤其是現代人「生而自由，卻無往不在枷鎖之中」的緣故。

把現代人生想像成一場籃球賽吧，我們在場上可前、可後、可左、可右，看似自由，但實際上，前、後、左、右都有人盯防。對手們盯著你，隊友們也盯著你，你並不自由。反過來，你也盯著他們，他們也不自由。只要上場，你就會煩，只要球傳到你手裡，你就會畏。

生存的煩與畏，到本書的結尾時，我們還會回到這兩個詞，而現在的問題是：該怎麼辦？

佛教從何而來

一般人講佛教，都從佛陀開頭，而本書從「解脫的問題」開頭，為的是搞清楚一件至關重要的事：佛陀為什麼要創立佛教？

早年學佛時，常聽人講一句話：「佛因一大事因緣出現於世。」愛好智慧的我趕緊去問：何等大事？遺憾的是，問來問去，大多答非所問。但我實在太想知道謎底了，於是自己去翻佛經，結果在《法華經》中找到謎底：「開佛知見，示佛知見，悟佛知見，入佛知見。」接著，我還在《壇經》中找到了確認：「一大

事者，佛之知見也。」看來，佛陀創立佛教的緣由在於「佛的知見」。真的如此嗎？

對堅定的信徒來說，這個答案再自然不過：佛陀是神，神當然要出示真理。只是，更堅定的信徒（我）卻有所不解：需求乃創造之母。佛的知見從天而降，是否應該問題在先呢？我以為，這個問題，就是人類解脫的問題。

佛教講因緣。如果不明確這點的話，各位讀佛經就會糊塗——它們都如橫空出世一般。開頭部分，「如是我聞」，一時佛在哪裡，弟子、菩薩、天人等在場，佛弟子們如實聽到並記錄了佛陀的言論。中間部分，在弟子請求下，佛陀宣示了一種真理，並且宣布別無其他真理。最後部分，大眾「歡喜奉行」。如果問：此經針對什麼問題而來？不知道。之前有沒有其他答案？不知道。佛陀的回答有沒有可能被反駁？不知道。佛陀對可能的反駁有沒有回應？不知道。佛教的因緣法從根本上否定了任何莫名其妙的可能性，而今天的科學已經說明沒有莫名其妙的事，包括佛教、佛經，都不可能憑空而來！因此，本書講佛教的故事，先要把這個「因」（解脫的問題）補上。

以這個「因」為前提，佛教倒確實是解脫之法。

請看——

佛陀對解脫的用詞格外多。「波羅蜜」是到彼岸的意思；「般若波羅蜜」即智慧到彼岸的意思；「六波羅蜜」是到彼岸的六種方法，又稱「六度」；「度」也是從此岸到彼岸的意思。以此類推，「度己」、「度人」都成了佛教常用語。此岸是不滿意的、煩惱的、有限的現實世界，彼岸是圓滿的、清淨的、無限的另一個世界，中間的過程即解脫。

佛陀的講法更是圍繞解脫。他初次講法就講了四個主題：苦、集、滅、道。其中，苦即束縛，先要承認束縛的存在；集即束縛的原因，再要找到束縛的原因；滅即解脫，接著認同解脫的目標；道即方法，最後走上解脫之道。佛陀指出，滅苦後的心，等持、清淨、皎潔、無穢、無垢、柔軟、確立不動、無煩惱，總之，解脫。

事實上，幾乎每部佛經都講解脫。如《雜阿含經》中的離欲解脫、不樂解脫、心正解脫；《般若經》中的空解脫、無相解脫、無願解脫；《法華經》中的禪定解脫；《華嚴經》中的不思議解脫；《楞伽經》中的了知即解脫；等等。

我還沒見過哪部不講「解脫」的佛經，如果有的話，我就不得不質疑它的真偽，因為「佛」字的含義是「覺悟者」，而覺悟的標誌就是解脫。只是，我們別搞錯次序：人類的問題在先，佛陀的知見在後。佛陀創立佛教，不是某天心情大好，而是為了回答問題。

佛教因何而變

這同一個「因」（解脫的問題），還可以幫我們搞清另一件至關重要的事：以佛陀之偉大，以佛法之偉大，為什麼之後的佛教經典還會不斷變化？

事實是，隨著時空的變化，解脫的定義在微調，佛教對解脫的答案也相應微調。如果我們把佛陀當成神，就難以理解為什麼神的語言有調整的必要。可如果我們把佛陀當成人，就可以理解一個人的回答需要其他人來完善。所謂「佛教經典浩如煙海」，並非佛陀一人所造，而是佛弟子們長期完善的結果。

佛教講因緣，佛經也有它們的前因後果。不明確這點的話，各位讀佛經就會更糊塗：在前一部經中，佛陀剛宣示了一種真理，並且宣稱這是唯一的真理，別的說法都是「非法」；而下一部經中，佛陀又宣布稍有不同的另一真理，並宣布現在說的才是唯一真理，別的說法都「非法」。當細小的差別聚集到最後，我們就難免拿起兩部佛經，都以「如是我聞」開頭，卻寫著相反的真理：一部說世界苦、空，無我、不淨，如《般若經》；一部說世界是常、樂、我、淨的，如《涅槃經》。而在這兩部經中間還有不計其數的、折中組合的經。那麼，我們不得不問：這些經究竟是誰寫的？

日本學者柳田聖山持做了嚴謹的分析：如果我們把佛經都當作同一作者所作，就無法明白其中的矛盾：關於第一部佛經，有說是原始經典，有說是《華嚴經》，有說是《般若經》；關於佛陀的相貌，有說他有三十二相，有說他有九十七相，有說他有無數相；對生活的態度，有的是悲觀的，有的是樂觀的。好在，

只要放棄同一個作者的假設，上述矛盾就可以理解：「它們是由一個接著一個的不同作者，在不同時間撰寫而成，因為他們每個人都努力超越他人，並宣稱它是具有最高教義的佛經。」[1]

有些人會好心解釋說：「看上去的矛盾其實是佛陀的『相機應教』罷了。」由此產生了「五時八教」的說法。

「五時」指的是，佛陀分了五個時期（華嚴時、阿含時、方等時、般若時、法華涅槃時），為信徒們提供經典。階段不同，經典自然不同。

「八教」指的是，佛陀考慮到信徒的根器有差別，於是提供了四種藥方和四種藥味（稱為化儀四教和化法四教）。體質不同，用藥自然不同。

遺憾的是，「相機應教說」壓縮了每位佛教徒的學習空間。老師會告訴你讀一本經好了，因為只有這本經適合你；結果就像批評者指出的，佛法本來像大海，卻被變成了一桶水，又被變成了一滴水；很多人一輩子嘗那一滴水，以為自己品嘗了整個大海。③

佛教的大海是怎麼形成的呢？過去的人分不清佛經出現的先後次序，情有可原，但現在的歷史證據已經揭示：佛在世時一部經典也沒寫過，佛去世後一百年內只有原始經典的口傳，佛滅後一百多年才形成原始經典的文字，而其他的佛經都是在佛陀去世後陸陸續續推出的，它們記錄的是後期佛教徒的思想的發展，而非佛陀本人思想的發展。

因此，同樣作為信徒，我以為，「五時八教」如果真存在的話，必須做些改動：一是「教」員要擴編，擴到與佛教弟子一般多；二是「時」間要拉長，拉到與人類歷史一般長。在這漫長的過程中，問題在變化，答案也在變化。佛陀對古印度智慧提出的問題給出了答案；而印度及世界其他地區的佛弟子們，又依據各自的時空轉換，對佛陀的答案給出了詮釋。如此，佛教才發展成為一種世界性的文化現象。

佛教的故事有因有緣

萬事萬物，有因有緣。因是內部的要素，佛教產生的因，即對解脫問題的回

答：緣是外部的過程，佛教向世界發展的漫長過程，就是佛教發生和變化的緣。遺憾的是，該發散性過程，本書只能講其中一條線，不遺憾的是，我認為這條線最精彩——它涵蓋了東亞三個主要文明。

印度：佛教從西元前六世紀開始繁榮，六世紀後開始衰落。

中國：佛教從一世紀左右進入，六世紀開始繁榮，十三世紀開始停滯。

日本：佛教從六世紀進入，十三世紀開始繁榮，直到近代。

具體到第一部分（印度佛教），如果按思想的創始人分期，可分為三階段：

◇ 佛陀之前的階段（第二、三章）；

◇ 佛陀的階段（第四、五、六章）；

◇ 佛陀之後的階段（第七、八章）。

這裡我們先弄清一個問題：為什麼要追溯到佛陀之前的階段呢？各位或許有所不知，佛陀並非印度出現的第一個覺悟者，佛教也並非印度第一種關於覺悟的學說。

在佛陀之前，印度已經有了很多佛。印度教和耆那教經典中均出現過「佛」這個詞，[④] 這是因為，「佛」在梵文中是「覺悟者」的意思，不過是個通用名詞罷了。任何已經覺悟的人都可以自稱為「佛」。到了佛教成立後，「佛」才被當作專用名詞，以至於現在人們一提到「佛」，只想到佛教的創始者，而忘記了佛陀之前的眾多的「佛」。

相應地，在佛教之前，眾多的覺悟學說已經提出。如果各位以為那些是原始學說，就太小看印度智慧了。不，它們是世界上最宏大的宇宙觀與方法論，或許應該加上「之一」，但在我看來沒有「之一」。後面各位會看到：佛陀的覺悟與其說是從天而降，不如說是從巨人的肩膀而降。

只是，假設之前的智慧已經回答了解脫的問題，那佛陀即使有「知見」也沒必要開示了。反之，我們則要搞清不同何在——佛陀比「巨人的肩膀」高在哪裡？

一個樂觀而不現實的民族

讓我們再了解點背景知識：既然覺悟者在古印度早就存在，那麼印度人的解脫觀是怎樣的呢？很多佛教的朋友們會指認下面的說法來自佛教，不，它們都出現於佛教之前。

i. 束縛＝輪迴＝苦

輪迴，顧名思義，即像輪子一樣向前滾動。在很多古代文明中都可見到這一概念：七千多年前的埃及人，三千多年前的古印度人，以及兩千多年前古希臘的畢達哥拉斯、柏拉圖都相信「輪迴」。或許，古印度只是思想傳播軌跡上的一點吧。

在古印度人看來，

——時間在輪迴。沒有開始，沒有結束。

——宇宙在輪迴。宇宙的每一迴圈都經歷成、住、壞、空四個階段，然後再成、再住、再壞、再空，周而復始。

——生命在輪迴。人的每一迴圈都經歷生、老、病、死四個階段，然後再生、再老、再病、再死，周而復始。

——靈魂在輪迴。身體死後，靈魂將重新投胎，下輩子投胎成六道（天、人、阿修羅、畜生、餓鬼、地獄）中的一道。注意，連天人也不例外。天人只是相對清淨，相對快樂，相對長壽而已，隨著壽命的結束，他們也要重新投胎，生死流轉。

如果問埃及人、希臘人，特別是中國人：輪迴好不好？回答一定是「好」，可印度人的回答是「苦」。

你的靈魂被束縛在這個世界中，不由自主，這就是苦。打個比方吧，你第一次坐地鐵興不興奮？興奮。但要你在地鐵中住十年，其間只能在六條地鐵線中換車，吃喝拉撒都在裡面，一年後再採訪你，你還會說「興奮」嗎？你會抱怨說空氣太糟、風景全無、雜訊太大、全無自由！到第十年，如果你還沒瘋的話，再採訪你，你一定大呼：「苦！」

在陰暗的地下，好像連月台都沒有，只有六道，你只能不停地在這六道中變換身分，這就是輪迴。

你說，你想保持不變，不行；你想繼續快樂，不行。你必須變化，這輩子由不得你。

你說，你想再生得好些，不行；你現在在人的軌道，下一輩子很可能被迫換軌道。軌道的轉換是強制的，下一輩子也由不得你。

你說，你不玩了，你自殺，不行。只要你還在輪迴就必然重生，連退出遊戲都由不得你。

所以，古印度人講：「三界如牢獄。」三界代表輪迴，牢獄代表束縛，坐牢代表受苦。不是一天，而是永久。永遠輪迴就永遠坐牢，永遠受苦。

加起來，完整的公式是：束縛＝輪迴＝苦。這是印度人的束縛觀。

ii. 解脫＝跳出輪迴＝滅苦

把剛才的公式調整一下順序，就得到了印度人的解脫觀。

印度人的頭腦中存在著「兩個世界」的模型。所謂解脫，就是當你在這個世界時，從一條軌道升級到更好的軌道，而最終的升級，是你從這個世界跳到另一個世界。

這個世界是輪迴的世界，它包含六條軌道，就像前面例子中的六條地鐵線。因為這個世界是輪迴的、動態的，所以它有生死、汙濁和苦。人乃至生命的靈魂受困於現在的軌道，卻嚮往著更高的軌道；受困於這個世界，卻嚮往著另一個世界。

而另一個世界是解脫的世界，它在所有軌道之外，假名為「軌道之外的軌道」。因為那個世界是不動的、清淨的，所以它神聖、純潔、不苦，就像地鐵之上的地面。想像一下，你在地鐵中住了十年，每次都試圖換更好的車，終於、終於、終於、終於在十年後，如果你還沒瘋的話，你第一次走到了地面。哇，那天空，那空氣，那安靜，那自由，你不由得大呼：「爽！」

至此，我們已經看出印度人民族性的不同。在我看來，印度人可謂是樂觀而

不現實的民族。樂觀，指的是他們堅信解脫，而不現實，指的是他們把解脫的目標設定得很遠。今生不過是生命長河中很小的一段。不僅今生不重要，下一輩子也不重要，下下輩子也不重要，它們都是無限長的生命之流中的一部分。最終的目的是跳出生命的長河、不生不死。《涅槃經》中說：「生滅滅已，寂滅為樂。」這正是印度式的以「滅」為樂！我稱之為「滅」的解脫。

　　理解了「印度版」的問題，下面就切入主題了：印度智慧是如何讓人實現解脫目標的呢？

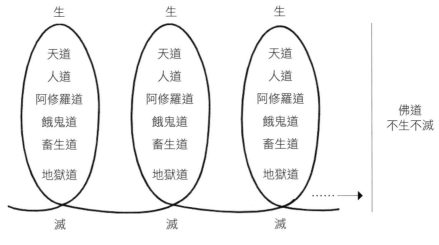

圖 1-1 六道輪迴＋跳出輪迴

第二章

古印度人對解脫
思考得最多

　　追溯印度智慧的源頭，我們要從兩千五百多年前的古印度教講起。這難免讓讀者覺得疑惑：我買這本書是想了解佛和禪的，怎麼中間插播進來一個印度教的「廣告」呢？請各位先聽聽，再判斷不遲。

　　首先，作為一位現代人，我以為，了解印度教就很有必要。如果把世界宗教大致劃分為西方宗教與東方宗教，前一類包括猶太教、基督教、伊斯蘭教等，源頭在猶太教；後一類包括印度教、佛教、耆那教、錫克教、禪宗⑤等。源頭在古印度教。證據是，後一類中的用詞大都出自古印度教。

　　而印度教的「現代版」同等重要。今天，基督教、伊斯蘭教、佛教常常被稱為「世界三大宗教」，這是按照人種、地區、文化來考察的。假如改為按照信徒數量統計的話，世界上的第三大宗教不是佛教，而是印度教。據 2011 年人口統計，印度教信徒達八億之多，占印度全國人口的 80.5%，各位到印度旅遊的話，會四處見到印度教的神像、神廟、聖牛、聖者。

　　就此說明下：古印度教本名「婆羅門教」，但憑個人的經驗，後者對大眾而言太生僻，前者相對容易理解，因此本書對這兩詞不做區分。另外，古印度教與現代印度教雖有不同，但都以「神我合一」為核心，因此本書對這兩詞也不嚴格區分。

　　具體到這部分的主題──印度佛教，我認為就更有必要了解印度教，因為它不僅是印度的，還是佛教的參照物。通常的說法是，印度有宗教、沒歷史，其實，印度教貫穿了印度史。大致的時間線是這樣的：西元前十五世紀左右，雅利安人從西北方進入印度，之後陸續出現了古印度教的經典《吠陀》及其注釋、

《梵書》與《奧義書》；約西元前六世紀，印度中部形成了十六個大國，佛陀在反對古印度教的思潮中創立佛教，佛教與印度教並存；到十二世紀末，伊斯蘭教徒入侵印度，佛教滅亡，近代印度教興起，印度教與伊斯蘭教並存至今，兩者的結合還產生了錫克教。

西方學者有時開玩笑說：「佛教是出口版的印度教。」這當然不對。確切地說，印度教是佛教的啟迪者、競爭者和終結者。在佛教滅亡之前的約一千多年中，在印度占領統治地位的不是佛教，而是古印度教；在中間的一段時期，兩教曾共同進化；佛教在印度滅亡後的近一千年裡，在印度占領主流地位的更是現代印度教。甚至在後面兩部分內容——中國禪與日本禪中，我們都將看到印度教投射下的長長的影子。

「廣告」過後，如果哪位堅持把這本章跳過，也不勉強。但我保證，如果不跳過的話，你會發現上述「廣告」並不虛假。

太多神的世界

當務之急，為了加強「廣告」的效果，我必須挑明古印度教最、最、最特別之處——多神。你會說世界上多神教很多，還會抗議「廣告」中「最」字太多，別急，我這裡的「多」並非僅僅指數量多，而且指層級多、通往神的路徑多、路徑的層次多，總共四「多」。

先看前兩「多」：神的數量多及層級多。

這裡有個小故事。據說歐洲的基督教會早期派人去印度傳教，本來預期在當地傳教阻力會很大，可意想不到的是，使者回來彙報說毫無阻力，印度人爽快地接受了耶穌。但不太好的消息是，印度人還說，他們已經接受過不少「其他耶穌」。[⑥] 據統計，印度大大小小的神靈有三百多萬個。這還是在科學時代的今天，估計在迷信的古代，數字更大。這麼多數量的神，多一位，少一位，印度人還真不介意。

可這麼多的神，排序是個難題。比如按照希臘神話的邏輯，神是家族，家族有限；再如按照中國天宮的邏輯，神有編制，編制有限。而印度教的神近乎無限，彼此關聯的邏輯何在？

印度人提出了絕妙的「化身說」，讓高一級的神「化身」為低一級的神，再「化身」為更低一級的神。結果，印度人把在外人看來很亂的三百多萬個神有條不紊地分出了層級，如金字塔般，從上往下。

i. 梵

金字塔的塔尖，即最頂層，叫「梵」。它永恆、清淨、不動，即解脫的境界。作為創造的源頭，它可以化身為別的神。古印度經典《吠陀》中這麼描述世界的起源[2]：

那時既沒有「有」，也沒有「無」，

既沒有空中，也沒有那外面的天。

什麼東西覆蓋著？

什麼地方？在誰的保護下？

是不是有濃厚的深沉的水？

當時沒有死，沒有不死，

沒有夜、晝的標誌；

那一個以自己力量無風呼吸，

這以外沒有任何其他東西。

——《創造之歌》第 10 卷第 129 首

在這個意義上，你可以把印度教當作「一神教」。

ii. 主神

接下來，梵可以化身為三大主神：濕婆為毀滅之神；毗濕奴為保護之神；梵天為創造之神。梵天創造濕婆所毀滅的世界；毗濕奴保護梵天所創造的世界；濕婆毀滅毗濕奴所保護的世界。為什麼終極的「梵」不能自己完成這三項工作？別

忘了，終極的神是清淨的，它需要通過三大主神來完成勞神的工作：創造、毀滅、保護。在這個意義上，你又可以把印度教當作「主神教」。

iii. 小神

接下來，三大主神可以化身為各種小神。

有負責自然活動的，如雷神、風神、火神、雨神……有多少種自然現象就有多少種神。

有負責自然事物的，如山神、河神、海神、日神、月神、星神……有多少種自然事物就有多少種神。

有負責生物的，如樹神、牛神、馬神、羊神、蛇神、木神、草神……有多少種生物就有多少種神。

有負責人類活動的，如愛神、瘋神、魔神、戰神、語神、信神、醫神、生育神、死亡神……有多少種人類活動就有多少種神。其中，醫神尤其多：負責醫肚子痛的神、負責醫感冒的神、負責醫頭痛的神、負責醫眼睛的神……據說，最近與時俱進，印度出現了負責治療愛滋病的神。

為什麼三大主神不自己負責這些工作呢？因為創造、毀滅、保護太籠統，它們需要諸多小神來分擔更具體的職能。

在這個意義上看，印度教又確實是「多神教」。

iv. 靈魂

最後，在金字塔的底層，神還可以化身為每個生命的靈魂：Atman。有多少個生命就有多少個靈魂。儘管靈魂已經距離神很遠，但由於來自神，它仍具有某種和神一樣的屬性。

如果說古埃及人建立了實物的金字塔，那麼我要說，古印度人建立了神的金字塔。**它代表了古代世界中最宏大的宇宙論，沒有之一。**

西方學者阿倫・瓦茲評價道：「印度神話在令人難以置信的龐大規模上，精

心編織了『神聖戲劇』（divine play）主題。」[3] 大幕拉開了。

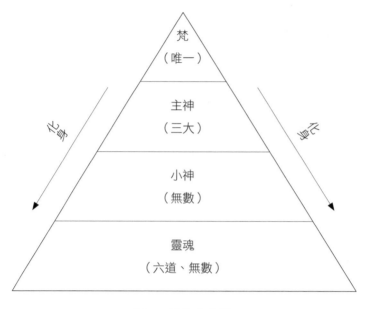

圖 2-1 神的金字塔

就此我們問一個幼稚的問題：印度教為什麼要設置這麼多神的層級呢？如果說它是歷史形成的，歷史為什麼會如此形成？

西元前一千五百年左右，當來自中亞高原的雅利安人，從西北方侵入印度平原，征服了黑皮膚的本地人時，如同所有的暴力征服一樣，需要一種合理的說法──最好能以神的名義。在《梨俱吠陀》中，雅利安人的祭司們詠唱這樣的創世說：神創造了原人，而原人從口中生出了第一種姓，從胸生出了第二種姓，從腹部生出了第三種姓，從腳下生出了第四種姓，四種姓分別對應祭祀階層、軍事階層、工商階層、勞動階層。此外，還有更低級的、無種姓的階層，俗稱賤民，由被征服民族組成。

人的等級，天性所致，所以才叫作「種姓」。這告訴我們：古印度人按照自己的社會來想像出神的社會，反過來，這個想像出來的神的社會又被用來說明古印度社會的合理性。

太多通向神的路徑

接下來再看看後兩「多」：通往神的路徑多及路徑的層級多。美國學者休斯頓·史密斯在《人的宗教》一書中常使用「路徑」一詞，此處借用一下。

i. 神我合一

依據古印度教，解脫的終極方法是與神合一，我原本來自神，最終歸於神。相對於「神我分離」帶來的輪迴、苦、束縛，「神我合一」意味著跳出輪迴、滅苦、解脫。

神可能在宇宙，也可能在每個人的心中，可能是人格化的，也可能僅僅是一種意識，但它一定絕對地、永恆地存在。⑦

今天，判斷一個教派是不是印度教的標準，仍然是看這個教派承不承認「神我合一」。只要承認「神我合一」，那麼不管路徑多不同，都算印度教。

ii. 三種崇拜

要實現「神我合一」，更現實的方法是通過祭司崇拜神。有三個要領：經典、儀式、服從。所謂「婆羅門三綱」，強調的就是這三點。

一是經典的權威，即「吠陀天啟」。《吠陀》是印度神話中對天神的讚歌。婆羅門教宣稱，人類表達對神的景仰，應該從唱誦讚歌開始。理由是《吠陀》為受神靈啟示所寫，不容置疑，所以叫「吠陀天啟」。

二是儀式的功能，即「祭祀萬能」。光唱讚歌還不夠，婆羅門教宣稱還要祭祀。火祭最佳，此外儀式、偶像、咒語也很重要。婆羅門教宣稱，只要祭祀得好，人類就能使神喜悅，從而被賜予力量與幸福，所以叫「祭祀萬能」。

三是服從的必要，即「婆羅門至上」。既然祭祀是萬能的，主持祭祀的婆羅門就非常重要了。從古至今的神祕人士都把自己包裝為通神、通靈，百用百靈。婆羅門階層宣稱自己離神最近，所以叫「婆羅門至上」[4]。

iii. 各種瑜伽

崇拜之餘，信徒還有輔助的方法——瑜伽。稱「之餘」、「輔助」是因為，古印度教祭司們實行愚民政策，似乎只有他們才知道與神溝通的正確方式，結果信徒只能以崇拜為主、以自修為輔。

「瑜伽」這個詞難免讓人聯想到今天的瑜伽課，其實它們只是形似，而非神似。原因在於，「瑜伽」一詞最根本的含義是關於精神的，而非形態的。該詞最早見於《吠陀》，有制約、相應、合一的意思。

《瑜伽經》說：「心之抑制為瑜伽。」又描述了控制精神的八種方法：禁制、勸制、坐法、調息、制感、執持、靜慮、等持；還描述了「心」的五個階段：從散亂心，到昏沉心，到不定心，到一心，到淨心。至於控制精神的目的，仍然在於「神我合一」。

當內在精神體現到外部，瑜伽才外化為形式，如六種、八種、十八種形式。以下為六種形式：

一、通過行動，為神工作，即業瑜伽；

二、通過智慧，了解神，即智瑜伽；

三、通過信仰，堅信神，即愛瑜伽；

四、通過禪定，冥想神，即定瑜伽；

五、通過性愛，體驗神，即性瑜伽；

六、通過脈輪，吸收神，即氣瑜伽。

每種形式的瑜伽還進一步細化。比如在業瑜伽中，就包括淨化自身的方法，如不殺生、不偷盜、不淫邪、不妄語、不飲酒。

好，方法很多，我們現代人可能會想：能不能按照最直接的方法找到通往最高神的路徑呢？

不能。這就好比你要去辦個身分證，是去找總統呢，還是找當地戶政事務所辦呢？當然是後者。同樣的道理，我們也不能越級拜神，而要找到與自己距離最近的神才行。

根據古印度教的理論，人的等級不同，根器也不同。高種姓的人根器高，有可能獲得永恆的解脫；低種姓的人根器中等，很難獲得永恆的解脫，但可能獲得來世的福報；無種姓的人根器低，只能享受今生的福報。

　　而人的根器不同，修行的途徑就不同。最高種姓階層通常的規劃是這樣的：少年時接受家庭教育，青年時盡到社會責任，中年到深林中修行，晚年回到家中保持寡欲清心。即婆羅門的人生四階段：梵行期、家居期、林棲期、遁世期。前兩個階段的設置是為了完成生育、生產、戰爭等社會責任，而後兩個階段的設置是為了追求個人解脫。

　　如果你是其他種姓階層，如軍事階層、工商階層、勞動階層，那你的根器差些，最現實的選擇是多祭祀、多修行，追求來世的福報。

　　如果你是無種姓人，那你基本沒根器，解脫方案倒也簡單，專注於過好這輩子即可。

　　我們再次看到，印度的宗教等級與種姓制度遙相呼應。

　　結果是，古印度人繼宏大的宇宙觀之後，又開發了古代世界中最龐大的實踐體系，同樣沒有之一。

　　西方學者阿倫・瓦茲評價道：「神和自己玩躲貓貓遊戲……又一次回到了自身，只是為再玩一次遊戲：一死於多，多死於一。」[5]大幕圓滿落下了。

印度教如何占領了印度

　　古印度教的神聖體系固然壯觀，效果如何呢？我僅指出三點：吸引力、融合力、穩定力。

　　吸引力是對信徒而言。神意味著解脫目標，三百多萬款總有一款適合你；而通往神的路徑意味著解脫方法，崇拜、瑜伽、生活，條條大路通羅馬。這就好像你去登山，在眾多的山峰中，先選擇一座矮的；然後在通往這座矮峰的路徑中，再選一條近的。想想看：你成功登頂的概率多大？

　　值得強調的是，這種解脫簡單直接，拜神無須理解，只需神的雕像；我簡

單，神也簡單；我直接，神也直接！這對各階層都有吸引力，尤其對社會底層民眾，而底層民眾又占據了社會的絕大部分，於是印度教擁有堅實的群眾基礎。

融合力是對其他宗教而言的。每種外來宗教的神都可以被視為印度教的神的化身，由此才有了前面基督教傳教士聽說印度「耶穌」的故事。如果善意地理解，這是一種寬容，而惡意地理解，這也是一種同化。

要知道，世界上大多數宗教與宗教之間，不是排他性的，就是權威性的關係。排他性的關係如東方宗教與西方宗教之間，彼此都強調自己的神是真神，即 A 才算數，B、C、D 等不算。權威性的關係如伊斯蘭教與猶太教和基督教之間，伊斯蘭教也承認猶太教與基督教是「聖書的宗教」，但自己相對更權威，即 A 優於 B、C、D 等。而印度教則提出了第三種邏輯：A 就是 B、C、D 等。近代宗教學家保羅·蒂利希曾經寫過一本書叫《基督教與世界各宗教的遭遇》，我以為，還應該有個姊妹篇，叫《印度教與世界各宗教的相容》。

這也正是印度教的可怕之處：它宣稱，自己覆蓋了其他宗教的神、每種宗教的方法，因此信徒們無須外求。印度教這招，對基督教、伊斯蘭教、佛教、耆那教，屢試不爽。結果是，在印度大陸，伊斯蘭教和印度教融合產生了個錫克教，而佛教則最終被印度教徹底覆蓋。打個比方，這就好像亞馬遜宣稱自己什麼都賣，顧客在它那裡什麼都能買到，看似包容，其實等於封殺了實體小店。又好像某首富總宣稱他的網站提供了千萬的就業機會，但我們親眼看到的是街邊多少電器店、服裝店、百貨店關門。

穩定力是對社會而言的。印度教暗示，人的秩序是神聖秩序的一部分：神的世界是有等級的，所以人的世界也有等級；反過來，人的世界是有等級的，所以神的世界也有等級。因此，請別對自己的位置不滿意，你是哪個種姓，就應該一輩子做你該做的工作，與你同種姓的人結婚生子，你們的子孫也應該世世代代做同樣的工作。哪怕你是「賤民」，也別不滿意，你就應該做最骯髒、最卑賤的工作，如焚燒屍體、清理糞便。即使到今天，「賤民」仍占印度總人口的 20% 左右。

各位難免奇怪，如此明目張膽的階級劃分，難道不會引發起義嗎？從今天的

角度看，等級制度是不合理，可歷史自有它的複雜性。對比中國歷史上的農民起義不斷，印度歷史上的「種姓」起義少而又少。再看中國歷史上的外族統治王朝少有超過百年的，它們最終不過三種結局：或被推翻——如元朝；或被同化——如清朝；或一方消滅一方——如清朝對新疆的準噶爾部落。而印度的雅利安人統治了印度三千多年，其間，低種姓的人被居住隔離、飲食隔離、職業隔離、婚姻隔離、服飾隔離、接觸隔離，太慘了！但他們沒滅絕，沒被同化，沒暴動，為什麼呢？從統治者這邊看，印度教教義規定了一碰底層工作人就會被污染，因此必須由低種姓者或「賤民」做。從被統治者這邊看，社會階層越低，越容易被印度教洗腦，從而越相信神的安排、命中注定。這種離譜的穩定、穩定的離譜提醒我們：別小看神的名義。

　　吸引力、融合力、穩定力解釋了印度教從古至今占據印度主流地位的原因。歸根結底，印度教證明了信仰的力量。只是，信仰的力量如此強大，怎麼還會有佛教及其他宗教的興起呢？

第三章

神祕時代的
理性之師

古印度教作為古印度唯一的主流思潮存在了一千多年。到西元前六世紀左右，異端思想突然風起雲湧般地出現，史稱「沙門思潮」。

「沙門」是古印度對修行者的統稱。以現代的眼光看，修行者靠自己的力量，與古印度教靠神力相比，不啻是理性的回歸──我們稱為「理性」，那時的人泛稱為「覺悟」。

在這次思潮持續的一百多年間，湧現出諸多新興宗教。每種宗教都有宣稱自我覺悟的領袖，每位領袖都有眾多的追隨者。主要的新興宗派，除了佛教外，還有六家較大，被佛陀稱為「六師外道」。佛教是這次思潮的終極產物。

異端興起的緣由

對這次思潮為什麼會在西元前六世紀突然出現，歷史學家有種種猜測：有人說是由於當時外敵入侵，有人說是由於當時婆羅門階層腐化，有人說是因為當時商業的發展，而教科書式的解釋是由於種姓制度引發了階級鬥爭。上述猜測都有可能，但都是外因。內因何在呢？我以為，內因在於印度人對解脫的訴求之強烈，造成他們對神抱有種奇怪的態度：好奇而不滿足，探究而不封閉，隨時接受新的可能。

林語堂曾說：「印度是沉醉於上帝國度的民族。」這是印度多神所造成的誤解。更確切的說法是，印度沉醉的對像是解脫，而非上帝。猶太人堅信神，猶太經典說不要試探神，這才是真正的沉醉於上帝的民族。相比起來，印度人信神而揣測、試探神，哪有這樣信上帝的民族？

以下詩句見於古印度《吠陀》經典中[6]：

誰真正知道？這裡有誰宣告過？

這世界從哪裡生出來？

這創造是從哪裡來的？

天神們是在它的創造以後，

那麼，誰知道它是哪裡出現的？

這創造是從哪裡出現的？

或者是造出來的？或者不是？

它的看管者在最高的天上，

他才能知道？或者他也不知道？

——《創造之歌》第 10 卷第 129 首

即使崇拜，印度人也在揣摩、試探中進行：

我們應向什麼天神獻祭品？

他是呼吸的賜予者，力的賦予者；一切聽從他的命令，

天神們聽他的命令，

他的影子是不死，他的影子是死，

我們應向什麼天神獻祭品？

——《生主歌》第 10 卷第 121 首

借用個類比：品牌迷與車迷是不同的。比如張三愛福斯這個品牌，堅定不移地買福斯車，這是品牌迷。而李四愛車，他在開福斯車，可下次買車卻換了福特車，再下次又換了別克車，後來又換了馬自達車，原因在於他愛的對象是車，不是品牌，這是車迷。

就像張三只認準某一個品牌那樣，猶太人是堅信上帝的上帝迷；就像李四什麼品牌的車都愛一樣，印度人是只求解脫的解脫迷。在印度人看來，神不過是解脫途徑中的一條，未必唯一，甚至未必正確。他們不排除其他任何解脫的可能，

甚至不排除非神的可能！

對神力的質疑

西方有句名言：「相信真理的人，才會懷疑真理。」只是，神祕的真理最怕遇到這種情況。在下面的例子中，我引用基督教較多，但絕非特指。事實上，世界上所有的宗教，包括古印度教，包括基督教，都面臨兩個根本質疑：一、神是否有效；二、神是否道德。

i. 對有效性的質疑

有時，神似乎不再拯救自己，甚至，不再拯救世界。

《聖經》中說：「叩門，就給你們開門。」（《路加福音》第 11 章）只是，如果你崇拜、崇拜、崇拜，呼喊、呼喊、呼喊，而結果是無效、無效、無效，那該怎麼辦？這是叩門門不開的情況。更糟糕的是這種情況：你越來越努力地崇拜，呼喊越來越虔誠，但結果卻越來越糟，最終使你徹底失去希望，又該怎麼辦？

居然，《聖經》還記錄了人們絕望的吶喊（《約伯記》第 30 章）：

我仰望得到好處，災禍就到了；

我等待光明，黑暗就來了。

我心裡煩擾不安，

困苦的日子臨到我身。

我沒有日光就哀哭行去，

我在會中站著求救。

我與野狗為弟兄，

與鴕鳥為同伴。

我的皮膚黑而脫落，

我的骨頭因熱燒焦。

所以我的琴音變成悲音，

我的簫聲變為哭聲。

正因為如此寫實，我反而認為《聖經》不是凡人所能編造的。

至於普遍性的絕望，就更難以解釋。

十四世紀黑死病來臨的時候，人類成批死亡，連最虔誠的教士也不例外——虔誠者應該得救，卻毫無跡象得救。當瘟疫過去，教士的腐敗又成為人們的另一種災難——腐敗者應該受罰，卻毫無受罰的跡象。

十八世紀里斯本大地震後，伏爾泰就在《里斯本的災難》中質疑，這個充滿災難的世界是不是神的安排？他又在小說《老實人》中質疑，這個坑蒙拐騙的世界真是神最好的創造嗎？

再看看二戰中數百萬猶太人遭集體屠殺，而猶太人又是最相信上帝的民族，這實在令人費解！

ii. 對道德性的質疑

還有些時候，神的一些做法似乎悖於人性，甚至悖於公理。

比如，人類在伊甸園吃了果子，似乎不是大罪，卻被趕出天庭，世世代代背上原罪。

比如，神要求亞伯拉罕用兒子祭祀，儘管神在最後一刻收回了這個命令，但亞伯拉罕這麼做是否道德？

比如，神自己的兒子就被人類釘死在十字架上，這當然被解釋為上帝的安排，可是否是不必要的殘忍？

比如，最虔誠的神職人員，乃至貞潔的修女，也在瘟疫中暴亡，神的正義何在？

上述矛盾在一神教中最明顯：如果誰在為這個世界負責，他要麼冷酷，要麼無能；他不可能仁愛而全能卻讓上述發生。多神教也難以解釋：或者你所崇拜的神不能幫忙，或者你所崇拜的神不願幫忙，或者你所崇拜的神根本不對！

多神教還面臨一個額外的麻煩，就是道德標準混亂，事實上，也必然混亂。原因在於，每個神都有自己的喜好，於是有多少種神，就有多少種神所喜好的道

德標準。

比如，縱欲和禁欲是兩件相反的事，可有的神喜好禁欲，「行祭祀、苦行者入天界」，而有的神喜好縱欲，《森林奧義書》用性愛來比喻神我合一[7]。從通俗易懂的角度講，這倒不失為絕妙的比喻。

再如，殺生和不殺生是兩件相反的事情，可有個佛教故事是這樣的：某低種姓的人因為冒充高種姓而希望贖罪，祭祀告訴他只有用一百個人頭祭祀神才會得到赦免。於是，此人四處殺戮，殺到第九十九個人的時候開始質疑這麼惡的神是不是魔鬼。[8] 佛教記載這個故事，為的是質疑古印度教的道德標準。

結果如馬克思在《不列顛在印度的統治》一文中所評價，印度教「既是縱欲享樂的宗教，又是自我折磨的禁欲主義的宗教；既是林加崇拜的宗教，又是箚格納特的宗教；既是和尚的宗教，又是舞女的宗教」。

怎麼解決呢？一般而言，無法解決也無須解決。

沉醉於上帝的人會說，神在考驗他們。比如前面那位絕望抱怨的約伯就說：「這些事太奇妙，是我不知道的。」（《約伯記》第 42 章）

既不沉醉於上帝也不沉醉於解脫的人，最典型的當屬現代人，我們會說：「神祕不可理解，差不多就算了吧。」

可當古印度這個沉醉於解脫的民族遇到神的困惑，他們就非要搞個明白，再另闢蹊徑！

自力的思潮

新方向是明確的自力取代神力。相比起神力的效果難以捉摸，自力的效果近在眼前。只是，眼前解脫不等於永久解脫，如果說自力能帶來永久解脫的話，依據何在？答案是：業力論。

i. 業與力

「業」即行為，或者說，累計的行為。在印度人的觀念裡，「業」比起現代意義的行為範圍更寬：既包括身體的動作，也包括口中的語言，更包括內心的意

志。我以前舉過一個例子：各位見到一朵很美的花，並未靠近、凝視、聞香、採摘，就已經符合了老子的無為；可同樣的場景，同樣你無任何舉動，僅僅你心裡閃過「好美」，那印度人就認為你已經起心動念，等於有行為了[8]！

「業力」即行為的結果，或者說，累計的行為結果。之所以稱為「力」，因為它是無形的。比如說，你隨手扔了個垃圾，這個垃圾後來被好心人撿起並扔進了垃圾桶。按照常人的看法，這件事最平常不過，就像沒發生過一樣，不會給你帶來任何影響。可按照「業力」的說法，你扔垃圾的意志力沒有消失，它會留在你的意志中，推動你的人生。這提醒我們：別隨手亂扔垃圾，哪怕沒人看見！

對今天的人來講，「業力」聽起來很抽象，「重力」聽起來很好懂。可細想一下，兩者無太大區別。比如說，「蘋果因重力而落地」，其實你只看到了蘋果和落地，你並沒有看到重力——說得不好聽些，重力是人為的假設；說得好聽些，重力是無形的機制。業力何嘗不也一樣，它也看不見摸不著，也可以說是人為假設或無形的機制。只不過，一個是物理運動的機制，一個是靈魂運動的機制罷了。

ii. 業力束縛

讓我們看看這種機制是如何說明束縛的。前面提到，古埃及人和古希臘人都提出過靈魂輪迴的概念，但他們從未明確過靈魂輪迴的動力。而印度人明確了：「業感輪迴」，即業力影響輪迴。這體現在以下兩方面。

一是業力推動輪迴的前進。

如果沒有業力，各位就不會再生。很遺憾，因為不斷造業，我們還必須再生。想自殺？不行，自殺都算業，更加速了再生。

這裡不妨引用《彌蘭陀王問經》中的一段對話。彌蘭陀王是古代阿富汗地區一位元有希臘血統的國王，因此，他代表了旁觀者對印度文化的困惑。

王問：什麼是輪迴？

僧答：生命的重生。

王問：重生的生命是一樣的嗎？

僧答：有業報，才有重生。

王問：那麼，生命可不可以擺脫業報呢？

僧答：是的，假如它不重生的話；但因為它重生了，所以它沒有擺脫業報。[9]

由上可知，業力論並不是現代的無神論。它仍然承認來世、無盡頭的來世。對印度人來講，這點很重要。不管在古代，還是在今天，徹底的無神論都無法在印度立足，因為那裡的人們已經徹徹底底地接受了死後的存在。

二是業力決定輪迴的走向。它決定下輩子生命進入哪一軌道：投胎到天界？到人間？到天人之間（阿修羅）？到畜生道？到餓鬼道？到地獄？而人們最渴望的是跳出所有軌道，跳去另一個世界，永得清淨。

任何造業都將是對未來的束縛。就像作用力與反作用力一般，自己造的業會作用在自己身上。這就好像，你本次的銀行借款將提升你的負債總額，而你的負債總額將決定你下次的借款額度。當這輩子結束的時候，你將被「銀行」評定「信用等級」：如果是五星好評，那你將轉生為天人；如果是五星差評，那你將轉生為貓狗；如果介於兩者之間，那你將轉生做人，繼續還債！而且，這個「銀行」十分狠毒，你別想自殺逃債，因為它會追殺你的靈魂，直到天堂地獄！

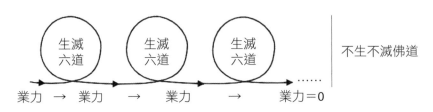

圖 3-1 業力機制下的六道輪迴和解脫

iii. 業力解脫

讓我們再看看業力論是如何說明解脫的。

既然，造業導致苦與束縛，那麼，消業指向滅苦與解脫。

消除業力唯有靠自己的行為，惡有惡報，善有善報，而業力歸零之時，就是

最終跳出輪迴之時。

看看，「業力」就像加減法般簡單，而且，它奇蹟般地消除了「神力說」的種種麻煩——既然神力變得無關，那就談不上對道德的質疑。業力的原則與道德原則一定是相符的，因為它們相互定義：善業的定義就是符合道德原則的行為，而惡業的定義就是違反道德原則的行為。這樣一來，符合道德的行為會受到業力原則的獎勵；違反道德的行為，都會受到業力原則的懲罰。如果你還在抱怨善惡沒報，那只是時間沒到：報應可能在今生，也可能在來世，你未必看得到它發生，但它一定發生！

既然神力不再主宰，那就談不上對效力的質疑。按照業力的獎懲辦法，善有善報，惡有惡報。如果怪命運不好，就是怪自己；如果抱怨世界上的惡，就等於抱怨自然規律。回到前面舉的銀行負債的例子，以前你總千方百計地試圖抵賴，方法是怨天、怨地、怨人。現在銀行明確了，你欠的不是錢而是行為，你的行為你做主。這下你埋怨不了天、地、人了吧，只能自己做事還錢，只能一筆又一筆地，一輩子又一輩子地還銀行的債。在債務清零的那一天，你一定會大呼：「再也不找這麼歹毒的銀行了，因為我已經跳到了一個沒有銀行的世界！」

當歐洲啟蒙運動如火如荼時，當上帝被拷問得焦頭爛額之際，當叔本華、尼采等人需要解釋而無法解釋世界時，他們突然發現東方有一種無須神負責的「神義論」，不由得大贊：太妙！只可惜，加入《聖經》已晚！

這或許會啟發各位：能不能在神力解脫與業力解脫之間折中一下呢？嚴格地講，不能。要麼保留業力的權威，要麼保留神力的權威，否則的話，就會引發「誰更權威」的爭執。

比如，某信徒殺了個人，明明是造惡業，但神用神力赦免了此行為。那麼，這名信徒應該被懲罰還是被救贖呢？懲罰的話，神力就無效；救贖的話，業力又無效。

再如，某天神自己有神力，那他的神力要不要服從業力的規則？是的話，業力就不萬能；不是的話，神力也不萬能。

總之，兩種最高權力之間是沒得談的。以前的封建君主總說「朕即天下」，

其實，或者君主說了算，或者天下說了算。如果君主說了不算卻要保留，那也行，搞君主立憲制嘛！業力論就是這種天上的「君主立憲制」：神位高高在上，業力掌控世間！

自力如何解脫

有了自力解脫的理論，還要有方法才行：如何才能自學成才、實現自由？這聽起來好像是個在現代人腦海中徘徊的問題，但兩千五百年前的印度人腦海中就徘徊著這個問題。於是，在佛教之前，就出現兩種自力的實踐：禪定與苦行。

i. 禪定

改革往往萌芽於舊體制的內部，這次也不例外。依據新方向，古印度教中的改革派重新解釋了經典。據日本學者平川彰考據：「命運會被善惡業所限定的思想，已見於《奧義書》……不過《奧義書》時代，業的理論還沒有完成，為佛教所繼承。」[9]

具體方法呢？梁漱溟先生給出過一個謎語：有一種修行方法，出了印度外全無，在印度內卻通行，就是瑜伽禪定。[10] 至於這裡指的到底是瑜伽還是禪定，並不重要，因為它們原本是一回事：古印度教的瑜伽中原本就有「定瑜伽」。現在改革派所做的，是把瑜伽從輔助變為主要的方法，再把定瑜伽從瑜伽中單列出來，從此，禪定變成獨立修行的方法。

在禪定中，這些古印度教的改革者仍然追求「神我合一」的體驗。但慢慢地，禪定成為所有的新生宗教通用的個人修行方法，而不限於體驗「神我合一」。這種通用性的來源在於，禪定把人們帶入某種虛幻的狀態，而這種頭腦中的虛幻狀態可以被賦予多種解釋：你可以說它是大我，也可說它是小我，還可說它是無我。於是，印度教徒從中看到了梵，耆那教徒從中看到了靈，基督教從中看到了上帝，道教從中看到了天道，儒家從中看到了天理，而佛教——各位很快會知道佛教從禪定中看到了什麼。

這裡有一點重要的提示是：禪定早於佛教出現，更早於後面的禪宗。

ii. 苦行

　　耆那教是佛陀所批評的「六師外道」中的一家，並被稱為佛教的姊妹教——前者是姊，後者是妹——原因在於，兩者的教主和理論有諸多相似。

　　首先是教主相似。耆那教的教主被尊稱為「大雄」，他出身於王室，為二太子，三十歲出家，四十二歲在樹下覺悟，覺悟後傳道達三十年，於七十二歲入滅。佛陀出身於王室，為太子，二十九歲出家，三十五歲在樹下覺悟，覺悟後傳道四十五年，於八十歲入滅。

　　其次是理論相似。耆那教與佛教都承認輪迴，承認「業力」，否定神力。兩者在理論上唯一的差別在於：靈魂變還是不變。耆那教主張靈魂不變：世界組成包括地、水、火、風及不變的靈魂，業力困住了不變的靈魂，消除了業力，就解放了不變的靈魂。佛教則反對上述文字中的所有「不變」。

　　作為業力論的一支，耆那教也強調修行解脫。它的實踐方法是戒律。古印度教的瑜伽中原本就包括業瑜伽，現在耆那教把「業瑜伽」單列出來，從此，戒律成了獨立的修行方法。耆那教的戒律重點圍繞苦行與不殺生，苦行是為了消除惡業，不殺生是為了不造新業。

　　耆那教的苦行是自願的，如長時間舉臂，長時間靜坐，長時間禁食，長時間忍受嚴寒，長時間忍受酷熱，長時間淋雨，長時間蹲行，把自己埋在土中，把自己投入深淵，把自己放在刺床上，讓自己住於墳地，讓自己全身裸露，讓自己吃草，讓自己汙穢，甚至一根一根拔掉頭髮。

　　為了盡力躲避昆蟲，耆那教徒出門常常以面紗裹臉。美國作家凱倫・阿姆斯壯評價道：「極少有人曾像大雄那樣如此堅持不懈地追求戒殺的理想。一切有呼吸、存在、鮮活、有知覺之造物都不應被殺戮，亦不應遭受暴力、虐待、折磨或驅趕。此為純粹、不可更改而永恆之準則。」[11]

　　慢慢地，所有新生的宗教教派都採用戒律來規範組織，而不再限於苦行與不殺生。因此，這裡的另一點提示是：戒律也早於佛教出現，即佛教「戒、定、慧」三學中的兩項早於佛教就成形了。

順帶提下，今天耆那教是世界前十大宗教之一，它的寺廟同樣遍布印度，並且在印度約有六百萬信徒。據聖雄甘地自述，其「非暴力不合作運動」的思想受到耆那教的極大影響。

iii. 無解的方法

也順帶提下，既然「六師外道」中的一家是耆那教，那麼各位可能好奇另外五家的情況。他們或者帶有不可知論的傾向，堅持一切都值得懷疑，包括業力在內；或者帶有命定論的傾向，認為一切均已命定，也包括業力在內。

今天有些人把這五家表述為「樸素的唯物主義」，或許內容有類似，但目的絕對迥異。在宗教情結深厚的古印度，我以為，它們僅僅表達了另一種解脫的思路：否定一切等於解脫於一切。只不過，否定一切等於一切無解。

在上述方法混亂（禪定、戒律、無解）的背後，折射出沙門思潮尚未釐清的一點：業的來源。好吧，我們講過業來自行為，可行為的善、惡從何而來？

如果以親近神為善業、遠離神為惡業，那麼第一種方法——通過禪定回到「神我合一」的狀態就是對的。

如果以無欲為善業、欲望為惡業，那麼第二種方法——通過苦行遠離欲望就是對的。

如果以不可知來解釋善惡，那麼沒有方法是對的——什麼都不做最好。

這就需要佛陀出場來做個了斷了。

站在巨人的肩膀上

講到這裡，各位一定同意，佛陀的出場絕非石破天驚、從零突破。相反，他確實站在了巨人的肩膀上。

佛陀是怎麼看待之前的理論與方法的呢？

對前人的理論，他既沒一概排斥，也沒一概接納，而是充分學習。從這可看出他是個非常理性的人。據《佛本行集經》記載，佛陀自八歲就開始學習經典、

技藝、武藝，包括學習古印度的各種經典。從後來的佛經中，我們也可以看出，佛陀既認可古印度的解脫目標——跳出輪迴，也接受新的解脫途徑——業力解脫。

《大寶積經》有言：假使百千劫，所造業不亡，因緣會遇時，果報還自受。

《金剛經》有言：若為人輕賤，是人先世罪業，應墮惡道。以今世人輕賤故，先世罪業，則為消滅。

《三世因果經》有言：欲問前世因，今生受者是，欲知後世果，今生作者是。

這些再次告訴我們，佛陀並非「沙門思潮」之外的一支，而是「沙門思潮」的終結。

對前人的方法，佛陀更是充分體驗，這同樣說明他是個非常理性的人。（關於「理性」的定義，請見本書第二十章。此處可先依照通俗的理解：當我們稱讚某人「理性」的時候，通常指該人辦事和思考時講求實證、講求邏輯——憑依據，而非憑想像。）根據《佛本行集經》的說法，佛陀在出家後、覺悟前，拜訪過幾位老師：

其中一位，古印度教中數論派的阿羅邏，教的是「梵我合一」。佛陀不認可「有我論」，因此不認為這種方法能帶來解脫。

還有一位，禪定者優陀羅羅摩子，教的是「非想非非想處定」。佛陀發現這種方法雖然能帶來暫時的平靜，可一旦走出禪定則會煩惱重來。

之後，佛陀又加入了苦行者的隊伍。據記載，他在六年的苦行生活中，每天吃一粒芝麻，但最終意識到解脫之道不在於不吃東西。他最終感悟到，苦行是另一種苦，它不是解脫；以苦求解脫，等於從一個牢房走進了另一個更大的牢房！

一個人有沒有解脫，最有發言權的就是自己。佛陀學習了、體驗了，但沒有解脫，自然反思問題出在哪裡。所以說，時勢造英雄，這場運動本來就以理性為

特徵，而佛陀又是一個格外理性的人，他的脫穎而出就在情理之中了。

看懂了佛陀的繼承，我們才能接著看懂哪些不是他的創造，而哪些是！

第四章

智慧之理，
為何不執著

佛陀，約西元前 566-前 486 年，原名喬達摩·悉達多。他的一生，有許多傳奇。

｜王子出家

他原來是古印度一個小國釋迦族的王子，從小在衣食無憂的日子中長大。直到二十九歲那年的某一天，他在四個城門分別見到生人、老人、病人及僧人，於是當夜出家。

｜苦行六年

他出家後拜訪名師，但六年無所獲，曾經因苦行而暈倒，又因喝了牧羊女供奉的羊奶存活。

｜睹明星而頓悟

他清醒後放棄了苦行，走到一棵菩提樹下靜坐，決心不覺悟就不起坐，直到七天七夜後，見明星劃過夜空而覺悟。

｜教化眾生

他覺悟後創立佛教，被尊稱為釋迦牟尼，即釋迦族的尊者，在恒河一帶講經說法四十五年。

涅槃解脫

他八十歲時，感到自己不久於世間，於是囑咐弟子們世代守護佛法，最終進入涅槃。

除了傳奇，圍繞他，似乎還有諸多神蹟。

白象入胎

他母親年紀很大還沒有懷孕，突然有一天夢見一頭象徵著吉祥的白象進入身體，醒來發現自己懷孕，生下悉達多太子。

七步蓮花

悉達多太子生下來就會走路，左七步，右七步，步步生出蓮花，口中念念有詞：「天上地下，唯我獨尊。」——後面禪宗有一公案說，禪師遇見這種小孩，會一棒子打死他餵狗，「貴圖天下太平」。對這種佛弟子，請各位做好心理準備。

相者預言

悉達多太子出生後，有四面八方的仙人前來為王子看相。一位仙人預言，王子要麼成為世俗世界的王者，要麼成為精神世界的王者。另一位仙人則掩面而泣，說王子日後一定成佛，只是自己等不到這個時候了。

升天成佛

佛陀在天上的名字叫釋迦牟尼佛。這有兩種可能：或者是釋迦牟尼佛先在天上，後下凡為悉達多；或者是悉達多先在地上，後升天為釋迦牟尼佛。總之，天上的他是神。

這些傳奇及神蹟，不管真假，我認為都會干擾我們的視線。

要說傳奇，別忘了，前面講過著那教的創始人大雄也是王子出家，也苦行多年，也最終成道，也宣布自己為覺悟者，也創教傳教並流傳至今，也高壽入滅。

他還比佛陀早幾十年，因此不存在他跟佛陀學的可能，反過來倒有可能。

再說神蹟，那時大多數覺悟者都莫名其妙地宣布成道，然後莫名其妙地被追捧。就算到了今天，在新聞報導中、電影中、武俠小說中，我們仍能看到某大師鶴髮仙顏，信者如雲，又不知其可信之處何在。

相比其傳奇與神蹟，我以為，更值得關注的是佛陀的覺悟以及他的保證——人人都能覺悟。「人人都能」這種事還算奇蹟嗎？算。據我所知，這種事在宗教史上還沒發生過。

佛陀覺悟了什麼

關於「佛陀覺悟了什麼」，佛學界倒不是沒有答案，只怕答案太多。比如，有人說佛法是不執著，有人說佛法是「四聖諦」，有人說佛法是「四法印」，有人說佛法是「八正道」等等。這不能怪誰，佛陀講法四十五年，創立了一個系統。就像所有系統那樣，它涵蓋了理論、方法、形式、推論。對我們這些講求實際的現代人來講，重要的不是後兩項，形式與推論，而是前兩項，理論與方法，即為什麼與怎麼辦。

以「不執著」為例，這個詞在佛經中常常出現。《阿含經》中指出，有肉體，便有對肉體的執著，眾生因為不明白此事，所以輪迴停不下來。《法華經》中總結佛陀講法，只為「引導眾生，令離諸著」。顯然，「不執著」是佛法，但我說它不是佛法的核心。原因在於，執著與束縛幾乎是同義詞，而不執著與解脫幾乎是同義詞。執著於社會、愛惡、身體，那麼心靈就被束縛；不執著於環境、欲望、生存，心靈就自由，誰不明白這些道理呢？正因為如此，不僅佛教，幾乎所有的印度宗教都追求不執著的境界，區別在於能否實現罷了：印度教講不執著於世間，卻執著於拜神；耆那教講不執著於身體，卻執著於苦行。這告訴我們關鍵不在於「不執著」的目標，而在於有沒有切實可行的為什麼與怎麼辦。

類似地，「四聖諦」、「四法印」、「八正道」這些詞也在佛經中常見，但同樣，它們都不是佛法的核心，而不過是形式和推論罷了。什麼是佛法的核心呢？要我說，並且我有義務證明，佛陀的理論如果總結為一個詞，那就是「**因緣法**」。

至於什麼是因緣法，現存的估計起碼有幾十種理解。因此，我只能根據自己的理解：因即因素，緣即過程，法即法則；「因緣」本來是普通名詞，可接上「法」，就變成了絕對的法則。

　　一般人都同意，事物有因、有緣、有果；世界上有因果法則的存在。只是，這種理解一般是非絕對的，不信的話，請教下：有因緣一定有果嗎？無因緣一定無果嗎？因果法則一定涵蓋任何法則嗎？沒因果法則就一定沒其他任何法則嗎？你猶豫了，會嘀咕說：未必吧。

　　而佛陀說：「此有故彼有，此生故彼生；此無故彼無，此滅故彼滅。」這四句在原始經典《阿含經》中出現了很多次，意思是絕對的：萬事萬物，有因緣就有結果，無因緣就無結果；有結果就有因緣，無結果就無因緣。並且佛陀說：「見緣起即見法，當見法即見緣起。」意思也是絕對的：世界上的法則都是因緣的法則，不存在因緣法之外的法則。

　　假如我們以上述絕對性來質疑古印度教、耆那教、基督教以及現代科學的話，估計他們都會說，因果關係普遍存在，只不過，我的理論中存在某種「例外」。

　　比如，古印度的不可知論中講奇蹟，那麼自然界中就有例外。

　　比如，古印度教講人與神相通，那麼永恆的神就是因果法則的例外。

　　比如，耆那教講靈魂被世界束縛，那麼永恆的靈魂就是因果法則的例外。

　　比如，基督教、伊斯蘭教、猶太教中講上帝是造物主，那麼上帝必須例外。

　　即使在今天的現代科學中，物理學家講微觀狀態不可測，那麼量子力學又是例外。

　　佛教呢？沒有例外！

萬法在因緣

　　佛陀先從自然界開始講起。所幸，他不是量子物理學家，所以他僅僅報告了巨集觀物理現象。

自然界在變動。我們所見的現象流轉不息，為什麼好事、好心情不能持久？壞事、壞心情揮之不去？佛陀解釋道：「此生故彼生，此滅故彼滅。」這是時間上的因緣法。

自然界無主宰。我們所見的現象如此紛繁，為什麼厭惡的事偏偏出現、喜歡的事偏偏沒出現？佛陀解釋道：「此有故彼有，此無故彼無。」這是空間上的因緣法。

自然界不單一。我們所見的現象相互關聯，世界相互關聯，小到極微的分子、原子、質子、電子關聯成網，組成了物質；大到太陽、地球、月亮、星河關聯成網，組成了宇宙。其間關聯的機制何在？因緣和合、因緣離散。

今天這已被科學證實：我們看到的紙張、家居，總有一天會化為肥料滋養樹林，使更多樹木茁壯成長，變成新的家居、紙張。從元素到整體，都在因緣中迴圈——毫無例外！[12]

生命在因緣

接下來，人是不是例外呢？

在佛陀看來，人雖然比自然界更複雜，但相同點在於因緣聚散。

生命在變化。「五蘊」即生命的五種組成：色、受、想、行、識，對應物質、感受、思維、意志、意識。五蘊是因，和合是緣，生命是果。不僅整體沒有常性，每種要素——色、受、想、行、識——也沒有。按照現在的說法，生命在運動、代謝之中。

生命無主宰。如果身體是我，身體就應該由我主宰。那麼我們應該可以讓身體不生病、不受傷、不老化、不腐爛，可事實遠非如此。身體會生病、受傷、老化、腐爛，這證明身體不受我主宰。感受、想法、意志、意識也都是如此。比方說，你能讓自己永久站立嗎？不能。你能讓自己永久地笑嗎？不能。你能讓自己永久思考或永不思考嗎？不能。按照現在的說法，生命不過是自然進化出來的複雜性現象。

生命不單一。身體可以拆分為五蘊，五蘊中的每種成分可進一步細分。身體

可分為眼、耳、鼻、舌、身；意識可分為視覺、聽覺、嗅覺、味覺、觸覺。這樣拆分到最後，按印度人的說法，確實只剩下了地、水、火、風四種元素。而按照現代的說法，這四種元素還可以進一步細分為分子、原子、夸克。

輪迴在因緣

人死後，靈魂是不是例外呢？

佛陀不太願意談及死後的靈魂，但他從更廣泛的意義上解釋了意識。生死相續的意識，如同環環相扣的鎖鏈。與當前有關的十二個環節如下：

第一個環節，無明，即前世的蒙昧；

第二個環節，行，即前世的行為；

第三個環節，識，即今生的意識；

第四個環節，名色，即身體和精神；

第五個環節，六入，即眼、耳、鼻、舌、身、意；

第六個環節，觸，即眼、耳、鼻、舌、身、意與環境的接觸；

第七個環節，受，即感受；

第八個環節，愛，即情感；

第九個環節，取，即執著；

第十個環節，有，即所有；

第十一個環節，生，即來世的再生；

第十二個環節，老死，即來世的人生之苦。

上述被稱為十二因緣。

依據《俱舍論》的解釋，在這十二個因緣中包含了三世、兩重因果。三世指的是前世、今生、來世。兩重指的是從前世到今生，從今生到來世。如下圖所示。圖示兩邊的省略號延伸下去，三世就變為了無數世，兩重就變成了無數重，十二因緣就變成了無限因緣。

圖 4-1 十二因緣的鏈條

這條生生不息的意識之流有如下的特徵：

它變動，這就否定了印度教和耆那教的「靈魂恒常論」。

它連續，這就否定了不可知論者和名定論者的「靈魂斷滅論」。

它無始，這就繞過了從亞里斯多德到牛頓都無法解釋的「世界第一推動力」。

佛教對這條生生不息的意識之流有如下的比喻：

靈魂如火焰，從一根火柴燃燒到另一根火柴。火焰相同嗎？不同。完全不同嗎？也不是。

靈魂如海水，從一朵浪花變為另一朵浪花。浪花沒改變嗎？不是。完全改變了嗎？也不是。

靈魂如種子。種子雖小，但蘊藏著前一棵植物所帶來的資訊，和前一世所積累的能量。有欲望、有能量，種子在今生長成一棵植物。這棵植物經過成長、停滯、衰敗，最後將這輩子積累下來的資訊和能量傳遞到新的種子上。這顆新的種子又帶著新的資訊和能量開始下一次生命。

靈魂的相似相續，生前如此，死後亦然。

神也在因緣

接下來，神是不是例外呢？按說神應該是例外。但在佛陀的世界觀裡，它或者不例外，或者無關。

無關的神，指的是已經跳出輪迴後的神。它們不再受因緣限制，但也不再算這個世界的一部分。

不例外的神，指的是在這個世界中的天人。它們住在天界之中，那裡壽命更長、時空更開闊、煩惱更少、快樂更多，但那裡仍是六道輪迴中的一道，仍有生老病死。而且，天人之所以在天界而不在人間，僅僅因為之前輪迴的福報較大而已，隨著福報的消耗，他們終將「輪」落回人間。

天人都不例外——這才叫為宇宙立法！

法的印章

總結下，佛陀為我們描述了一張巨大的因緣之網：上到天界，下到地獄，前到無數世，後至無數世。在天界與地獄之間，空間是連續的；在無數前世與無數後世之間，時間是延綿的。

這個世界印證了因緣法的存在，反過來，因緣法也解釋了這個世界——

「諸行無常」，因緣在變動，所以自然界無常。

「諸受是苦」，因緣無法被主宰，所以人生是苦。

「諸法無我」，因緣不單一，所以一切不自主。

「寂靜涅槃」，因緣生滅，所以跳出生滅才是寂滅。

以上四個概念，苦、無常、無我、涅槃，在佛教中被稱為「法印」。顯然，它們並非獨立的「印章」，而只是因緣法的推論罷了。

業力解脫變成了因緣解脫

佛陀講因緣法，目的當然在於講解脫。

之前的沙門思潮宣揚了業力解脫，卻未能解釋業的來源。而現在因緣法解釋了：業來自無明。正看十二因緣，無明生則業生，業生則輪迴生，輪迴生則苦生。也就是說，一個人如果蒙昧於因緣的法則，就有貪、嗔、癡，就會受生老病死之苦。所以，佛陀指出，人因為不能理解十二因緣，所以才在生死輪迴中受苦。

澄清了業的來源，也就澄清了消業的方法：破除無明。反看十二因緣，無明滅則業滅，業滅則輪迴滅，輪迴滅則苦滅。也就是說，一個人如果明白了因緣的

法則，就不再貪、不再嗔、不再癡，就會解脫。所以，佛陀指出，人如果能理解十二因緣，就能見法，就最終能得到佛那般的清淨。

佛陀的道理，講得明明白白。

苦的產生

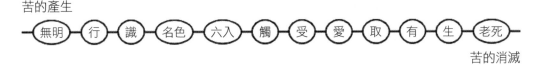

圖 4-2 正推苦，反推滅苦

佛陀的理性

總結佛陀理論的特點，我以為不外乎「**理性**」二字。

這難免招致來自兩方面的質疑。非宗教人士會質疑：佛陀創立了當今世界上最大的神祕組織之一，還被該組織祭於神壇，怎麼能說他理性？而宗教人士會質疑：佛陀在原始經典中提到轉世及神通，還被尊為釋迦牟尼佛，怎麼能說他沒神性？

我可以從三個方面來回應。

首先是要把佛陀與同時代的人比較。佛陀所處的古印度是一個宗教情結非常濃厚的社會，神、神通、輪迴、業力都被視為常識。

比如神力。在那個環境中，佛陀能夠質疑神力、依靠自力，已經很不尋常了。他在《漢譯巴厘三藏·經藏·長部》中囑咐弟子：以自己為島，以自己為歸依，不以其他為歸依；以法為島，以法為歸依，不以其他為歸依。

又如神通。古印度人人都相信神通，因此佛陀並沒有完全否認神通，只是拒絕使用神通。這已經與宣揚法力、咒語、看相的巫師們有本質不同。當他的十大弟子之一、號稱「神通第一」的目犍連被人打死時，有人問佛陀為什麼這位弟子不用神通自保。佛陀的解釋是，神通敵不過業力。即目犍連前世造了業，今生必須償還，哪怕他作為佛陀的十大弟子之一，哪怕他號稱「神通第一」。

至於輪迴、業力，說實話，今天也無法被完全否定。它們無法被證實、也無

法被證偽。誰都沒見過輪迴和業力，但誰又能說輪迴和業力一定不存在？而佛陀自己提起的轉世現象，在凡人看來，或許是禪定中的幻覺。但話說回來，既然禪定中的幻覺是凡人都可達到的境界，那也稱不上有多神祕。

其次，我們還要把佛陀與之後的人分開。在佛陀之後的兩千多年中，佛教發生了巨大的改變，這正是本書希望為讀者展開的畫面。今天的佛教變成了神祕組織不假，但這種結果與佛陀本人關係不大，卻與佛教弟子們的關係極大。今天僧侶們的燒香、跪拜、灌頂、回向（贈功德於他人）、超度（贈功德於死人），以及信徒們的求長壽、消災、生子、升官、發財、升學等儀式，都是佛陀之後開始的。

最後，我可以列舉某些事例來證明，佛陀的某些理性甚至超前到今天這個時代。比如，他允許女性出家，這不僅僅是佛陀的個性使然，還是因緣法使然：性別是因緣，那就沒必要執著於男女！

佛陀還允許種姓平等，理由是江河有不同的名字，而匯入大海後只有一個名字。佛陀在《雜阿含經》中指出，四種姓在世間有差別，在業上無差別。同樣，這仍然是因緣法的必然：出身是因緣，所以沒必要執著於種姓！

佛陀又允許用當地語言來傳播佛教，他在《四分律》中提出：「聽隨國俗言音所解，誦習佛經。」[13] 基於這種指示，佛經被翻譯成各種語言，起初用的是峇里文與梵文，佛經傳出印度後，又增加了中文、藏文、韓文、日文，近來又被翻譯為英文、法文、德文、西班牙文。地域更是因緣，所以更沒必要執著於使用何種語言！

顯然，佛陀的理性根植於因緣法；因緣法決定了佛教的理性。我們以因緣法為唯一標準，來判斷佛陀之後印度佛教的改變是否合法，乃至後面判斷中日禪宗的演變是否符合佛法，就簡單多了。

佛陀在提出理性的道理之後，還有理性的實踐。

第五章

智慧之法，
如何不執著

宇宙有因緣之法，人類要覺悟它，就要「見法」。至於怎麼見，佛陀提出過四步、八步、三十七步，乃至一百多步的方法。

怕只怕，各位讀這些步驟，會感覺到一個字：煩！但請相信我，佛陀的智商比你我高，如此煩瑣自有理由：簡單地講，他生怕我們學不會，所以給出了世界上最完整的「佛法操作手冊」。

說實話，我真不確定該把這章放在這裡好呢，還是該把它整理為一個「大附錄」更好。要知道，方法這東西，從來都是外行人覺得枯燥、內行人覺得關鍵。這就好像，我對喝咖啡感興趣，可興趣到此為止。而有些朋友則會製作咖啡、辨認咖啡豆的品種、熟知全世界的咖啡產地，甚至保有獨門配方。兩種情況都再正常不過，只是興趣點不同罷了。因此我的建議是：如果各位僅僅對佛法出於好奇，並且已經知道了「印度佛法煩！」，那麼以下簡單流覽即可——咱們去買杯星巴克的咖啡，沒必要了解咖啡生長的全過程。

反之，如果各位真想了解佛法生長的全過程，那本章倒可以幫助釐清下它的次序：從四步到八步，從八步到三十七步，從三十七步到百多步，這中間有怎樣的關聯？後人把佛法簡化為三步，這中間又有怎樣的關聯？或許，這將開啟你的咖啡生涯！

四聖諦

佛法最常見的形式是「四聖諦」，即四個步驟：苦諦、集諦、滅諦、道諦。之所以稱它們為「聖諦」，因為它們是佛陀第一次講法的內容：

苦，承認束縛的現狀；

集，找到束縛的原因；

滅，相信解脫的可能；

道，遵循解脫的道路。

問題是，各位覺不覺得眼熟？根據前面的介紹，印度教、耆那教就已經按照這個思路了；實際上，只要以解脫為追求的人，十有八九都按照以下思路去思考：

一、什麼是束縛？

二、束縛何來？

三、什麼是解脫？

四、如何解脫？

這告訴我們，所謂「四聖諦」不過是印度各宗教乃至全世界關於解脫的學說的標準公式。既然是標準公式，它就沒有實際的、固定的內容。舉例來說，代數公式 A＋B＝C＋D 中的 A、B、C、D 是什麼數字呢？不知道，所以這才叫公式！在公式中加入數字才有了內容，比如 1＋4＝2＋3 或 2＋5＝3＋4。

如果說佛陀用七天七夜僅僅悟出個標準公式的話，那實在算不上什麼覺悟。不，他悟出的是因緣法的內容，不是公式！

苦是因緣生的狀態；

集是因緣生的過程；

滅是因緣滅的狀態；

道是因緣滅的過程。

這就解釋了前面為什麼說──「四聖諦」只是因緣法的形式而已。

讓我們走下這四個步驟。

i. 苦諦

佛陀並沒有發明苦諦，印度各宗派，古印度教、耆那教，乃至印度的不可知

論者都認可「輪迴是苦」。因此，佛陀只是在繼承的基礎上展開，並且展得很開，最終展開出一百多種苦。常見的是八苦，佛陀說：「生是苦，老是苦，病是苦，死是苦，怨憎會是苦，愛別離是苦，求不得是苦，五取蘊是苦。」加以分類的話，八項中的前四項是身苦，中間三項是心苦，最後一項是生存的苦。

佛陀還為「苦諦」加入了因緣法的內涵。大多數人都同意「人生有苦」，但未必同意「人生都是苦」。想想看，人生包括無聊，無聊也苦嗎？人生還包括快樂，快樂也苦嗎？沒錯，依據因緣法，無聊是苦，快樂是苦，人生皆苦。我知道這值得質疑，但此處就不展開了，如果真想搞清楚的話，請參考本人所寫的《悉達多的心理學》第十三章。總之，由於有了存在論上的證明，佛陀要人們無條件承認苦的事實。

ii. 集諦

「集諦」上章已經講過了，因緣生則苦生。

iii. 滅諦

同樣，滅諦也不是佛陀發明的。古代印度宗教共同認可「滅苦即解脫」。佛陀只是在繼承的基礎上，為「滅諦」加入了因緣法的內涵：古印度教認為解脫界清淨而不滅[10]，因為它來自神聖；而佛教則認為，解脫界雖然清淨但只是因緣熄滅的狀態。

滅諦也叫涅槃，它的梵文是火焰熄滅的意思。具體哪種火焰，《雜阿含經》中指出，貪嗔癡盡即涅槃，不執著即涅槃。《大般涅槃經》中則指出滅煩惱即涅槃，得解脫即涅槃。有一點是共同的：佛陀針對的是欲望之火。涅槃即欲望的熄滅。

像火焰，意識從一簇燒到另一簇，歸於熄滅。像浪花，意識從一朵跳到另一朵，歸於大海。像種子，意識從一粒傳到另一粒，歸於大地。生命也一樣，從一生轉到一生，歸於涅槃。

iv. 道諦

「道諦」，上章也講過了，因緣滅則苦滅。可落實到具體，則有必要展開。

八正道

佛法再展開就是「八正道」，即下面八個步驟：正見、正思維、正語、正業、正命、正精進、正念、正定。之所以稱為「道」，是因為佛陀宣稱他發現了一條「古仙人道」。既然古仙人已經走過這條道，那顯然這條道非佛教特有，而只是被佛陀賦予了新的意義罷了——這八步是隨順因緣之道。

不信的話，不妨反證一下。

我們能把正見、正思維、正語、正業、正命、正精進、正念、正定說成是「苦」嗎？不能，這些詞都是中性的，不苦。

我們能把正見、正思維、正語、正業、正命、正精進、正念、正定說成是「無常」嗎？不能，這些詞都可以表示恒常。

我們能把正見、正思維、正語、正業、正命、正精進、正念、正定說成「無我」嗎？不能。這些詞都可以以「我」為主語。

顯然，常規說法是講不通這八個步驟的。我們只能說，正見、正思維、正語、正業、正命、正精進、正念、正定裡面的「正」指的是「因緣」。對佛教來講，因緣為「正」。

這就是為什麼前面說，「八正道」同樣只是因緣法的形式而已。

讓我們再走下這八個步驟：

正見，即正確的見解。

正思維，即正確的意向。

正語，即正確的言語。

正業，即正確的舉止。

正命，即正確的職業。

正精進，即正確的努力。

正念，指的是專注而覺知的狀態。

正定，指的是在禪定中體悟正見的狀態。

關於對這八個步驟的理解，我已經在另一本書中闡述過[14]，很多佛教書都比我闡述得好很多，因此就不再贅述了。只是關於最後這一項，正定，又有必要展開。

三十七道品

佛法再展開就是三十七步，即「三十七道品」。「道品」二字的由來是，佛陀在臨終前總結說，按照下列修行即可覺悟：四念處、四正勤、四神足、五根、五力、七覺支、八正道，合計三十七項。

各位別被這個大數字嚇倒，因為這三十七項中，除八正道外，其他二十九項都與禪定有關。它們從不同角度，說明了道諦的實踐。

——「四念處」指四種禪觀的位置：觀身不淨，觀受是苦，觀心無常，觀法無我。

——「四正勤」指四種禪觀的意志：惡念已生令斷滅，惡念未生令不生，善念已生令增長，善念未生令升起。

——「四神足」指四種禪觀的階梯：欲定、勤定、心定、觀定。

——「五力」指五種心理能力：定力、念力、精進力、慧力、信力。它們可在禪定中培養。

——「五根」指五種心理機能：定根、念根、精進根、慧根、信根。它們是禪觀的基礎。

——「七覺支」指七種禪定中的覺知（覺察與知道）：擇法覺支、精進覺支、喜覺支、輕安覺支、念覺支、定覺支、捨覺支。

最後，各位也別被更大的數字嚇到：佛陀總共開發出了一百多種禪定。

從四聖諦，到八正道，到三十七道品，到一百多種禪定，我們看出印度式佛法的趨勢——越來越複雜！

三學

好在，後人也做了一些簡化，即把佛法簡化為戒、定、慧三學，聽著簡單多了。既然名為「學」，顯然是站在後來者的角度。至於哪裡的後來者這般聰明，一般認為，中國人最有可能。證據是，戒、定、慧在印度經典中僅僅零散出現，到了中國佛教的經典中才變得整齊劃一。

要說這「三學」好在哪裡，它抓住了兩方面的重點。一是佛法的重點：

——戒，對應八正道的中間四項：正語、正業、正命、正精進；

——定，對應八正道的結尾兩項：正念、正定；

——慧，對應八正道的開頭兩項：正見、正思維。它還抓住了學生的重點：

——知，學習佛陀的究竟真理即認知；

——行，學習佛陀的道德完善即行為；

——心，學習佛陀的寂靜不動即心靈。

它把教與學兩方面的重點對應起來，不多也不少，如此高水準的簡化，我同意，最可能出自中國人的頭腦！

話雖這麼說，估計各位可能會想：單純的戒律與單純的禪定在佛陀之前就有，唯有智慧才是佛法的特色。那麼，「三學」不能進一步合併為「一學」嗎？答案是，不行，因為它們之間是有因果次序的。首先，**定生慧**。

有禪定才有智慧

禪定是對「心」的培育。

它不僅是八正道中的一道，三十七道品中的二十九品，三學中的一學，還是六度中的一度，還是禪宗修行的全部，由此可見禪定在佛教中的地位。

考慮到本書的副標題是「佛與禪」，而佛與禪在此第一次交集，我們要問個技術性的問題：佛陀的禪定與之前的禪定有何不同？

先講下古印度教的禪定。想像自己的大腦是一杯水吧，雜質沉澱下來，渾水變成了清水。

它只包括一個階段:「止」,即靜止。

——身靜止:讓脊椎挺直但肌肉放鬆。身體安寧了,呼吸就容易安靜。

——息靜止:讓呼吸由淺到深、由急到緩、由粗到細、由短到長。呼吸安靜了,心就趨於安定。

——心靜止:訓練心不起念。隨著念頭的消失,進入四禪八定的境界:初禪時言語消失,二禪時感覺消失,三禪時感受消失,四禪時出入息消失。四禪之上,儘管另有八禪乃至十禪的說法,都可被認為進入了純粹意識境界。

最終的目的只有一個:安心,表現為心一境性的境界——清水的境界。

現在,對比下佛陀的禪定。想像前面那水,在變為清水之後,又加入了乙醇,於是,它就變成了酒。本質還是水,但有了酒的作用。

它在「止」的基礎上,增加了「觀」的階段,即覺知。相應地,它在「安心」的基礎上,增加了「智慧」的目標。

安心是前提。只有平靜的水面才能反映事物真實的樣子。反之,躁動的心,如同凹凸不平的鏡面,帶來不真實的體驗。

智慧是目標。佛陀在《雜阿含經》中要求「如實知」,即在禪定中覺知身、心、息的變化:

觀感受,覺知感受的變動,體悟因緣的生滅。

觀判斷,覺知感受帶來的思緒,體悟因緣的流轉。

觀指令,覺知思緒帶來的情緒,體悟因緣的生滅。

觀意識,覺知大腦意識的起伏,體悟因緣的流轉。

你會說:我已經知道因緣的理論了啊。也許,但道理需要經驗來檢驗。「從佛(祖)的自覺境地來說,是一切知識、語言文字所無能為力的。正如發現的古王宮殿,怎麼向人去說,即使別人承認那是事實,也並不等於親身經歷的古王宮觀。要證實,還得自己去一趟。」[15]

結論是:佛教的禪定與其他禪定的不同就在於「智慧」。

上述精神上的特質在任何時代都有效。具體到印度時代，那時的佛教禪定還有形式上的特徵：坐禪化。

既然瑜伽的主要特質在於精神，既然禪定是瑜伽的一種，那麼禪定與禪坐之間並沒有必然的聯繫。畢竟，純粹意識可以通過不同的禪修姿勢來實現。這就好像，清水始終存在，而清潔水的方法最早是沉澱，但後來還出現了離心技術、蒸餾技術、化學技術等。

所以不奇怪，禪定的形式在歷史上是變化的：瑜伽動靜相間，印度佛教的坐禪以靜為主，而中國禪則以動為主，這是後話。

有戒律才有禪定

好，定生慧，可定從哪裡來呢？答案是，**戒生定**。

戒律是對「行」的培育。

持戒的僧人過著嚴肅、清淨、樸素的生活。每天早上不得貪睡，外出乞食，中午在吃完飯後，不能再進食。大家席地而坐，或者獨自禪定，或者彼此交流，或者聽老師講法。清淨的戒律確保了僧人的大部分時間都在禪定、修慧之中。

除了對個人修行重要，戒律對佛教組織內部也很重要。佛陀的表弟，提婆達多，曾以佛陀對僧團要求不嚴為名帶著五百弟子離去，要知道，佛陀當時總共才有一千二百五十位弟子，可見當時分裂之嚴重，也可見佛教內部對戒律之敏感。

除了關係到佛教內部，戒律還關係到社會信任。這是因為大眾預期「修行人該有修行人的樣子」。不管在哪個地區、哪個時代，一旦出家者犯了戒，尤其是色戒，信徒們就會有受騙的感覺，而非信徒們則群起而攻之。

因此，佛陀保留並發展了原有的戒律。他規定，出家弟子不坐高廣大床，不歌舞及觀聽，不著香花鬘，不蓄金銀寶物，不得在午後吃飯。這些制度今天仍然有效，而更多的管理制度則已經過時，如上廁所的規定，如喝椰子汁的規定。估計當時印度的衛生條件太惡劣，不規定清楚的話，幾百號人聚集無法確保衛生。

總結一下，佛法簡化到最簡，三步也是必須的。而且，印度原版中佛法的步驟多，中華簡版佛法中的步驟少，可步驟是必須的——這說明了什麼呢？流程。

就像今天的安裝說明書一樣，佛法可以按部就班操作。聰明人按三步走，普通人按四步、八步走，笨人按三十七步、一百步走，但重要的是，人人都可以操作。覺悟的過程變得並不神祕。

　　佛陀方法的根本特質仍然不出「理性」二字。

　　理性歸理性，我們還要問個現實問題：效果如何呢？

第六章

佛陀回答了問題
也留下了問題

在佛陀入滅後，佛教在印度大陸傳播並維持了一百多年的統一。這一短暫的和平階段可以看成是佛陀思想的延續。其中，佛弟子們在組織構建上的成就值得關注。佛陀曾囑託弟子們以佛、法、僧為「三寶」，對應教主、教法、教團三項。下面的成就就是圍繞「三寶」展開的。

i. 對佛陀的追思

佛弟子們追認了佛陀的名號，號稱佛陀十號：如來、至真、等正覺、明行足、善逝、世間解、無上士、天人師、佛、世尊。

除了追認的名號，還出現了追思的設施。
——佛塔：供奉佛陀舍利的塔。
——寺院：由佛陀在世時的精舍演變而成。
——佛像：佛陀入滅四百年後，即大約西元一世紀，在印度西北部開始出現佛像。造像需要相貌特徵，依據是《佛所行讚》描述的佛陀的「三十二相」，即三十二種主要特徵，及「八十種好」，即八十種細微特徵。
上述完善了佛教「三寶」中的「佛」。

ii. 法典的結集

佛弟子們經過幾次結集，逐步形成了原始經典，包括經、律、論三部，號稱「三藏」[11]。

——經：即佛經，為佛陀所說的話，以「某某經」為標題，如《阿含經》。

——律：即戒律，為佛弟子應自覺遵守的規範，以「某某律」為標題，如《十分律》。

——論：即論述，為佛弟子對佛陀經典的注釋及理解，以「某某論」為標題，如《阿毗達摩論》。

上述完善了佛教「三寶」中的「法」。

iii. 僧團的擴大

佛教僧團呈爆炸性增長，離不開國王的護持。印度孔雀王朝的第三位君主阿育王是著名的佛教信徒，在佛陀入滅後一百年左右，即西元前 270 年即位。據說他在位三十多年間，建立了八萬四千座佛寺，僅當時的首都華氏城的僧侶就達六萬人之多。

結果，《大智度論》中比喻佛教僧團，「如大樹叢聚，是名為林」，叢林的寓意是繁茂、自生、聚集。阿育王更以國家的名義派遣使節向南、向北傳播佛教，將佛教僧團派遣到印度之外。

順帶講下，中國的讀者都可能聽過「馬祖建叢林，百丈立清規」，這句話聽起來好像清規與叢林是中國首創似的。其實，它們早在古印度時就建立了，並且按照印度的習慣，建立得煩瑣而龐大。馬祖與百丈的功勞不在於建立，而在於另建。這是後話。

上述完善了佛教「三寶」中的「僧」。

內部的完善，加上外部的護持，讓佛教一躍成為當時印度最主流的宗教。只是，原有的古印度教、耆那教也並未消失。古印度教以神為解脫之道，耆那教以苦行為解脫之道，佛教以理性為解脫之道，各有各的方法，也各有各的信徒。

佛教的崛起是印度史乃至世界史上的一件大事，如果說佛陀的理性沒解決問題，那這件大事根本不會發生。可另一方面，佛陀是否回答了所有問題呢？

沒有。

這不是我說的，而是佛經說的。《俱舍論》列舉了佛陀以四種方式回答問

題：

方式一：肯定式（「決定記」）；

方式二：分別式（「分別記」）；

方式三：反問式（「詰問記」）；

方式四：捨棄、擱置、止住（「無記」）。

至於哪種方式針對哪種問題，《俱舍論》沒多講，我倒可以分析下。簡而言之，佛陀選擇問題的條件，一是理性，二是實用。理性已經講過了，而關於實用，在《箭喻經》中，佛陀講了一個故事。說有人中了毒箭，家人正著急為他療傷，怎料傷者卻不著急，他問了一堆無關的問題：誰射出的箭？是男人還是女人？長什麼樣子？叫什麼名字？受到誰主使？接著又問：弓有多大？箭有多長？什麼材料？哪種毒藥？答案還沒有搞清楚，傷者就死去了。佛陀的意思是：大病當前，玄想無益。

以理性和實用為條件，我們可以把所有問題分為四種組合，再與上面的四種方式對應起來：

第一類，理性且有用，比如治病。針對這類問題，佛陀給予肯定。

第二類，非理性但有用，比如神祕。針對這類問題，佛陀區別對待。這會讓現代人覺得不解，可前面講了，神祕界是古印度社會的共識，因此這對當時的人有用，不能一棍子打死。

第三類，非理性且無用，比如胡話。對這類問題，佛陀予以反問。

第四類，理性但無用，比如形而上學。對這類問題，佛陀報以沉默。最著名的例子是所謂「十四無記」，在《雜阿含經》與《中阿含經》中均有記載；佛陀曾多次被提問十四個形而上學的問題，而他報以沉默。這些問題大致涉及以下方面：

◇ 宇宙有邊還是無邊？

◇ 宇宙恒常還是無常？

◇ 靈魂與身體是一件事還是兩件事？

◇ 人死後靈魂在還是不在？

至於佛陀為何要擱置這些問題，如果以佛陀為神的話，我們可以理解他刻意留下了這些問題，以便啟發後世的弟子們繼續思考。而如果以佛陀為人的話，那就更好理解了——本書為了講述思想史的方便，姑且這樣理解——再偉大的人，也不可避免地留下如下問題：

◇ 他不願意回答的問題；

◇ 他回答不清的問題；

◇ 他無法預料因而不可能回答的問題。

沒回答但必須回答的課題：教主

佛陀在世時，他是教團的領袖，既是信仰的對象，也是活生生地出現在大家面前的人。因此他可以拒絕回答關於自己死後的問題。在佛陀入滅後，情況發生了改變，因為那時的人們不禁要問：佛陀還存不存在？

佛陀自己可以回避形而上學的問題，可佛教組織必須回答關於教主的追問。假如「佛」都灰飛煙滅的話，那佛教的意義何在？宗教是追求永恆的，世界上主流宗教都把自己的教主視為永恆：印度教有梵天，耆那教有大雄，基督教有耶穌，伊斯蘭教有穆罕默德。因此可以理解，佛弟子們對「佛陀去哪兒了？」的詢問別無選擇，只能回答：他涅槃了——去了另一維度！

我們從佛經的演變中可以看出趨勢。

原始佛經風格質樸，描述的是佛陀的生活瑣事。他托缽行乞，回來後洗腳、坐下、講課，接待訪客。他一般在樹下講法，如果遇到訪客，古印度教的、耆那教的、友好的、不友好的，佛陀都平等對待。在《阿含經》與《尼柯耶》中，我們看到的是一個活生生的人的生活。佛陀仍有風寒後的背痛，仍受愛、怒等情緒影響，也仍關心地理、天氣等瑣事。

到了小乘佛教的論著，佛陀被渲染成了一個超自然的人：他的時間似乎無限，他的身形似乎無限，他的法力似乎無限。《異部宗輪論》中寫道：如來色身實無邊際，如來威力亦無邊際，諸佛壽量亦無邊際。

再到大乘經典，佛陀被安排到天上講法，聽眾變成了天神、菩薩、天女、夜

叉。《維摩詰經》描述了這樣的場面：佛陀率領八千比丘和三萬二千菩薩，為了讓大家休息，佛陀把五百支傘做成一支大傘，罩起了三千國度的世界。《法華經》中的場景更驚人：天主及其兩萬家屬，四大天王及其三萬家屬，梵天王及其一萬二千家屬，以及無數世間的王及家屬，他們都是佛陀的聽眾。

好，佛陀進入了另一個維度，自此形成複雜的三角關係：天佛、中間的悉達多、地上的人們。只是，這三角關係的每一邊都有待解釋。

一是悉達多與天佛之間：如果說前者是神，如何解釋他的人性？

二是悉達多與人之間：如果前者是人，如何解釋他的神性？

三是天佛與人之間：兩個世界間，能否跨越？

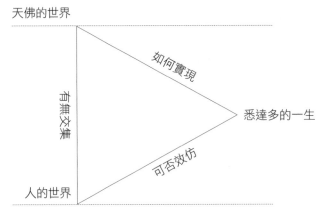

圖 6-1 悉達多、人、天佛的三角關係

如果你覺得問題好回答，那只是因為你還沒有想到別的答案罷了。在下一章中，各位會看到三種答案。

回答了但沒講清的課題：教法

在關於佛陀的追問之後，還有關於佛法的追問。

佛陀在世時，覺悟好像是個自然而然的過程。可失去這個活生生的榜樣後，覺悟的方法——教義和教規都變得含混不清：

比如，覺悟的可能性，是必然的，還是偶然的？

比如，覺悟的即時性，是頓，還是漸？

比如，覺悟的終極性，是與佛陀一樣，還是比佛陀稍差？

教法還包括教規。佛教早期的經典《五分律》中記載，在佛陀入滅後，僧團第一次結集原始經典時，就出現了佛陀十大弟子中的兩位之間的「討論」。一位是佛陀的侍者阿難，一位是僧團結集的主持者迦葉，兩人都是佛陀十大弟子。阿難傳達佛陀的遺訓是「小小戒可捨」。迦葉立即質疑哪些算「小小戒」，阿難答不上來。於是，迦葉對集會者宣布：凡是佛陀所制定的戒律，我們一律不減；凡是佛陀沒制定的，我們一律不加。

這無疑是兩千多年前的「兩個凡是」，其命運也與兩千年後的版本相似：難以服眾。相反，阿難的說法在人們心中埋下了種子：戒律隨時間、地區而改變，這似乎更合乎佛陀的理性。

始料未及的課題：教團

在「佛陀」與「佛法」之後，佛弟子們還面臨關於自己的追問：教團是不是發展得太好了？

這得從頭說起。古印度人有出家修行的傳統，理由在於：在家就有職責，有職責就要完成職責，而完成職責就會造業。農民種地、工人生產、士兵打仗，這些都是造業，最起碼的造業是繁衍後代。造善業固然可以過得更好，但任何業的積累只會讓生命在輪迴中繼續下去。因此，尋求徹底解脫的唯一出路是出家，只有在森林裡才無須承擔責任、無須完成責任、無須造業。

但是，古印度教中的出家是有前提的，它把人生規劃成四個階段：梵行期、家居期、林棲期、遁世期。前兩期要學習和生育，後兩期追求知識與解脫。信徒們在完成義務的前提下，才有之後的選項。按照古印度教的教義：既然命運掌握在神手中，那你就應該先盡義務，再看有沒有幸運的選項。

與此不同的是，如日本學者竹村牧男所指出，佛陀的宗教是出家主義，「認

為真正的修行是非出家不可的」〔16〕。相對於古印度教的出家有義務上的限制，稱不上什麼「主義」，佛陀的出家全無限制，這才變成了「主義」。按照自力解脫的邏輯：既然解脫掌握在自己手中，那還有什麼可等待的呢？

當佛陀回憶自己放棄皇宮、家庭、安逸而出家的決定時，他曾激情地寫道：「在家的生活充滿障礙，是情欲所染之道，反之，捨棄一切世俗的生活，就像天空般自由……來吧！現在就落髮，剃除鬚髮，穿上黃色袈裟，從在家的生活走向無家狀態，來出家吧！」〔17〕不僅要出家，還要加入僧團。耆那教和佛教最早將出家人的集體形式固定下來，取名為僧團。在集體中，大家都沒有私人財產，都不從事生產，都靠行乞為生，都以修行解脫為目標。佛陀總結了僧團的八大好處，比喻為大海的八個特徵：一、知識積累，如大海漸深漸廣；二、相互監督，如大海水不越岸；三、同保純潔，如大海不受死屍；四、彼此平等，如百川入海；五、追求解脫，如大海同一鹹味；六、證得涅槃，如大海不增減；七、教法戒律，如大海隱藏種種珍寶；八、偉大弟子，如大海中住種種大魚。〔18〕

佛陀不僅自己出家，還感化親人這樣做。傳說佛陀得道後，曾經回到祖國與自己的家人、王室成員團聚，並分享了佛法。之後，他的兄弟、兒子、五個堂兄弟加入了僧團。他的繼母還成立了一個女性僧團。「八王子⑫出家」事件，既證明了佛陀的感召力，也預示著隱患。

所幸在佛陀時代，佛教僅僅是一個新興的小流派，佛教僧團僅僅是一個個遊離於社會外的小團體，還成不了氣候。有跡象顯示，佛陀從最早起就沒想把佛教按照一個龐大而統一的組織來規劃，也沒想成氣候。〔19〕

當佛陀入滅、佛教逐漸遍布印度大陸後，矛盾凸顯了出來。在僧團這方面，如何讓僧人解脫但對社會有貢獻？在社會這方面，如何讓大眾支援僧團而不出家？

原始僧團似乎不生產，只消耗。按說佛教可以這樣反駁：佛教團體消耗物質資源是有形而短期的，而佛教團體貢獻精神是無形且長遠的。沒問題，大多數人會接受這種說法，可接下來的質疑是：如何落實呢？出家人選擇弘法還是自修？

大多數人會選擇後者——古印度人以最清淨為至善，而清淨首先是自己的事。一個真的已經達到目標的人，為什麼還要選擇與他人囉唆呢？一旦囉唆不就不清淨了嗎？也就是說，起碼在那時，佛教對社會的精神貢獻也僅僅是句空話。佛教參與社會的理論依據，要留待大乘佛教來完善。

原始僧團消耗社會物質資源也就算了，還近乎無限地吸取社會人力資源。它的解脫理論與解脫方法，對嚮往解脫的印度人來說，如同今天發現的宇宙黑洞般具有吸引力。假設全家出家、全村出家、全國出家的話，那誰去生產？誰去打仗？誰來統治？誰來供養出家人？誰來支持僧團？

這怪不了佛陀，教團的問題，他生前始料不及。

講到這裡，佛陀留下的問題如此之多，讓我們不得不反思佛陀到底解決了什麼。

其實，前一章中介紹的佛陀的理論和方法基本圍繞著一個主題——個人。你看，四聖諦是個人的領悟，八正道是個人的道路，三十七道品是個人的禪定，三學是個人的學習，總之，「你」是主角。可以說，對這方面的問題，佛陀不遺餘力，回答得清清楚楚：如何戒、如何定、如何慧。

相比之下，對另一個重要的主題——組織，佛陀有提及但很少提及。我以為原因在於：一是尚無必要，二是他興趣不大。

佛陀曾囑託弟子們以佛、法、僧為「三寶」，對應教主、教法、教團三項。可是，只要他還在，他自己就代表了「三寶」，只要他還在世一天，組織就自動運行一天，全無完善的緊迫感。

要說佛陀對組織建設興趣不大，一個典型例子是，他的表弟提婆達多，就是那個分裂佛教的傢伙，曾希望自己被指定為組織繼承人，但佛陀拒絕了。好，這人不合適，但這個問題合理啊：佛教組織總需要有個繼承人吧？不，佛陀說，佛教由「法」來管理，不需要指定誰。

縱觀古今，佛陀的情況並不特殊。據本人粗略分析，思想家們大都是空想家兼個人主義者。影響力越大的思想家越如此：蘇格拉底、盧梭、黑格爾、尼

采……，如何管理、如何實踐，不是他們興趣所在，管理和實踐也往往不是他們的專長。

思想的後繼者們則不同，他們是方法的摸索者，默默無聞的團建者，真正偉大的實踐家。這就告訴我們：講佛教，不能只講佛陀。他開創造了佛、法、僧不假，可佛之真正變為教主、法之真正成為教義和教規、僧之真正融於社會，都緣于佛弟子們的努力。

「佛」消失了，「教」才開始！

分裂的導火索

在佛陀入滅後一百年間，佛教內部有爭論、沒分裂，可一百年後，佛教卻逐漸分裂為多個派別，十八個，二十個，五百個……，宇宙開始爆炸。

按照佛經中的說法，分裂似乎是主動的。《南海寄歸內法傳》中的比喻是，原始佛教分裂成十八部，就像一根金杖折斷成十八截，每截仍是金杖。《文殊師利問經》給出了另一個比喻：原始佛教分裂為二十個部派，就像佛生了二十個兒子，分頭解釋佛法。可我的問題是，一根金杖好好的，沒事折斷它做什麼呢？二十個兒子一家人，為何沒事攻擊彼此呢？還是那句話：佛教講因緣。原始佛教當然不是無緣無故地主動分裂，而是有因有緣地被動分裂。

分裂的「因」是，佛陀留下了組織的問題，留下了以理服人的傳統，卻沒留下最終裁判者。假如其中一條不成立，那統一都可能維持，可三條全部成立，那分裂只是遲早的事。

而分裂的「緣」是：爭論愈演愈烈，最後不得不以分裂的形式表現出來。基本上，佛弟子們每結集一次，就分裂一次；每進入新地區，又分裂一次；最終形成了派別眾多、彼此矛盾的印度佛教。

關於這些分裂出的派別，我們無須一一介紹。好在，如同宇宙大爆炸時，先形成無數的星塵，星塵再聚集為有限的星系，佛教也類似，它分裂出的（十八個或二十個或五百個）部派最終彙聚為三大流派。我們關心的是，它們最終回答了佛陀留下的問題了嗎？

第七章

向前、不變、向後
的分裂

有因，有緣，有果，這章講一下佛教分裂的果。

按時間的次序，印度佛教後期分別興起了小乘佛教、大乘佛教、祕密佛教。僅僅為了便於理解，不帶任何褒貶的意思，我把這一過程比喻為火箭升空的三個階段。

小乘佛教興起的時候，火箭剛起飛。

大乘佛教興起的時候，火箭升到了半空中。

祕密佛教興起的時候，火箭進入了太空。

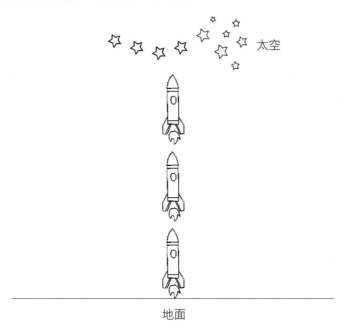

圖 7-1 火箭升空圖

想像一下，這枚火箭的太空人能夠看到窗外，佛教從來如實看宇宙，只是這位佛教太空人在三個階段報告出三種景觀，都是如實的。

　　起飛時，看地面清楚，看天上模糊。

　　半空中，天上地下都變得一片模糊。

　　太空中，星星變得清楚，地上變得模糊。

　　各位頭腦中帶著這幅畫面，再讀下面的內容就好理解了——請您一同登機。

向南：延續傳統

　　最先興起的是小乘佛教，在三派中，它屬於保守派。

　　所謂「小乘」，其實是個非常模糊的名詞，暗含大、小之分，因此小乘佛教自己不喜歡也不用這個名字。他們保守不假，但保守未必就小。相反，保守派以傳統為榮，認為唯有自己正統。

　　更混淆的是，小乘佛教不是某種學說，而是多種學說，即佛教分裂後各部派學說的總稱。至於為什麼把這麼多種學說叫同一個名字，因為它們在時間上離佛陀最近，在經典上堅守原始經典而僅僅增加了論著。總之，它們相互之間的分歧有限，而與後面大乘佛教、祕密佛教的分歧較大。

　　小乘佛教的方法論，一言以概之，就是「清楚」。

　　關於佛，小乘佛教堅持以下三種觀點。

　　一是悉達多與天佛不同。前者是歷史上的人，而後者現在涅槃了，這是兩個世界間的轉換。至於如何轉換，小乘佛教會告訴你，需要累世的修行來消除業力，才能實現最終的解脫。

　　二是人與悉達多不同。悉達多覺悟、涅槃的最終結果是成佛，可人永遠無法達到同樣的境界，因此，佛弟子們覺悟、涅槃的最好結果是「灰身滅智、捐形絕慮」。你以為這個詞是貶義詞，可小乘佛教把這當作褒義詞。

　　三是天佛與人沒交集。佛不能越過兩個世界間的鴻溝去破壞人間的因緣，人也不能逾越這條鴻溝去請求佛的幫助。如果你問那還拜佛做什麼，小乘佛教會告訴你：他們禮敬一個榜樣罷了，只有「外道」才會把拜佛當成拜神。

如此清楚地劃界，聽起來令人沮喪，但也有它的很多好處。在我看來，一個最明顯的好處就是：既然存在界限，那佛的數量不能輕易增加。小乘佛教宣布，一世只有一佛。

關於法，小乘佛教延續了無常、苦、無我的道理，延續了四聖諦、八正道、三十七道品的方法，只是額外重視戒律。小乘佛教主張以煩瑣的戒律來約束欲望，《十誦律》中又規定了衣、食、住、行的細節。

——衣：有五種可穿的衣服，即別人給的、無主人的、死人的、死人親友贈予的、垃圾堆裡拾來的。

——食：乞討食物，禁止儲蓄食物，連調味品也不能儲蓄。

——住：住在遠離村落的樹下或野外或山洞裡。

——行：緩慢移動為主。

關於僧，小乘佛教延續了個人解脫的傳統。不是不助人，而是次序有先後：先自度，再度人。今天東南亞等地的南傳佛教，仍然保留著小乘佛教的習俗：遠離人群，遠離政治。他們心裡想：「別擾亂我的清淨，Leave me alone！」

向北：順應時代

之後興起的是大乘佛教，在三派中，它屬於改革派。基於改革派的本質，它適應性最強也傳播得最遠，遠到中國和日本——這正是本書的脈絡，因此我們要重點講「大乘」。

這個詞同樣需要澄清。我們可能以為，「大乘」一定壓過「小乘」。其實，小乘佛教從來沒有因為大乘佛教的興起而消亡。相反，據西元七世紀的玄奘的《大唐西域記》記載，他路過的大大小小的國家中，專信小乘佛教的有三十七個，信大小二乘的有十二個，不確定的有十七個，而專信大乘佛教的僅有十六個。可見，到了那麼晚期，小乘佛教仍占據明顯優勢。

我們還可能以為，「大乘」一定比「小乘」好。其實這個名字是大乘佛教自

己給自己起的。「大」的意思是「利他為大」，大乘為普度眾生的大車，而小乘為自我解脫的小車。小車只能裝一個人，而大車能裝很多人。當然，這種說法也不全是無中生有。

依據首先來自經典。自西元一世紀到四世紀，湧現了一批過去沒有見過的佛經。它們雖然晚於原始佛經幾百年，但也宣稱是佛陀所說，也以「如是我聞」開頭。其中包括《般若經》、《金剛經》、《法華經》、《維摩詰經》、《華嚴經》、《涅槃經》、《楞伽經》、《寶積經》、《勝鬘經》等重要的幾部。比如，《法華經》中稱，「我聞大乘教，度脫苦眾生」、「利益天人，度脫一切，是名大乘」。

更確切的依據則來自佛陀的實踐。他講法四十五年，不正是說的少而做的多的利他嗎？覺悟後的佛陀，把對自己的悲擴大為對人類的大悲，把自己的智擴大為與世界分享的大智，這才是更深層的覺悟！

據此，大乘佛教宣稱，小乘佛教所表達的僅僅是佛陀的初級思想，而佛陀的更深意境則在於大乘佛教。它不否認小乘的正統，但認為自己同樣正統，在意境上則更深刻。

相應地，大乘佛教的方法論，一言以概之，就是「模糊」。

i. 大乘佛

大乘模糊了天佛與人的界限。辦法是，大乘弟子們把「外道」古印度教留下的「化身說」轉化成了佛陀「三身說」。

——法身指佛陀的永恆智慧。

——報身指佛陀的修行、覺悟、成佛過程。

——化身指歷史上的悉達多，他出生了，死亡了。

又一次，我們看到了印度智慧的極致發揮。奇蹟般地，佛與悉達多的界限消失了。在《法華經》中，佛陀講到，他早已成佛，時間在數不清的億萬年前。這樣一來，悉達多自然也是神，他的出生、覺悟、死亡都是現象，他入滅也是一種假像。真實情況是，他幾乎永遠存在，之前就在，之後永遠也在。至於他為何能穿越生死無障礙，《維摩詰經》解釋道：「現於涅槃，而不斷生死。」世界是令人

煩惱的、汙穢的，可佛陀「出淤泥而不染」。

佛與人的界限也消失了。小乘佛教認為，人與佛之間存在無法逾越的鴻溝，佛弟子們即使覺悟，也無法達到佛的境界。而大乘佛教卻認為鴻溝不存在，即使存在，也可以越過。《法華經》中寫道：「皆以如來滅度而滅度之。」這說明，每個人經過不斷的努力，都能最終覺悟佛的慈悲與智慧，並且人的解脫與佛的解脫一樣。

慢慢地，人與人之間的界限都消失了。人人都可能成佛。注意，僅僅是「可能」，還不是「可以」。印度人還局限於「可能」，到了中國才變為「可以」。《法華經》中形容，佛法像雨水般惠及眾生，佛陀在雲端上念念有詞：「是諸眾生，皆是吾子，等於大乘，不令有人獨得滅度。」

模糊界限帶給人希望，但同時，它也讓清晰的畫面變複雜：隨著人人都可能成佛，那麼佛在數量上就不止一位，甚至隨著成佛者無限增加，可能有無數佛。佛陀即釋迦牟尼佛，不再是天上唯一的佛。天上變成了東、西、南、北、上、下等「十方諸佛」。

ii. 大乘法

大乘佛教還模糊了自覺與覺他的區別。覺悟的定義以前是自覺，現在變為自覺、覺他、覺行圓滿。

相應地，覺悟的路徑也要修改，以前是「八正道」，現在是「六度」，即六個新的步驟：布施、忍辱、持戒、精進、禪定、智慧。聽起來，好像不過是數字的不同，其實暗含著意義的調整。新增的兩項被擺在最前面，即布施、忍辱，凸顯大乘方法的社會性。

覺悟的紀律也要修改，以前嚴謹刻板，現在變得靈活方便。《法華經》中有一品叫「方便」品，說的是佛法有諸多方便假設、靈活變通，世人以為有第二種、第三種、第 N 種佛法，其實都歸於唯一一種佛法。接下來的「譬喻品」中有個火宅的比喻：聖人見到別人住在著火的房子裡，擔心如果直說的話，房子裡的人不信，於是用漂亮的牛車作為誘惑，讓房子裡的人跑出火宅。而跑出來的人

會發現，哪裡有什麼牛車，牛車不過是「方便」罷了，救人的智慧才是真相。「方便」到最後，差異就很大，比如今天中國的和尚吃素、禁欲，而日本的和尚吃肉、結婚生子，他們都在大乘的「方便」中找到了依據。

紀律方便了，內心反而要更堅定，否則的話，覺悟與不覺悟就沒有區別了。於是，信仰被提升到了顯著的地位。對比可知，小乘佛教的看法是，世間與出世間存在著不可跨越的鴻溝；而大乘佛教則認為，這條鴻溝可以跨越，但要憑藉內心中信仰的力量。

今天我們看到的北傳佛教，不像南傳佛教那樣離群索居，而大多隨和、隨緣、隨意，他們心裡在想：「我信，別管我怎麼做！」

iii. 大乘僧

最後，大乘模糊了出家人與俗人的區別。在僧團這邊，它鼓勵僧人到社會中修行；在社會這邊，它鼓勵大眾支持而無須加入僧團。

《法華經》說：「一切治生產業，皆與實相不相違背。」意思是，真理在於社會實踐，為眾生服務就是修行。

兩邊融合的結果，造就了一類中間型人格：菩薩。在梵文中，菩薩的意思是「覺悟的有情（眾生）」。這不無道理：佛陀在原始佛經中常常稱自己的前世為「菩薩」。順帶說下，他不明確說是自己，這種用第三人稱來講述第一人稱的「穿越體」，很容易讓現代讀者混淆。比如經中「忍辱仙人」、「善慧童子」、「屍毗王」、「月光王」、「快目王」、「薩垂太子」等捨己救人的事蹟，我原本以為都是歷史事件，但後來發現這些都是佛陀自己的回憶。

到了大乘佛教，「菩薩」一詞的意義被擴大到了覺悟者。就像覺悟後的佛陀一樣，覺悟者們不是普通的人，他們不貪圖世俗享樂；就像覺悟後的佛陀一樣，覺悟者們不急於灰飛煙滅，他們不貪圖享受在另一個世界的快樂。常見的大乘菩薩有文殊菩薩、觀音菩薩、地藏菩薩、普賢菩薩等。

再到今天，「菩薩」一詞的含義已經被擴大到每個大乘佛教徒。你認同了大乘，就等於認同了利他；而你認同了利他，就等於邁出了覺悟的第一步。因此，

如果哪天各位去漢地的佛教團體參訪，一進門被稱為菩薩，別怕，那不是恭維，而是肯定你：你就是覺悟的有情（眾生）。

向天：歸於神祕

最後興起的是祕密佛教。

同樣，祕密佛教不喜歡也不用這一名稱，因為它不承認自己完全祕密：在其十層教程中，有九層是公開的，第十層才保密。

另外，祕密佛教也難以被定位為保守派或改革派，因為它自稱「集大成者」，既融合了小乘佛教，也融合了大乘佛教，只增不減。增加的部分是西元六世紀左右出現的一批佛經，如《大日經》、《金剛頂經》等。

相應地，祕密佛教的方法論，在外人看來，就是「神祕」。

關於佛，祕密佛教增加了大日如來，並尊其為最高的佛，這樣一來，釋迦牟尼佛（即佛陀），不僅不是唯一的佛，甚至不再是天上地位最高的佛。

關於法，祕密佛教增加了儀軌、符號、咒語、作法、神通，「通過念誦真言，鋪設放置曼荼羅、神祕符圖、儀典法器、香燭煙火以及鼓號鐃鈸產生的驚心動魄的聲響來激發這種宗教激情」[20]。它強調三祕，身祕即手印，口祕即咒語，意祕即通過上師祕密傳授。這些又都可溯源到古印度的儀式。

關於僧，祕密佛教增加了神聖界對世俗界的支配權。它宣布存在活著的佛，要求世人無條件崇拜「活佛」。它還強化了所有普通僧侶的地位，要求弟子絕對服從上師。祕密經典中有很多信徒們因絕對服從而殉道的記載。

應該講，在三大流派中，祕密佛教是最入世的。證據是，它打造了滿蒙歷史上長期的政教合一的體系。相比而言，小乘與大乘一般遠離政治。

分裂不是壞事

分裂後的佛教分別回答了佛陀的問題，只是我們要鑒定一下：它們還算不算佛教。

先看小乘佛教。

出於其保守性，小乘佛教一直忙於指責別人非法，別人也窮於應付它的指責，以致很少人質疑小乘佛教是否合法。如果我們真質疑其合法性的話：小乘佛教強調個人解脫，其基本假設是「個業」，即業是每人自己的業，因緣是每人自己的因緣。在這趟小車上，帳是分開算的。因此我幫不上你，你幫不上我，不是不想幫，而是幫不上。可見，小乘的「自度」不是沒有理論基礎，其理論基礎恰恰是因緣法！

再看大乘佛教。

大乘佛教強調利他解脫，其基本假設是「共業」，即業是大家一起的業，因緣是大家一起的因緣。所謂「無緣大慈，同體大悲」說的是，你我看似無緣，但冥冥中在因緣大網中相連。在這趟大車上，帳是統一核算的。因此我幫你就是幫自己，就是幫全車人！相反，如果只管自己，這輛車走向泥潭時，誰都下不了車！可見大乘的「利他」也有理論基礎，這個理論基礎仍然是因緣法！

再看祕密佛教。

祕密佛教的假設是，它所引進的偶像、法術、咒語、神通、祕密都算「方便」——方便信徒們更直觀地接近因緣法。各位去西藏高原、內蒙古草原看看就知道，在曠野上、藍天下、寒風中確實不適合冥思苦想，而更適合上師、圖片、聲音、儀式、符號等的直觀展現。祕密的「方便」也不是全無道理。

結論是，大乘佛教、小乘佛教、祕密佛教都符合法義！

印度佛教一分為三，化一種思想為三條途徑，既保留了普遍邏輯，又留下了變通餘地。這就奠定了佛教向世界傳播的基礎。它們最終像三個箭頭般飛向了世界——

小乘佛教向南發展，成為今天活躍在斯里蘭卡、緬甸、泰國、柬埔寨等地的南傳佛教。

大乘佛教向北發展，成為今天活躍在中國、日本、韓國、越南等地的北傳佛教。

祕密佛教向東北發展，成為今天活躍在中國西藏、內蒙古地區的藏傳佛教。

思想的分裂有什麼不好呢？沒有思想上的分裂，就沒有今天世界性的佛教！

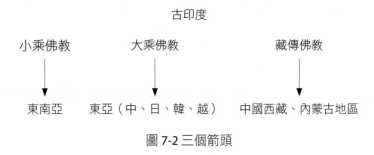

圖 7-2 三個箭頭

第八章

印度佛教
爲何在印度滅亡

　　佛教因印度而興起，這是無人否認的事實，只是，事實還有極少被提及的、不管印度人還是佛教界都寧願視而不見的另一面——佛教在印度早已滅亡了。

　　從西元十三世紀至今，印度仍是那片宗教的土壤，依然盛開著印度教、伊斯蘭教、耆那教的花朵，甚至開出了錫克教和基督教的新花朵，唯獨不見了佛教的蹤影。據 2011 年人口統計，在它的發源地，佛教信徒只占全國人口的 0.8%。

　　二十世紀以來，印度政府做了大量工作，鼓勵民眾信仰佛教，終於把信徒人數從人口比例的 0.08% 提升到 0.8%；並且，印度多次承辦重大佛教會議，塑造它作為佛教發源地的形象，絕口不提它也是佛教滅亡地的事實。很遺憾，「人造歷史」效果甚微。

　　思想的滅絕，比思想的興盛，更引人深思。

飄在印度天空的種子

　　我們先排除一個不能稱其為理由的理由：佛教是否滿足了印度人對解脫的需求？

　　歷史已經證明，假如印度佛教沒能滿足印度人的解脫需求的話，那就根本不會有它曾經的輝煌。

　　法義更是證明。回憶一下，古印度人所追求的是「滅」的解脫，而印度佛教依據因緣法提供了小乘佛教的灰飛煙滅、大乘佛教的轉世升天、祕密佛教的立地成佛，條條大路通往「因緣滅」！

　　稍等，有朋友會指出，大乘佛教積極入世，不只追求「滅」的解脫吧？其

實，印度大乘與小乘在厭惡世界這點上是一致的，區別僅僅在於前者沒有因厭惡而離世罷了。

大乘經典《涅槃經》中說：「生死滅已，寂滅為樂。」《大般若經》中解釋道：「菩薩以處生死為樂，不以涅槃而為樂也，何以故？諸菩薩摩訶薩。化有情（眾生）為樂故。」意思是，大乘菩薩留在世間，只為了教化眾生、共同涅槃，並以此為樂！

或許，印度文化之外的人不易理解這種「樂」吧，但對這個「樂觀而不現實」的民族，我要獻上深深的祝福。

除歷史和法義的證明外，本書的後兩部分還可以作為反證。各位將會看到，後人對印度佛教的完善，怎麼改都不完善。這就好像我們看維納斯雕塑的斷臂，總以為補上胳膊很容易，可怎麼補都覺得彆扭，只能對斷臂說聲：「佩服！」

風暴來襲

排除了不成立的理由，讓我們接著排查印度佛教衰亡真正可能的原因，包括外因、內外結合因、內因。

外因最明顯，就是有史可稽的外敵入侵。

據記載，伊斯蘭教徒從八世紀開始就從西北關口陸續入侵印度大陸，到十三世紀徹底征服了印度。

對所有印度本土宗教來講，這既是一場無妄之災，也是一次生死考驗。伊斯蘭教是強勢宗教，它曾大量毀壞古印度教、耆那教、佛教的廟宇、書籍、偶像，並要求這些教派的信徒改信伊斯蘭教。

在風暴來臨之際，同樣面臨廟宇、書籍、偶像被毀壞，同樣面臨統治者的壓力，同樣面臨信徒的流失，印度教、耆那教生存了下來，而佛教卻滅亡了。

之後的印度統治者採取宗教調和政策。從十三世紀到十八世紀的五百年間，伊斯蘭教持續滲入，但再未占據壓倒性優勢。十八世紀之後的英國統治期間，基督教又不斷滲入，同樣影響甚微。結果，印度教與耆那教復興並存在至今，而佛

教卻再未恢復。

假設伊斯蘭教的入侵是印度佛教滅亡主因的話，那印度教和耆那教應該與佛教一樣消失才對，可它們沒有。顯然，外因不是決定因素。

失敗的融合

接下來是內外結合因。知名學者如印順、胡適都曾將印度佛教的滅亡歸因於其與印度教的融合。印順寫道：「敵者之摧殘，不足為佛教害，受吠陀文化之薰染，則佛教致命傷也」、「彼神教以之而極盛者，佛教以之而衰滅，（婆羅門教演化所成之）印度教又起而代之矣」[21]。

確實，自西元八世紀起，祕密佛教試圖與古印度教融合。印度教本來是多神教，佛教本來是無神教，但融合後，印度教的濕婆神被祕密佛教接納為大自在天，而佛陀則被印度教宣布為毗濕奴神的化身（毗濕奴神是三大主神之一，有保護世界、慈愛眾生的意義，也算與佛陀的定位匹配）。

效果怎樣呢？

從祕密佛教這邊講，很失敗，它失去了自己的獨特性。胡適寫道：「印度教化的傾向把原來佛教革命的精神完全毀滅了，咒術等等一律回來了，遂成一部無所不容的垃圾馬車。」[22]

從古印度教的方面講，很成功，它吸收了佛教的優點。比如印度教原來強調不平等，可後來從它分離出來的性力派也主張男女乃至種姓平等。又如印度教原本強調崇拜，但後來從它分離出來的數論派也主張智慧解脫。再如古印度教的戒律和禪定原本不夠系統，而現代印度教則吸收了佛教這兩方面的經驗。最起碼，佛陀變成了印度教的神，那等於印度教多了一位神。

這種此消彼長的融合，對佛教來講當然不划算。但它是不是印度佛教滅亡的原因呢？

我以為，不是。

「融合說」忽視的一點重要邏輯是：局部不能為整體負責。試圖與印度教融

合的只有祕密佛教一支，它嘗試通過融合來挽回頹勢，卻失敗了。而印度佛教的其他兩大支根本沒參與融合：大乘佛教排斥「外道」印度教，卻同樣在印度消失了；小乘佛教抵制任何改變，卻也在印度消失了。

如果說與印度教的融合是佛教在印度滅亡的主因的話，那麼應該是祕密佛教獨自滅亡，大乘佛教、小乘佛教生存下來才對，可它們沒有。這說明，內外結合因也不是決定因素。

不執著好像不徹底：語言

上面可能讓各位小吃一驚：大師們怎麼會犯這種簡單的邏輯錯誤呢？但各位又無法否認「局部不能代替整體」的邏輯。在我看來，大師們博學不假，但也有自己的局限。要知道，世界上的大多數組織，包括受組織影響的大師，都反感「內因」二字：自己怎麼會有問題呢？不，一定是外部打壓；要不就是內外勾結。這正是外因說和內外結合因說始終在宗教界更流行的緣故。遺憾的是，內因才是事物變化發展的根本原因。

我指的內因是語言。

印度佛教固然滿足了印度人的解脫需求，但付出的代價是煩瑣的語言。佛、法、僧都構建在語言的基礎上，師與徒之間的交流、代與代之間的傳承，無不高度依賴語言。

各位或許對我（即將）長篇討論語言的問題感到疑惑，事實上，語言既是印度佛教沒有解決的問題，也是中國禪將要解決的問題。簡單地預告下，禪宗就是個不喜歡語言的宗教。

乍看起來，這實在算不上問題。所有哲學和所有宗教不都用語言嗎？沒錯，但這並不表示哲學家與宗教家對語言不困惑。

i. 拒絕語言的理由

要說語言的問題，一句話：「言不及義。」

語言有三種形式：腦子裡想的思維、說出來的話語、寫出來的文字。但它們都不等於頭腦中的意識。這是因為：意識轉化為思維，這中間有個過程；思維轉化為話語，又有個過程；話語轉化為文字，還有個過程。經過三次轉化，資訊有添加、有過濾、有扭曲。結果是，「我」的語言不再等於「我」的意義。這就是「言不及義」的理由。

哲學家們對此舉雙手贊成——舉手才能避免開口。

在東方，白居易有名句「語盡而意遠」，蘇軾有名句「言有盡而意無窮」。

在西方，莎士比亞曾寫道：「名稱有何意義，我們叫作玫瑰的花，換成任何名稱同樣芬芳。」

古印度教的《奧義書》也寫道：「非語言之能言，而語言因之而言，——此真為梵。」[23]

「言不及義」的例子在生活中比比皆是：

菜單並非飯菜，沒人吃飯去吃菜單。

地圖不等於疆域，沒人旅遊去踩地圖。

標籤不等於實物，沒人付款後僅僅帶走標籤。

歷史劇不等於歷史，再好的劇也複製不出時間。

山水畫不等於山水，再好的畫也複製不出空間。

ii. 接受語言的理由

反過來，要說語言沒問題，也有一句話：「言外無義。」

前面的流程只發生在一個大腦中，而兩個大腦的溝通則不同：一方要表達，資訊的次序是「大腦—意義—語言」；一方要理解，資訊的次序正好相反，是「語言—意義—大腦」。中間的唯一重疊是「語言」。與其說你我在溝通，不如說是你我的語言在溝通。

這樣就好理解了，「言不及義」沒錯，它指的是個體的意義；「言外無義」也沒錯，它指公共的意義。語言不及個體的意義，但限定了公共的意義。在語言之外，即使存在個體性的表達，也不存在普遍性的理解。這就是「言外無義」的

原因。

回到前面列舉的生活中的例子：

菜單並非飯菜，但飯店還是要用菜單。

地圖不等於疆域，但旅遊還要用地圖。

歷史劇不等於歷史，但描述歷史離不開語言。

山水畫不等於山水，但描述山水離不開媒介。

最好的證明就是反證。老子說，知者不言，言者不知，得意忘言。可他寫了八十一章的《道德經》。莊子說，言不盡意，得意忘言，得魚忘筌。可記載這些話的《莊子》，乃至這些話本身全是語言。從一定程度上，這證明了哲學家們的絕望：即使罵語言，還非得用語言罵不可！

iii. 佛教的語言問題

現在來面對問題：為什麼上述對一般哲學和宗教不成問題？請注意，上述分為兩派，你站哪一邊，你就論證哪一邊。而佛教的問題是，它兩邊都站，於是兩邊都論證！

你看，佛陀同意語言不是究竟真理，在《瓔珞經》中講得很透徹：「言語道斷，心行處滅。」意思是，語言到真理外就說不出了，心思到真理那裡也想不到了。說得多好！但同時，佛陀又堅持用語言來描述真理，毫不猶豫：在覺悟前，他飽讀印度教的經典；在覺悟後，他講經說法全用語言。

佛陀之後的龍樹，號稱第二佛陀，以「性空」著稱，可他的著作合計二十部百餘卷，偈頌動輒以十萬句計，顯然沒「空」掉語言。

龍樹之後的世親，以「相空」著稱，可他有「千部論主」之稱，越「空」，語言反而越多。

「不究竟的佛教」從未深入印度社會

佛陀在世的時候，問題還是可控的，原因在於那時還沒有形成經典，並且有佛陀這個活生生的人作為仲裁者。可佛陀入滅後，且不說直觀而權威的佛陀不見

了，更重要的是，經典出現了，於是潘朵拉魔盒打開了。

　　一種情況是用語言來反駁語言。比如你有一種理論，可我一反駁，就變成兩個。爭論中一來一往，就變成了四個。再來再往，就變成了八個。如果多人加入，理論就呈幾何級數增長。最後，反方總可以使出致命一招：你的理論不都是語言嗎？語言不究竟。而正方可以使出更致命的一招：你這句話不同樣是語言嗎？同樣不究竟。

　　另一種情況是用語言來說明語言。印度人認為真理不可描述，因此創造了「遮詮」的說話方式，大致是說真理不是 A，不是 B，不是 C，不是 D……「那真理是什麼呢？」你問。回答繼續是：不是 E，不是 F，不是 G，不是 H……

　　比如龍樹大師要描述「空」，可沒人見過「空」，因此他只能說「空不是常」，「空不是斷」，「空不是生」，「空不是滅」，「空不是一」，「空不是異」，「空不是來」，「空不是出」（不常，不斷，不生，不滅，不一，不異，不來，不出）……。「空」就是這些「不是」。

　　別說抽象的真理，就算我們要為一位盲人介紹「紅色」，由於對方腦海裡沒有「紅」的參照物，我們只能說紅色不是黑色，不是藍色，不是綠色，不是黃色，不是橙色，不是粉色，……。紅就是這些「不是」。[13]

　　把「遮詮」法推向極致的，當屬《金剛經》中的格式：什麼什麼不是什麼什麼，假名什麼什麼。

　　「如來說，諸心皆為非心，是名為心。」

　　「如來說，世界非世界，是名世界。」

　　「如來說，第一婆羅蜜，非第一婆羅蜜，是名第一婆羅蜜。」

　　「一切法者，即非一切法，是名一切法。」

　　「說法者，無法可說，是名說法。」

作者也學著舉一反三：

我說智慧，即非智慧，假名智慧。

我說金木水，即非金木水，假名金木水。

各位也不妨舉一反三：

你去上課，即非上課，假名上課。

你去上班，即非上班，假名上班。

總之，用語言來反駁語言，沒完沒了；用語言來說明語言，同樣沒完沒了。這些正是後期印度佛教的寫照：深奧的理，煩瑣的論，理越辯越深，論越辯越繁。

由此帶來的後果就是：印度佛教的社會親和力較低，而且越來越低。這在和平時期不明顯，可到了戰爭年代，就變得致命。當伊斯蘭教徒入侵印度時，焚燒經典、拆毀寺院、驅散僧團，就像風暴席捲了森林……

印度教拜神，在床頭、在大廳、在後院立個神像，拜拜就行。最好有但不必須有廟宇、經典、祭司。時至今日，大多印度家庭的信仰活動依然在家中進行，這是印度教難以被消滅的原因。

耆那教的苦行，只需折磨自己。拆毀他們的寺院、燒掉他們的經典、驅趕他們到山林，正好增強他們折磨自己的意志。各位今天去印度旅行，仍會遇到這些裸露身體的莊嚴的苦行者。這是耆那教難以被消滅的原因。

而佛教失去了佛經、寺院、僧團的架構，變得難以為繼。它需要經典傳承、需要集體討論、需要老師授課，遠不如印度教的崇拜及耆那教的苦行那般簡單。於是，在風暴中，它隨風而去。

為何印度佛教在印度滅亡？我以為答案是：佛教的種子始終飄在印度的天空，它從未紮根於社會的土壤中。

佛教成為世界性宗教的理由

讓我們以稍微令人興奮的話題開始這部分內容：為什麼佛教失去了印度卻能走出印度？

日本學者中村元指出，普遍性的宗教必須以普遍性的問題為前提，「那是超

越國籍、人種、文化,經常被提出來,而且又渴望能解決的問題;也是關於人類所處的情況、環境與命運等共同人生經驗所產生的問題」[24]。聚焦到印度宗教,它們似乎都在回答普遍性的問題——解脫,似乎都具備普遍性宗教的潛力。只是它們中的大多數並沒有形成世界性的影響力。

先看古印度教,它至今仍是印度最大的宗教,卻局限於印度。如果你以為它沒有試圖向國外傳教,那就錯了,印度教很早就開始向東南亞地區發展,緬甸、柬埔寨、泰國等都是先接受古印度教,後接受佛教。如果你以為是因為它拜神,怕也不對,基督教、伊斯蘭教都成了世界性的宗教,顯然,神並不成為阻礙傳播的理由。

在我看來,真正阻礙印度教傳播的是它過於明顯的地域特色:它的神具有印度式的複雜;它所維護的是印度式的種姓制度。這兩點都不適合歐亞大陸的其他部分,那些地區更歡迎簡單而平等的神。結果,印度教一走出印度大陸,就失去了魅力。

再看耆那教,它也始終是印度的主要宗教,卻始終局限於印度。究其原因,它的苦行更富有印度特色。耆那教徒常常裸露身體,只適合熱帶地區;耆那教徒堅決不殺生,前提是食物供應充足,又局限於熱帶地區。結果一出熱帶地區,氣候就成為耆那教傳播的阻礙。

比較而言,佛教的地域特色淡很多,這是它能成為世界性宗教的緣由。不僅佛教的理論具有普遍性——因緣法暗示著人人平等,而且佛教的方法具有靈活性——大乘佛教、小乘佛教、祕密佛教適應不同社會、文化、地區、氣候。

一個證明是:飄在印度天空的佛教的種子,最終飄到了中國的土壤上,在激烈的當地競爭中,居然長出一棵名叫「禪宗」的大樹。這件事是怎麼發生的呢?

古印度存不存在禪宗

說明：這部分僅為對禪宗有強烈興趣的人士準備，可讀可不讀。

在佛、禪與中、印交班之際，我們來回答兩個問題：印度有沒有禪宗？禪是不是中國的產物？

第一個問題看似容易回答，即印度肯定沒有一個叫禪宗的宗派被記錄下來，但問題並不就此結束，我們把它放到第二個問題中繼續考察。

禪名字最多，又最不喜歡名字

考慮到禪家族的龐大，我們把它梳理為四類：禪定、禪坐、禪觀、禪宗。第一類是禪的本質，而後三類是禪的衍生物。以水來比喻，第一類是 H_2O，而後三類是世界上的各種水——以 H_2O 為基礎成分。

i. 禪定是一種純粹意識

禪的梵文是 dhyana，中文音譯是「禪那」，英文則有不同版本，如中國、台灣版的 chan，日本版的 zen，韓國版的 seon。禪的同義詞，還包括禪定、定、止，它們都代表一種「純粹意識」。

至於什麼是純粹意識，想像一下，你大腦中什麼都沒有，可能嗎？其實不可能，因為只要你意識到這件事本身，就說明你還有意識。現在，清空你大腦中的其他內容，包括意識到這種意識的意識，只剩下最基本的意識，那就是純粹意識，那就是禪。

因此，禪是無特徵的，或者說，以「無」為特徵。只要有任何其他特徵，它就不是禪了。這就好像純水，以無其他為純，再加上任一其他元素，就不是純水了。各位見過各種各樣的水，但除了 H_2O 分子外沒有任何其他分子的水，或許還真沒見過。

此外，禪還是通用的。不管哪種名稱的禪，都是以「純粹意識」為本質特徵。這就好像地球上的雨水、海水、河水、江水、水汽、汽水，只要帶「水」字的，都以水為基本材料。

本書中用「禪定」來代表這種純粹意識，因為「禪」字太容易與別的字組合。

ii. 禪坐是一種姿勢

禪修是方法，即通過打坐、徑行、苦行等各種姿勢進入禪定的意識。延續前面的比喻，清水是禪，於是潔水的方法叫禪修。胡思亂想時大腦如渾水一般，通過禪修，便沒有雜念，如潔淨的水。

在禪修中，禪坐與打坐（加上了「坐」字）就變成了以坐的姿態進入禪的意識。考古學家在西元前兩千五百年的印度河谷文明遺跡中，發現了刻有跏趺冥想坐姿的文物，可見古印度禪定傳統之悠久。

iii. 禪觀是純粹意識的升級

禪觀是禪定意識的進階。這就好像水中加入酒精，水變為了酒，於是出現了意識的昇華。

大約自西元前五世紀開始，佛教將禪定智慧化。具體是在「止」的基礎上加上了「觀」的步驟，在安心的基礎上加上了智慧的功能。這樣，禪定意識進階為禪觀意識。佛教的《阿含經》、《俱舍論》、《禪祕要法》中列出了五類禪觀：

◇ 數息禪，觀察呼吸過程的感覺。

◇ 四念處禪，觀察身、受、心、法四處的感覺。

◇ 白骨禪，觀身不淨，觀受是苦，觀心無常，觀法無我。

◇ 慈心禪，觀想慈愛。

◇ 念佛禪，觀想佛的形象。

iv. 禪宗是一個宗派

佛教中有各種主題的宗派，而這個宗派的主題是禪。

還是延續水的比喻，所有餐廳都提供水，可依雲公司專業提供水，以至於我們現在一提到依雲，會想到「一個水的公司」。類似地，所有西餐廳都提供咖啡，而星巴克專供咖啡，成了西餐廳中的「咖啡宗」。

大約在西元六世紀後，漢地出現了一個以「禪」命名的宗派。相比起印度各宗派通用禪定，禪宗專攻禪定。之後，中國禪宗的分支如雨後春筍一般出現，形成了如下的名字：

按地點分，有南禪、北禪、牛頭禪、黃梅禪、東山禪、曹溪禪。

按流派分，有如來禪、祖師禪、臨濟禪、曹洞禪、雲門禪、法眼禪、溈仰禪。

按風格分，有狂禪、魔禪、老婆禪、野狐禪。

上述告訴我們什麼呢？

第一，順序是先有古印度通行的禪定與禪坐，才有印度佛教的禪觀，才有中國的禪宗。

第二，貢獻是禪的四類中的三類（禪定、禪坐、禪觀）都開始於印度，唯有最後一類（禪定）與中國有關。

綜上所述，說「禪是中國的產物」實為不妥，說「禪是印度的產物」倒更為合理。

沉默派

那麼，說「禪宗是中國的產物」，總該沒問題了吧？

我以為，也有些絕對。

無疑，印度歷史上沒有紀錄顯示出現過禪宗，但禪宗也不是從中國的石頭裡蹦出來的，因為那實在不符合因緣法。人類的思想從來不會憑空產生，佛教如此，禪宗也如此。更合理的推論是：印度歷史上肯定存在過禪宗的雛形，儘管它不叫「禪宗」這個名字。

　　如此推論，我有以下理由。

　　各位已經注意到了，禪定在印度的歷史上從未中斷過。如果擴展些看，禪定在佛教的歷史上大體上也是連貫的，佛教前、原始佛教、小乘佛教、大乘佛教、祕密佛教、中國佛教、日本佛教，都有禪。這中間唯一不確定的一段是從印度到中國，但我們有理由推測，這一段並不例外。

　　至於為什麼難以找到「印度禪宗」（印度專注習禪的宗派）的紀錄，我以為，原因很簡單：一個沉默的流派，如何被記錄？沉默十分符合佛陀的精神，佛陀是在禪定中覺悟的。佛陀之後，「沉默的修行者」們認為真理在體驗之中，不在語言之中，可以想像，這些人即使有意見，也不發表意見，於是就跟從未出現過一般——他們尚缺乏中國禪宗「不立文字，教外別傳」的想像力。

　　除了推論外，我們也不妨聽聽當事者中國禪宗的意見。

　　中國禪宗有所謂「西天二十八祖」與所謂「拈花微笑」的故事。今天學界認為它們都很晚才出自中國經典，被偽造的可能性很大。[14] 在我看來，不是可能性很大，而是確切無疑：佛教在印度歷史之悠久，以印度不重視記錄的習慣，要想準確追溯中國佛教的印度淵源是不可能的，只能編造。

　　但這並不影響我們解讀禪宗故事背後的用心。比如說，張三小學畢業卻編造出 B 大學的學歷，為此，他精心了解了 B 大學的東門、西門、南門、北門、教室、學生餐廳、老師、教材，甚至旁聽各種課程。說明什麼呢？一是他認為 B 大學是好的；二是他認為自己有這種潛能；三是他大膽實踐、精心調查研究。這些都說明，張三不具備 B 大學的學歷，但具備了 B 大學子的上進心！

　　那麼，讓我們看看禪宗的故事能揭示出禪宗怎樣的「上進心」。

　　先看「西天二十八祖」的傳說。據《景德傳燈錄》記載，中國禪宗上溯到印

度的二十八位祖師，依次是：初祖迦葉、二祖阿難、三祖商那和修、四祖優波多、五祖提多迦、六祖彌遮迦、七祖婆須蜜多、八祖佛陀難提、九祖佛陀密多、十祖脅、十一祖富那夜舍、十二祖馬鳴、十三祖迦毗摩羅、十四祖龍樹、十五祖迦那提婆、十六祖羅羅跋陀羅、十七祖僧伽難提、十八祖伽耶舍那、十九祖鳩摩羅多、二十祖闍夜多、二十一祖婆修盤頭、二十二祖摩拏羅、二十三祖鶴勒那、二十四祖師子、二十五祖婆舍斯多、二十六祖不如密多、二十七祖般若多羅、二十八祖菩提達摩。最後一位，菩提達摩，又被中國禪宗奉為「東土初祖」。

這個譜系想表達的意思，我以為可以概括為四個字：根正苗紅！所謂「根正」，你看它中間代代有名有姓；所謂「苗紅」，你看它直指佛祖的弟子迦葉。禪宗的意思很明確：「我的淵源不在中國，而在西天！」

再看「拈花微笑」的故事。《五燈會元》中說，佛陀在靈山開法會時，開始講法，卻沉默不語，手中拿著一朵花微笑。在場者都不明白佛陀為什麼不語，唯有迦葉尊者以微笑回應。於是佛陀說：「我有禪法，以心傳心，已經賦予了迦葉。」

這種起源想表達的意境比較複雜。佛陀為何拈花，迦葉為何微笑，這中間的含情脈脈會在下一部分中慢慢道來。但此處我們先弄清另一個問題：怎麼那麼巧？！二十八祖的第一位是迦葉，而拈花微笑的主角也是迦葉，這當然不是巧合！

印順法師曾在《中國禪宗史》中做過考據：

首先，迦葉本有沉默的習慣。在佛教經典中，他以禪定、苦行、戒律聞名。他「常住蘭若」，即在空曠處禪定。在佛陀的十大弟子中，他又號稱「苦行第一」。

其次，迦葉最有被傳法的資格。佛陀曾讓迦葉半座，你以為迦葉會受寵若驚吧？不，他宣稱，即使無佛陀自己也能覺悟。好在，佛陀也不計較，還賜予他「糞掃衣」。佛陀臨終前囑託數次，應答人都是迦葉。

最重要的是，迦葉代表已經發生的歷史事實。在佛陀去世後，迦葉不負使命，主持召開了佛教史上的第一次結集。這次結集有五百比丘參加，形成了原始佛教的經典。在相當長時間內，迦葉都是僧團的實際領導人。

　　現在想像一下，假如你作為唐代的禪門弟子，要為禪宗編造出個印度傳承的話，還有比迦葉更合適的人選嗎？上述故事的意思是：不僅禪師的淵源在西天，就連禪法的淵源都來自佛祖！

　　因此我有相當的把握斷定，假如有人膽敢說「禪宗是中國的產物」，那第一個跳出來反對的、舉著家譜反對的、講著故事反對的，當屬禪宗弟子們自己：「不，我們是佛祖與迦葉的產物！」

　　最後，請各位注意一個細節，二十八祖名單的結尾寫著「達摩」二字，這可不再是傳說了，而是一位有據可依的歷史人物。因此，中國禪宗的印度淵源最確鑿無誤的證據，就在於達摩這個曾真實存在的歷史人物。他是我們下一章的主角。

叛逆之子

—— 禪宗是不是發生在華夏的一場「革命」

生活的驚醒

數年後，一位朋友的話再次「驚醒」了我。那時的我已經體會到社會的複雜：愛情不會自然而來，要取悅愛人；友情不會自然而來，要取悅朋友；生意不會自然而來，要取悅關係人；晉升不會自然而來，要取悅上級。煩躁不堪時，一位朋友安慰我說：「你就是個好人！」我一躍而起：「不，我可不想僅僅做個好人……當然我也不想做個壞人……重要的是，我不想被這個世界綁架！」謝謝這位朋友，我走上了與她的安慰相反的路，為「不好不壞」的自己而活。這是不執著的開始。

第九章

東渡的達摩帶來了
怎樣的佛法

太虛大師說「中國佛學的特質在禪」，而本書的副標題叫「佛與禪」，都與
這部分的兩條線相映襯：佛教在中國的推進線與禪宗在中國的推進線。

在本章中，我們先確定下兩條線的起點與終點。

祖師西來

到中國公園遊玩的遊客常常會被達摩祖師的雕塑吸引。

外國遊客被吸引是因為在國外沒見過這尊像，他們推論他是中國佛。這當然
不對：佛陀與達摩都是地地道道的印度人，據說中間隔了二十八代。達摩比佛陀
晚了約一千年，在印度佛教界算小字輩。

而中國遊客被達摩的雕塑吸引是因為這尊像長得像印度人，中國遊客認為這
是印度佛。這句話對，但不全對：達摩是印度人不假，但不是佛。更重要的是，
他被豎在那裡不是因為印度而是因為中國：達摩被中國禪宗奉為初祖，比禪宗鼎
盛的宋朝早了約五百年，在中國佛教界算老字輩。

難怪，無論是中國人還是外國人都不認識他，因為他居中。他既是中、印間
地理上的使者，也是佛、禪間思想上的使者，一位偉大的使者。「偉大的使者」
的稱號只能算作者的「劇透」。按照正常流程，我們對任何信使都該鑒定一下這
人靠不靠譜，以及這信靠不靠譜，再做判斷。

先看達摩這個人。

他全名叫菩提達摩。其中，「菩提」是佛的意思，「達摩」是法的意思，合

起來就是「佛法」的意思—這真是一個很有預見性的名字。

關於他的風采，有如下傳說：

i. 祖師西來

據傳，他是古印度南部（南天竺）香至國的三太子，小時玩「抓寶」遊戲時，兄長們都抓真珠寶，而達摩說「法寶」才真，顯示出了慧根。又傳，後來他花了三年時間才到中國，大約在西元 520 年，中國正處於南北朝時期，達摩從廣州登陸。次年，他北上金陵，見到了當時梁朝的皇帝梁武帝。

ii. 廓然無聖

達摩與梁武帝之間曾有一段著名的對話。

梁武帝問：「我造廟、寫經、度僧不可計數，有什麼功德？」達摩答：「全無功德。」第一輪，話不投機。

梁武帝問：「什麼是究竟佛法？」達摩答：「廓然無聖。」第二輪，雞同鴨講。

梁武帝問：「那你是誰？」達摩答：「不認識。」第三輪，話題終結。這段公案一般被用來誇讚達摩意境高。他的意思大致是說，凡聖無差別，本來是空。我同意達摩意境高，但希望同時指出的是：梁武帝涵養好。要知道，隨便換了中國歷史上其他皇帝，達摩如此冒犯天顏不是被砍頭，就是被罰坐牢。梁武帝是中國歷史上著名的尊佛皇帝，又是名士出身，於是他揮揮手，讓達摩走了。

iii. 一葦渡江

與梁武帝不歡而散後，達摩準備渡江北上。據說梁武帝後悔了，派人去江邊追回達摩，但沒成功。又據說，達摩折了一束蘆葦投入江中，蘆葦化作一葉扁舟，達摩乘舟飄然過江，因此叫「一葦渡江」。

這則公案又被用來誇讚達摩不為所動。我同意，但還是要指出，假如公案是真的話，那更體現出梁武帝心胸寬廣。

iv. 面壁九年

渡江後，達摩先到河南永明寺，後到少林寺，在附近的岩洞中面壁九年。百姓將此事當作奇聞來流傳，稱他為壁觀和尚。傳說中他禪坐的時間如此之長，以至於小鳥在他肩上築巢，身影印在了石壁上，眼皮掉在了地上長出了茶葉。今天在少林寺仍然保留有達摩洞。

v. 創立禪宗

達摩宣稱自己傳承的是「南天竺一乘宗」。他不僅保持印度僧團遊行、乞食、坐禪、讀經的習慣，還遵守嚴格禁欲的「頭陀行」。最起碼要做到：穿衣不過三件，過午不食，住宿每處不過三晚，行動時穿芒鞋戴斗笠。

從上面的事例中，我們大約看到這樣一位印度高僧：他不遠萬里來到中國，堅持己見而不附庸，修為高尚而不放任，嚴於律己而守傳統。可見，達摩是個老老實實的人。

老老實實的法

接下來，我們再鑒定下這位使者傳來的信。

達摩的法，在《楞伽師資記》中被概括為「二入四行」。其中「二入」指的是「理入」和「行入」——以理踐行、以行悟理，這是對佛陀的傳承。

「理入」的道理，即「深信眾生同一真性」。達摩以四卷《楞伽經》作為「心印」，而這部經講的就是眾生心中的佛性。

「行入」即「四行」，包括生活中的四種行為：

一是報冤行，即對過去已經發生的事忍辱而行，「甘心忍受，都無怨訴」。

二是隨緣行，即對現在正在發生的事順勢而行，「得失從緣，心無增減」。

三是無所求行，即對將來還沒發生的事持戒而行，「有求皆苦，無求則樂」。

四是稱法行，即依佛法而行的基本原則。

除了理和行，達摩的修行還有一個關鍵：禪定。

禪定是對理與行的印證，讓理與行在禪定中契合。這與一般學習的方法不同。一般的方式是通過讀書去理解，而書直接告訴你什麼是理。達摩的方法是先告訴你道理是「眾生同一真性」，再讓你在禪定中驗證是否如此：道理與禪定的體悟一致才對，否則，就不對。當然，佛性的道理是無有分別的理，而佛性的體會是無有分別的體會，因此，它們必然契合。

《續高僧傳》中評價達摩「大乘壁觀，功業最高」，這句話往往誤導人們以為他「壁觀」的功力最高。但注意，不管達摩之前還是達摩之後，都必然有人坐禪時間更長，因此達摩「壁觀」功力最高是說不通的。這裡的最高是「大乘＋壁觀」，即在禪定中證悟大乘的道理。

關於如何壁觀，一直有兩種不同的說法，一是面對牆壁，另一種是心如牆壁。這兩種說法不矛盾，一個是外在的，一個是內在的。所謂「外息諸緣，內心無喘」就融合了這兩種說法：「外息諸緣」指的是面對牆壁，「內心無喘」指的是心如牆壁。大致情況是，開始時面對牆壁，最後心如牆壁──長時間靜坐產生一種「心如頑石，都無縫隙，心如木石，無所辨別」的感覺。

用大白話講，達摩禪大致是這樣的：

第一，先相信佛性的道理；

第二，坐禪中體驗物我一體、世界大同；

第三，自己意識到：「哇，這就是佛性」。

關鍵在這「哇」的一下。有了這一下，禪宗才說你覺悟了。沒有這一下，即使你知道再多道理，禪宗也說你沒覺悟。正是在這「哇」的一下上，達摩的功力最高！

現在我們來鑒定一下：達摩的法屬於哪種佛法？大乘佛教。

大乘的經典《涅槃經》中說：一切眾生悉有佛性。《勝鬘經》中指出：自性清淨就是佛性。《法華經》中暗示：人人皆是佛子。上述都是大乘經典，說明這個理非達摩所創，只是達摩所傳。

至於「四行」，大致來自大乘佛教的「六度」，即布施、忍辱、持戒、精進、

禪定、智慧六種修行。達摩在身體力行中尤其重視「忍辱」。美國作家凱薩琳·諾里斯曾說：「人生比想像的容易，只要承認不可能，放棄不可缺，忍耐不可忍。」達摩大致是用這種態度過生活。

印順法師評價道：「達摩從印度來，所傳的教授，精要簡明，充分顯出了印度大乘法門的真面目。」[1]據他推斷，達摩宣稱代表的「南天竺一乘宗」應該屬於印度大乘佛教中偏禪定的一支。

只是你可能質疑：一個在山林獨善其身的禪定派別，怎麼能算得上普度眾生的大乘佛教呢？其實我也質疑，並且我建議禪宗人士最好反思一下。只是，龍樹在《大智度論》中有過解釋：「大乘菩薩修習禪定時，形式上其身體雖然遠離眾生，但他們的心中卻常常掛念著眾生而不捨。他們在山澤林間，在人少清淨處修習禪定，其根本目的是為了獲得真實的、無上的智慧。只有獲得了這種無上之智，才能更好地普度一切眾生。」[2]這樣就留下一種藉口：外表很不「大乘」的禪宗，總可以說自己心懷「大乘」。直到今天，我們也很少見漢地的僧侶們在外面布施、弘法，但他們總可以說：「我心裡已經這樣做了。」

再加上前面講過，佛教的「行為」比這個詞的現代含義要寬，它從心開始到動作再回到心，即從意志到行動再到領悟。這樣就好理解了，達摩的「四行」更多指的是關於內心的行為。由於它的理和行都發生在「心」中，所以達摩禪也叫「佛心宗」。

好，該對達摩做個評價了：他是個老老實實的印度人，傳的是老老實實的印度法。雖說使者的使命本來就該原封不動地傳遞資訊，只是原封不動地把信送到幾公里內叫快遞，而原封不動地把信送到萬里之外叫偉大。所以，我稱達摩為「偉大的使者」。

祖師不止一位

達摩來華事件的背景是佛教進入中國。當後來的禪宗弟子們說「祖師西來」時，聽起來好像只來一位祖師，而且達摩是最先來的那位祖師。真實情況是，祖師來了很多，而且大都比達摩來得早。

我們還是從頭講起。早在西元一世紀，中國的漢朝時期，佛教就進入了華夏。經過四百年的沉澱，到南北朝時期，佛教在中國逐漸夯實了基礎。據《魏書》記載：

——佛教寺廟遍及全國。杜牧詩云：「南朝四百八十寺，多少樓台煙雨中。」別以為這個數字誇張，其實很保守。梁武帝在位時，全國寺院共二千八百四十六所。佛教在中國有了「佛」。

——佛教典籍陸續譯出。到北魏末，翻譯佛經四百一十五部一千九百一十九卷。佛教在中國有了「法」。

——佛教信徒日益增多，僧團受到普遍尊重。梁朝有僧尼八萬二千七百人，加上百姓敬佛，士大夫擁戴，帝王護持。佛教在中國有了「僧」。

正是在南北朝時期，達摩進入中國。禪宗的《無門關》中寫道：「缺齒老胡，十萬里航海特特而來，可謂無風起浪。」這顯然罔顧事實。有了前四百年的基礎，達摩來華不是「無風起浪」，應該叫「乘風破浪」才對。證據是，他來華不久，到了中國的隋唐之交，中國佛教的十大宗派相繼形成，分別為俱舍宗、成實宗、華嚴宗、天台宗、三論宗、法相宗、禪宗、淨土宗、律宗、真言宗。禪宗來得晚，卻沒被拉下。

分析下這個名單，我們會發現一個奇怪的現象：宗派中既有小乘佛教的，又有大乘佛教的，還有祕密佛教的。就是說，印度那邊的佛教宗派一個不差地全來了，而中國這邊也一個不差地全收了，包括達摩禪在內。

其他外來宗教也印證了類似的現象：今天西安還有基督教的文物，泉州還有伊斯蘭教的清真寺，摩尼教變成了中國的明教。它們都輕鬆進入中國，中國也都照單接收。這當然不是巧合，我們將在下一章中解析其中的原因。

禪宗開局不利

佛教在中國的建宗大潮來得快也去得快。幾十年後熱潮退去，各宗的情況如何呢？

先看禪宗。用一句話形容它的早期就是：來得很巧，過得很慘。

「來得很巧」已經講過了，禪宗進入中國的機遇不能更好了：寺院紛紛建立，佛經大都翻譯完成，佛教各個宗派相繼成立，百分之九十以上的帝王都信佛，由此才有達摩見到梁武帝的機緣。

可面對這種大好形勢，在傳說的建宗之後，禪宗的前三代祖師卻過上了顛沛流離的日子。不是一代，而是三代流浪。如果你說這是祖師們高風亮節的自我選擇，或許吧。只是下面的事情就很難解釋為自我選擇了：這三代祖師個個受排擠，還個個沒善終。

初祖：達摩

據《續高僧傳》記載，達摩遭到北方佛學界的譏諷、詆謗，於是四處遊蕩，「不測所終」。

據《歷代法寶記》和《寶林傳》記載，達摩被當時佛學界的領袖「數加毒藥」。他躲過了前五次投毒，但到第六次時，自願中毒而亡。

故事的版本有些區別，但達摩的不順利是顯然的。

二祖：慧可

再看達摩的弟子慧可，南北朝人。

關於慧可，有立雪斷臂的傳說。《傳法寶紀》和《寶林傳》中說，慧可為了拜達摩為師，在雪中站立了三天三夜，達摩以佛法至高無上為由，不為所動。慧可為表決心，斷然砍掉自己的一側臂膀。達摩這才被感動，收他為徒。

只是，《續高僧傳》中給出了一個不同的版本，說慧可「遭賊斫臂，以法禦心，不覺痛苦。火燒斫處，血斷帛裹，乞食如故。曾不告人」。也就是說，他的胳膊不是自斷的，而是被賊人砍斷的，他自己包紮後繼續行乞，沒告訴別人。這樣一來，「立雪斷臂」的傳說，也許只有立雪。

從達摩那裡離開後，慧可南下到安徽司空山一帶活動，「其道幽而且玄」。即使如此，他還躲不開迫害。

據《歷代法寶記》的記載，慧可在傳教過程中，遭遇了前面毒害達摩的那撥人的弟子，被這些人用同樣的手法下毒。慧可僥倖逃過了毒藥，卻被這些人向官府狀告為妖孽。最終，官府處死了他——這有點像耶穌被猶太教的長老們舉報而遭官府處死的情況。

三祖：僧璨

再看慧可的弟子僧璨，隋朝人。

歷史上對僧璨直接的記載很少，以至於他的傳承存在爭議。好在他所著《信心銘》一書留傳了下來，其中抒發自己的心境：「至道無難，唯嫌揀擇，但莫憎愛，洞然明白。莫逐有緣，勿住空忍，一種平懷，泯然自盡。」這暗示，他確實繼承了達摩的「報冤行、隨緣行、無所求行、稱法行」。

據說，僧璨在司空山接受了慧可的傳法。《楞伽師資記》中說他「隱司空山，蕭然淨坐，不出文記，祕不傳法」。

離開慧可後，僧璨繼續向南，游走到舒州吉州羅浮山一帶。《指月錄》中說他「韜光混跡，變易儀相，或入酒肆，或過屠門，或習街談，或隨廝役」。大致是喬裝打扮、浪蕩江湖的意思。

以上種種，當然與禪宗弟子們口中流傳的祖師形象不符。但作為真傳人，我們必須還原真相——就是真相，何必回避真相？《續高僧傳》評價禪宗這早期三代：「人非世遠，碑記罕聞，微言不傳……深為痛矣！」胡適則評價他們「過著極刻苦的生活。」[3]

開局不利不止一家

如果把時間和空間放大，我們就會發現禪宗初期的情況並非特例。下面幾宗的初期情況更慘：它們成立不久就滅亡了。

——三論宗，由鳩摩羅什創立。鳩摩羅什曾為北方的國師，因此三論宗有一段繁榮期。其法義不能再簡單了，就是一個「空」字。如鳩摩羅什的弟子僧肇所

著《不真空論》，論述事物非有非無，「有無」為空；又著《物不遷論》，論述事物非動非靜，「動靜」為空。

可問題是，有、無、動、靜都是生活常識，如果都「空」掉的話，生活就亂套了。比如按照「空」的道理，昨天的張三今天已經是李四了，那昨天的張三借錢，今天就不用還了；昨天的張三殺了人，今天就該釋放了。這種印度式的虛幻，中國人難以接受，所以信的人越來越少。

——法相宗，由玄奘創立。玄奘也曾為國師，《西遊記》中還描寫他與唐太宗結義為兄弟，不管故事真假，他取經後創立的宗派也興盛一時。但法相宗的問題在於堅守印度唯識宗的傳統，不僅理論晦澀艱深、哲學氣息太濃，而且把人分為五類，否定皆可成佛。這些都太不合中國的人情，終於四代後絕滅。

——真言宗，由善無畏、金剛智引入漢地。這派屬於印度祕密佛教的分支，強調身、口、意三密。但其中個別分支的祕修受到士大夫們的猛烈抨擊，因此，該宗在進入漢地後不久被當作「非法」教派。

——律宗。該宗講求戒律，因此只在少數僧侶中流傳，而與中國百姓無緣。

——成實宗、俱舍宗。這兩派屬於印度小乘佛教的分支，強調清淨出離，與中國的入世情結差距較大，在大乘經典被翻譯後，就逐漸讓位於大乘宗派。

上述宗派，加上達摩禪，都屬於印度色彩較濃的教派。印度「真傳」一律水土不服，這同樣不是巧合，同樣需要解釋。

當然，十家中也有中國特色較濃的教派，它們不在水土不服之列，具體情況放到下章講。奇怪的是，那時禪宗又跑到了水土適應的陣營中去。

中國佛教的特質在於禪

讓時間快進五百年，到中國的宋朝，我們發現禪宗和中國佛教都變了個樣子。

簡單地講，那時的禪宗似乎成了佛教中的「叛逆者」，它的精神被總結為下面四句話：不立文字、教外別傳、直指人心、見性成佛（注：次序或有不同，但禪宗不講究文字，更不可能講究文字的次序）。

恐怕各位一眼看不出裡面的意思，但別急，歷史上的反詩少有直接寫「造反」二字的，詩裡的「反意」都要細細品味才能品出來。

——直指人心。傳統佛教崇拜天上的佛或者西天的佛國淨土，而禪宗說：佛不在外面，在裡面，因此，不要向外，要向內尋找。

——見性成佛。傳統佛教中佛是佛、人是人，而禪宗說：兩者是一回事，你就是佛。

如果說前兩句算道理上的反叛，那麼後兩句就是方法上的。

——不立文字。印度佛教的梵文經典有一萬多卷，加上後來中國佛教的著作，共一萬六千卷[4]，這些經典都是用文字寫成的。可禪宗說：「你們咬文嚼字，我不立文字。」

——教外別傳。「教」即佛陀的言教，佛教既然是學習佛法的，自然有在教內傳授佛法的義務。可禪宗說：「你們在言教之內，我在言教之外。」

回憶一下，之前佛陀也曾反對古印度教，但那次是槍口對外，而這次，禪宗掉轉槍口，意在「超佛越祖」！

至於這四句話是誰寫的，首先可以確定，它們不可能是達摩寫的。如前所述，達摩嚴守印度佛教的理與行，他作為使者的使命本來就是傳遞資訊，而不是改變資訊！

事實也是如此，達摩在禪定中悟佛性。可見到佛性是一回事，成佛是另一碼事。你在冥想中感覺到：「哇，我也有佛性。」但不等於：「哇，我就是佛。」這與後期禪宗有很大的差別。

再如，達摩依託四卷《楞伽經》① 來「藉教悟宗」，這是依據文字，借助經典去體悟，與後期禪宗靠意境交流、靠風格傳承有很大差別。

至於達摩為何被中國禪宗奉為「初祖」，有學者指出，這個稱號很可能是追授的。但我以為這並不重要，因為即便達摩創立了禪宗的組織——這算他的功勞，他也並沒有創立禪宗的思想——那是別人的功勞。

這就好像，我下班前在（某）西餐廳點了個牛排的外賣，要求外送到家，可

回家後卻發現餐桌上放著一碗牛肉麵！經過核實，我確認了以下資訊：一是餐廳的訂單是牛排沒錯；二是送貨員是餐廳的優秀員工老達，老達還留了張照片證明自己送的是牛排；三是桌子上明明放的是南京紅燒牛肉麵！那唯一的可能是：牛肉麵是另一個人做的！最後我發現，是我家幫忙做飯的阿姨把牛排做成了牛肉麵——至於她為什麼這麼做，與後面的公案相關。

雖然眾說紛紜，但關於禪宗這四句的作者有一點是比較一致的：這四句的出現遠在達摩之後，甚至在禪宗的第六代祖師惠能之後，有說是南泉普願寫的，有說是馬祖道一寫的，有說是百丈懷海寫的，有說是黃檗希運寫的，有說是石頭希遷寫的，有說是藥山惟儼寫的，還有人說是臨濟義玄寫的。[2] 由於這些人都是惠能的弟子或再傳弟子，再加上惠能是禪宗經典《壇經》的口述者，本書以惠能作為禪宗思想的創造者。

至此，禪宗在中國演變線的兩頭都清晰了：開局時它堅守傳統，結尾時它走向叛逆。由此引出本書在這部分要回答的第一大問題：為什麼禪宗在中國發生了如此大的變化？

讓我們把視野擴展到宋朝時的中國佛教，結果發現，視野無法擴展。視野無法擴展是因為到那時，其他宗派都已經消失了，只剩下了禪宗。中國佛教等於中國禪宗！這當然更非巧合，更需要解釋。

於是，佛教在中國演變線的兩頭也清晰了：進入時多家，結尾時一家。由此引出本書在這部分要回答的第二大問題：為什麼佛教在中國發生了如此大的變化？

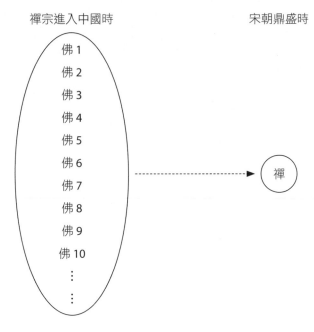

圖 9-1 中國佛、禪演變圖

兩條線與三階段

要回答上述兩大問題，我們就要把這兩條線的中間部分勾勒清楚。關於中國禪宗這條線，如果仍然按照思想的創立者分期，可以分為三個階段。

第一階段，惠能之前，禪宗的發展期。我們要回答：禪宗為何能崛起？（第九、第十一章）

第二階段，惠能及其弟子菏澤神會，禪宗的思想確立期。我們要回答：禪宗的理論與方法有何不同？（第十二、第十三、第十四章）

第三階段，惠能之後，禪宗的獨大期。我們要回答，禪宗為何能獨大？（第十五、第十六章）

在上面這條主線的背後，還有中國佛教這條背景線：

在第一階段，中國佛教發生了第一次洗牌；

在第二階段，禪宗與中國佛教分道揚鑣；

在第三階段，中國佛教發生了第二次洗牌。

佛教中國化的尺度

我們勾勒清楚中國佛禪演變，是為了把它放到本書的完整畫面中，以便回答下面的問題：中國禪宗是不是世界佛教的一部分？

在這點上，我以為，目前學界的大多數回答可謂「實用主義」：當需要論證中國佛教正統性時，就說它是正統的傳承；當需要論證中國佛教獨特性時，又說它是中國的獨創。在這兩種極端之間，還有其他種種說法。

最柔和的說法，當屬本章開頭引用的「中國佛學的特質在禪」（太虛大師）。它雖未直接回答問題但分寸把握得很好：一是中國佛教各宗最後剩下了禪宗一家，所以中國佛教的歷史歸於禪；二是禪宗在中國佛教的各家中最特別，所以中國佛教的特色在於禪。事實證明，只要稍微變動一下，就會產生問題。

比如流行的說法，「禪宗是中國的產物」或「禪宗是中國化的產物」，這些說法似乎切斷了禪宗與之前和之後的關聯。本書的上一部分已經說明禪宗的印度淵源，這一部分將說明中國所起的關鍵作用，下一部分還將說明日本對禪宗的貢獻。顯然，禪宗絕非 100% 中國的產物。

再進一步的說法，是把禪宗說成「佛教在中國發生的革命」[3]（胡適）或「佛門中極革命的意見」[4]（錢穆）。只是顧名思義，革命意味著質變。比如十月革命把資本主義國家變為社會主義國家，所以叫革命；反之，資本主義政府變成另一個資本主義政府，叫政權交替才對。因此，假如禪宗算一場革命的話，那意味著禪宗與佛教在性質上發生了變化，而禪宗又代表中國佛教，那中國佛教在性質上還算不算佛教？

最極端的說法，是把禪宗當成「披天竺式袈裟的魏晉玄學」[5]（范文瀾）或「中唐以後，小農經濟社會的產物」[6]（任繼愈）。這等於挑明了說，禪宗根本就不是佛教。那麼相應地，以禪宗為代表的中國佛教也不算正統佛教。中國人這麼講是為維護文化的本土性，含褒義。無獨有偶，這種聲音在國際上也有呼應，只是出於截然相反的目的，是質疑中國佛教的純潔性，含貶義。我不得不說，這枚

最新型、最有力的炮彈，是我們自己人提供的：你們不是說禪宗是中國的嗎？那正好說明禪宗乃至中國佛教是自創的！

這就涉及一個流行的話題：佛教中國化。事實上，沒人會爭議佛禪在中國發生了變化，可變化的是形式還是性質？我以為，只有一幅完整的畫面，才能給出完整的、令人信服的答案。而這，正是我們費力做這件事的緣由！

第十章

中國人改變了
解脫的重心

在繼續講歷史之前，我們先來揭示前面提到的三大「巧合」，因為如果現在不講清楚的話，各位下面會看到更多「巧合」發生。更重要的是，它們根本不是巧合。想想看，下面的三件事原本都不是必然發生的，甚至，相反情況發生的可能性更大。

一、佛禪作為外來文化被拒絕比被接受的可能性大；可實際情況是，它們都順利進入了中國。

二、既然順利進入了，繼續發展的可能性大；可實際情況是，它們都開局不利。

三、既然開局不利，生存不下來的可能性大；可實際情況是，它們都發展至今。

如果上述僅僅發生在禪宗身上，那或許是禪宗的個性所致。可從中國佛教層面看，佛禪在中國的推進似乎有一致的節奏，這就暗示著某些系統性的因素。而最系統的、嵌入人類頭腦裡的系統因素，我以為，還是要回到那個永恆的生命問題——解脫。

祖師西來，何意？

禪宗中有一個著名的公案——「如何是祖師西來意？」如果你挑明了問：「什麼風把祖師吹到了中國？」難免遭一頓拳打腳踢。這不是開玩笑，拳打腳踢是某些禪師回答問題的特殊方式。假如直接回答的話，這個公案本身真沒任何可說的，因為它根本在明知故問——所有印度僧人來華都是一個目的：傳法。達摩

也不例外，他放著正統的婆羅門貴族生活不過，不遠萬里來華，自然是要廣傳佛法、廣收徒眾。所以《續高僧傳》中說他「所到之處，以禪法教人」。

傳法、學禪的目的何在呢？禪宗還是不會直說，但這次，他們有故事可講。

最早的故事是，初祖達摩傳法給二祖慧可時，慧可請教達摩如何安心，達摩答：「拿心來，我為你安。」慧可一愣說：「我找不到心啊。」初祖答：「你的心我已經安好了。」於是二祖大悟。

後來，二祖慧可傳法給三祖僧璨時，僧璨請教慧可：「我身染重病，能否為我懺罪？」慧可說：「請拿罪來。」僧璨：「覓罪不可得。」二祖說：「我已經為你懺罪完畢。」於是三祖大悟。

再後來，三祖僧璨傳法四祖道信時，道信問僧璨：「什麼是解縛之法？」三祖反問：「誰束縛了你？」於是四祖大悟。

一百多年後又出了故事新編，石頭禪師收徒弟時，徒弟問：「什麼是清淨之法？」石頭禪師反問：「誰污染了你？」於是弟子大悟。

這些故事包含供需兩方面的資訊——

禪宗供應解脫的方法——故事中的心不安、罪、縛、汙都指的是精神上的束縛，而安心、懺罪、解縛、清淨都指的是精神上的自由——佛與禪在方向上完全一致！只是各位可能隱約感覺到了，禪宗的方法有些奇怪。沒錯，禪弟子們為什麼明知故問，為什麼簡單的道理禪宗不直說，為什麼還要揍你一頓，這些才是禪宗中真正的公案，咱們後面慢慢「參」。

從需求這邊講，中國人嚮往解脫，就像印度人嚮往解脫一樣。上述的禪宗故事都是中國人編出來的故事，這毫不奇怪，按照本書第一章中對「解脫」的定義——精神自由，世界上的所有文明，歐洲文明、阿拉伯文明、美洲文明、太平洋小島上的文明等都曾感慨生命的有限，也都嚮往精神上的無限，中華文明當然不是世界文明中的例外！

中國有解脫的需求，佛禪有解脫方法的供應，雙方一拍即合。這就解釋了「巧合」之一：中國對佛禪照單全收，並且對摩尼教入華、基督教入華、伊斯蘭教入華的態度也類似。原因在於中國人需要終極性的解脫。

是梁武帝錯過了達摩，還是達摩錯過了梁武帝？

開門迎賓是一回事，熱情不熱情是另一回事。這正是我們要接著發問的事：為什麼禪宗前期過得那麼慘？為什麼幾個印度宗派接連失蹤？

要說明這兩件事，我們還是要繼續探究解脫的話題。王羲之在《蘭亭集序》中有名句：「生死亦大矣，豈不痛哉！」這句話道出了「生死事大」，再次印證了中國人渴望解脫，卻也引出了一個追問：是生的解脫，還是死的解脫？

我以為，相對於印度人的樂觀而不現實，中華民族是樂觀且現實的；兩個民族都堅信能夠解脫，只是著眼點不同。

一般的說法是，「印度人追求死的解脫，中國人追求生的解脫」。這句話有一定道理。

印度人講梵我合一，是把「我」合併到「梵」那裡去。在印度人看來，這個世界是暫時的、不確定的；西方淨土是永恆的、確定的。寧可捨今生為來世，捨來世為淨土。結果是，印度文化把想像力放到了「死」。我們中國人講天人合一，是把「天」合到「人」這裡。在中國人看來，這個世界是可知的、確定的；西方世界是不可知的、不確定的。對所有形而上的東西，我們非要拉到「形而下」不可，結果是中國文化把想像力放到了「生」。

「生」字與生命相聯。《易經》講「生生不息」，「天地之大德曰生」。具體到人的生命，說得好聽點，就是珍惜；說得難聽點，就是好死不如賴活著。

「生」字又與生活相關。所謂人生四大樂事：久旱逢甘霖，他鄉遇故知，洞房花燭夜，金榜題名時。這有多眷戀世俗？「大夢誰先覺？平生我自知，草堂春睡足，窗外日遲遲」，這哪有厭離之意？

顯然，中國人為解脫新增了一個條款：今生！

話說回來，中國人也沒放棄之前的條款：死後！一般認為，中國人不願意談宗教，中國自古沒宗教。只是我以為，中國人不願意談宗教，不表示中國人缺乏信仰情結；中國早期政治缺乏宗教，不表示中國古人不需要信仰。相反，這種情

結自古就有，還不是促生的，而是天生的，證據如下。

你看，《左傳》寫道：「國之大事，在祀與戎。」、「祀」即祭祀，這說明信仰是古代的國家大事。

再看，我們古代的中國人常講「家裡不能斷了香火」，這前提是祖先在天有靈，否則的話，請問香火為誰而燒？每年清明祭祖，請問祖先在哪裡？沒人會向灰塵行禮吧。這說明信仰是家族大事。

除了祭祖，古代中國人還祭天，所謂「人在做，天在看」。中國人還信「命」，所謂命中注定。這些冥冥中的力量，天、命、靈，已經成為我們中華文化的集體潛意識，融為我們骨髓中的信仰情結。

在中國古代兩千年的歷史上，不信不是傳統，信仰才是傳統！

看來，一般的說法「印度人追求死的解脫，中國人追求生的解脫」太小看中國人的格局了。印度人是老老實實地二選一，我們中國人是二選二！先把這輩子過好，再爭取下輩子更好，最好還能成仙成佛。「全選」才顯示出我們中國人最大程度的樂觀！

這就解釋了「巧合」之二：印度特色的佛教派別初到中國都「上吐下瀉」。按說它們傳來的是「真經」，可問題恰恰出在「真經」二字。這就好像英國車出口到中國，上路卻發現方向盤的位置不對。又好像中國空調出口到美國，啟動時卻發現電壓不符合美國標準。佛禪剛傳到中國時，就是這種情況。

｜梁武帝與佛陀｜

為證明中、印解脫觀不同，請允許我比較一下歷史上有名的兩位佛教徒：印度的佛陀與中國的梁武帝。估計大多數佛教徒的反應是這樣的：什麼？一個聖者，一個 loser（失敗者），哪來的可比性？這正是我想指出的問題所在：他們之間的可比性不要太大。

第一，兩人都是王族。佛陀只是太子，梁武帝可是梁朝的開國之君，在位

達四十多年之久。如果晚年能光榮退休的話，他應該會被載入中國歷史上的明君史冊。要說出身，其實梁武帝略勝。

第二，兩人都有強烈的宗教信仰。佛陀創立了佛教，而梁武帝生前信佛虔誠、捨身寺院、遍地造塔、生活節儉、守持戒律，是難得的自律的佛門皇帝。要說貢獻，佛陀勝出。

第三，兩人都經歷了亡國之難。佛陀晚年也曾經歷僧團分裂、祖國滅亡、弟子慘死的打擊。梁武帝的故事則更曲折：他被叛將侯景圍困，活活餓死，更不用提國家陷於混亂，百姓流離失所。反佛人士常用這件事來抨擊佛教，而佛教人士常常辯解說，梁武帝的慘死與佛教無關，理由是：從梁武帝與達摩的對話可以看出，梁武帝貌似虔誠信佛，實際未得佛法的真諦。

反佛人士常用後面這件事來抨擊佛教，而禪宗人士則辯解說：從梁武帝與達摩的對話可以看出，梁武帝貌似虔誠信佛，實際未得佛法的真諦。只是，這種說法安撫內部尚可，對外則顯得乏力。外部的反駁通常是：

其一，梁武帝與達摩的公案出自禪宗文獻，而非正史。用自己的公案來證明自己的論點，說服力自然有限。

其二，佛教中本來就存在「空有之爭」，達摩的說法偏「空」，梁武帝的說法偏「有」，兩人只是派別不同罷了，不能說達摩全對，梁武帝全錯。

其三，就算退一步以達摩的意見為準，他認為梁武帝修廟造寺毫無功德，按照空宗的意思，無為法算功德、有為法只算福德，那福德也應該有好報才對啊？可惜，沒有。

我以為，以另一個角度替佛教和梁武帝辯護更好些：佛教與梁武帝的死或有關或無關，都不表示有問題。如此想想就釋然了：佛陀何嘗不是釋迦國的「梁武」太子？他帶著八王子出家，與釋迦族的亡國之災，同樣脫不了關係！不用說他們兩人，關羽敗走麥城、拿破崙遭遇滑鐵盧戰役、凱撒被亂刀刺死、耶穌被釘上十字架，英雄的結局往往悲壯。我們不能以成敗論英雄。

於是，可比性不是問題，結局也不是問題，脫鉤也沒有可能。那該如何解釋人們的態度呢？佛陀被景仰、梁武帝被鄙夷，我以為，不過是因為中印文化對解脫的定義不同罷了。

印度視來世解脫為成功。假設梁武帝生在印度的話，那他造了善業，沒造惡業，即使國破、人亡，也算正果。佛陀在前世不是曾捨身飼虎、割肉餵鷹嗎？那麼梁武帝「捨身飼禪院」、「割肉餵侯景」有何不同？對印度人而言，他這一輩子是值得的。

可我們中國人絕不能接受這種說法。梁武帝要在中國解脫，就必須把今生今世過好才行。他的情況還非特例，隋文帝、隋煬帝兩代崇佛，建寺院三千餘所。隋朝卻被視為短命王朝，隋煬帝更被當作暴君的典型，他們都有待正名！

終極目標

既然雙方合作得十分勉強，那終止合作不就行了嗎？不行。中國本土學說在終極性方面先天不足，因此還不能把進口產品拒之門外。

如果你問：佛教進入之前，中國人不是活得好好的嗎？問得好。很多東西都是這樣的，沒用之前可以，一旦用過就離不開了。比如我們的祖先世代步行，可有了公車、地鐵、汽車後，再長途步行我們就會抓狂。又比如，小時候家裡本來沒空調也沒問題，可用慣空調後，誰還能回到「火爐」的時代？類似地，終極性即使之前不是硬需求，一旦老百姓知道了它的存在，就變成了硬需求。

至於終極性重要在哪裡，我要把它分為兩部分講：終極目標和終極力量。

所謂終極目標，很簡單，就是你的生命有來世或永生──有今生之外的目標。

在今天的科學時代，我們當然質疑終極目標是否真的存在。唯物論者會以為

這個問題很致命，其實，這個問題從來無解。我以為，哪怕最堅定的宗教信徒的心中也曾有過疑問：真的存在另一個世界嗎？反之，哪怕最沒宗教情結的科學家的腦海中也會閃過一絲疑惑：真不存在另一個世界嗎？因此，這個問題的答案完全取決於你信，或者不信。

別忘了，中華民族是現實而樂觀的民族，有來生的希望總比無希望好。對大多數中國人來講，寧可信其有，不願信其無。皇帝這麼想，普通人也這麼想。

中國歷史上的皇帝大多都有宗教信仰，問題不是信不信，而是信哪種。最常見的情況是什麼都信，相反，什麼都不信的皇帝好像未見記載。皇帝都自稱什麼？天子。那總不可能否認「天」吧。再看看明清的聖旨以什麼開頭：「奉天承運，皇帝詔曰。」這就更明確了「天」的主宰。

對普通人來講，少了維護正統的必要，反倒更關心故事是否可信。正是在這點上，佛教顯示出對本土學說的極大優勢。

要知道，中國本土學說也有模糊的終極目標，但它們模糊到不太可信的程度。

天：各派學說都不否認「天」，甚至以「天」為自己的依據。儒家講天命，墨家講天志，道家講天道，只是，天命、天志、天道如何運行？不清楚。

命：「生死有命，富貴在天」，命運取決於「天人感應」、「天人合一」。從皇帝到百姓都想知道：天人之間如何感應，怎麼合一？不清楚。

靈：中國人本來就相信「在天之靈」，《易經》、《孝經》都承認祖先崇拜。可祖先的在天之靈在哪裡？去哪裡？還回不回來？不清楚。

道：道家對宇宙本源的描述是，「有物混成，先天地生，寂兮寥兮，獨立而不改，周行而不殆，可以為天下母。吾不知其名，字之曰道」。總之，它混沌，我不知。

在模糊之餘，中國的本土學說往往還自相矛盾。比如，儒家祭祀，卻不講鬼神；墨家講鬼神，卻反對祭祀；道家與道教都信奉老子，但道家強調順應自然，道教卻違反自然規律地追求長生不老。正是由於終極目標的模糊與矛盾，儒家、墨家、道家是不是宗教在今天仍爭議很大。

相比之下，佛教對終極世界的描述，則具體而圓融——

在空間上，佛教描述的世界是近乎無限的，每一千個世界為一小千世界，每一千個小千世界為一中千世界，每一千個中千世界為一大千世界。通常講的三千大千世界，數量並非三千，而是一千的三次方，即十億個世界。每個世界包含自己的日、月、四洲、九山、八海。我們處於這十億個世界中的某一世界的某一洲的某一角落。而且，空間之外還有佛國淨土。

在時間上，佛教描述的時間是無限的，世界經歷成、住、壞、空以及無數劫的輪迴，而人也要經歷過去、現在、未來以及無數世的輪迴。我們的生命不過是漫漫時間長河中的片段，在每個片段中，我們還呈現出六種不同的形態。而且，時間之外還有佛的永恆。

如此景象，宏大而細微，躍然眼前，讓理性的中國人信中有疑、疑中有信。

當然，不是沒有反對的聲音。中國古代也有唯物論。範縝著《神滅論》，王充著《論衡》，韓愈著《原道》，只是他們都提不出什麼論據。

比如，韓愈反對佛教的理由是佛教不在道統之內：「何道也？……堯以是傳之舜，舜以是傳之禹，禹以是傳之湯，湯以是傳之文、武、周公，文、武、周公傳之孔子，孔子傳之孟軻，軻之死，不得其傳焉。」這算什麼邏輯？堯、舜、孔、孟不知有「道」，那麼「道」就不存在了嗎？幾百年前歐亞大陸的人們不知道美洲，那麼美洲就不存在了嗎？從佛教的立場完全可以反駁說：儒家指的是世俗之道，當然不知道世外之道！

正是由於道統說的無力，即使在當時，這些中國古代的唯物主義者們也影響甚微。

終極力量

終極目標明顯卻遙遠，而終極力量近卻不明顯。你會好奇：如此遙遠的來世目標，怎麼會對現在做的事情產生力量呢？

德國作家萊辛有名言：「理解與信仰之間存在著一條醜陋、寬闊的鴻溝，無論我多麼頻繁、多麼熱切地努力，就是無法逾越它。」[5] 心裡想一套、嘴上說一

套容易，嘴上說一套、行動上做一套容易，反之則是一個世界性的難題：心、知、行如何才能合一？

西方的方法是靠上帝監督。可由於中國文化中的終極性太模糊，說是靠天監督，最終還要人來監督：一曰道德，二曰律法。

儒家講「有為」，落實到行動就是道德。道家講「無為」，落實到行動就是律法。遺憾的是，道德的力量，即使在和平的現代都不夠。而律法的力量，即使在和平的年代足夠，在戰爭年代也完全失效。於是，幾千年來，我們這麼聰明的民族總寄希望於道德、律法，卻每每感歎其蒼白無力。

道德的另一個問題是總以口號的形式出現，卻反差太大。比如，「知行合一」本身就是口號。朱熹說：「學之之博，未若知之之要；知之之要，未若行之之實。」王陽明更直接，挑明要「知行合一」，以至於這句話到今天還很時尚，比之前還時尚。遺憾的是，「知」是可以裝出來的，「行」也是可以裝出來的，甚至連「知行合一」都是可以裝出來的。可到了生死關頭，裝都裝不出來了，這就形成了反差。歷代的帝王都天真地希望臣子們嘴裡講的「忠誠」能兌現，可太平時期貪官都那麼多，這又形成了反差。口號解決了表面的問題，卻掩蓋了問題的本質。

難道還有超道德、超法律的力量嗎？

我也不太清楚，但如果有的話，估計也只有信仰的力量。人可以欺騙別人，但無法欺騙上帝；可以欺騙今生，但無法欺騙來世。這就是終極目標帶來的終極力量。

佛教中有個故事，說白居易請教鳥巢禪師「佛法大意」，鳥巢禪師回答：「諸惡莫作，眾善奉行。」白居易問：「這不是三歲小孩都知道的道理嗎？」鳥巢禪師回答：「三歲小孩都知道，但八十歲老翁都做不到啊！」我以為這不過是人的本性：要做到心、口、行一致，三歲以下的小朋友沒問題，但三歲以上的人，真需要信仰的力量才可做到。

| 降將何其多 |

作為終極力量重要性的佐證，讓我們再來看看中國歷史上一種惱人的現象：明末的降將為什麼那麼多？

之所以這樣問，還是因為「反差」二字。我們不會抱怨元末、清末，因為那時外族統治，不好界定愛國還是叛國。我們也不能抱怨宋末，因為那時蒙古人軍事力量太強，橫掃歐亞大陸。我們更不會怪秦、漢、隋、唐，因為那時我們以橫掃別人為主。可明末的情況很特殊：明朝的軍事實力很強，滅亡幾十年前還曾出兵挽救過朝鮮，可短短幾十年後，清兵入關如風捲殘雲一般，二十萬女真人征服了一億漢人。很大程度靠的是降將。看看下面的名單：

洪承疇，明進士，清第一任漢人宰相；吳三桂，明平西伯，引清軍入關；

孫之獬，明進士，上奏新朝讓漢人皆剃頭留辮；錢謙益，明進士，信奉朱熹的東林黨領袖，新朝後帶頭留辮；孔有德、尚可喜，率明朝重火器部隊向清兵投降；孔衍植，孔子第六十四世孫，明衍聖公，在順治登基第二天進表稱臣；魏藻德、陳演，明內閣首輔，在李自成進北京後主動拜見求官。上述，包括武將在內，都是經過科舉考試出來的。那就更令人髮指了：明朝的官員高唱著「君君臣臣父父子子」，為什麼臨危就換了君和父了呢？明儒還說「滿街都是聖人」，為什麼皇帝臨危，滿街都是漢奸了呢？

當然，不能否認，也有史可法、黃宗羲、顧炎武這些仁人志士，對他們我由衷欽佩。可是這類人應該有更多才對，即使按照隨機概率也該更高吧？不，漢奸絕對比忠臣多，降將絕對比戰將多。更可氣的是，那些開戰後的漢奸都是戰前的忠臣，戰後的膽小鬼都是戰前的勇士！這再次證明：無信仰的道德教育，難免大打折扣。

如果你反問：明末的佛教為什麼沒發揮信仰的力量呢？很好，你已經學會了「以子之矛攻子之盾」這招。本書後面會講到，那時的佛教已經被「合

一」了，就像矛與盾被捆綁在一起，功能全廢！

　　馮友蘭曾說：「『宇宙心』是印度佛教對中國哲學的一大貢獻。在佛教傳入中國以前，中國哲學只講『人心』，卻沒有『宇宙心』。道家所講的『道』，按老子給它的解釋，說它『玄而又玄』，它還不成為宇宙之心。」[6] 這種「宇宙心」的意義在於，它提供了一種比倫理道德更高的價值。

　　這就解釋了「巧合」之三：剛來時水土不服的佛禪，居然能堅持下去，堅持到宋朝，還堅持到了今天。那不是因為外來的和尚好念經，而是因為中國太需要那本經——真經不好讀也要堅持讀。這就好像一位中國用戶太愛車了，太需要車來代步了，因此，即使發現英國車方向盤在右邊也沒把車扔掉，而是勉勉強強地坐在右邊的駕駛座開。當然，勉強是不長久的，這就預示著：中國佛禪即將開始絕地反擊！

儒、釋、道三家
的較量

說明：這部分僅為對禪宗有強烈興趣的人士準備，可讀可不讀。

作為終極目標的例證，讓我們看看中國歷史上的一種奇怪現象：儒壓不倒道，道壓不倒佛。

無疑，儒、釋、道作為中國文化的三支主流都很成功，否則的話，它們就不會生存至今。關於三家的優勢，我從天時、地利、人和三方面分析如下。

——天時，我指的是正統性。自漢朝董仲舒宣導「獨尊儒術」以來，儒家就成了中國文化的正統。儒家入世，也確實對社會意義最大。因此，這一項是儒家的優勢，道、佛的劣勢。

——地利，我指的是本土性。儒、道兩家作為華夏學說，出現較早，具備政治上的先天優勢。而佛教作為外來宗教，遲到一步，存在政治上的先天劣勢。這一項是儒、道的優勢，佛教的劣勢。

——人和，我指的是士大夫群體。中國的士大夫都學儒家的學說，後來科舉考試的內容全是儒家的經典，這就造成了中國政治的中間階層都是儒生。在這一項上，儒家又占據了優勢，道、佛遠遠不及。

這樣看來，儒家的成功並不奇怪，它占盡了天時、地利、人和三項優勢。奇怪的是，另外兩家也沒消亡，還生存得很好。

首先是道家。

儒家作為正統勢力，理應壓過道家，卻沒壓住。中國皇帝帶頭偷偷信，「凡

當撥亂反正的時代，必定需用道家學術的領導，到了天下太平，便『內用黃老，外示儒術』」[7]。士大夫們也跟風，一旦失意，就立即開始談玄說道。老百姓就更別提了，普遍相信氣功之類的養生之道。

究其原因，皇帝希望長生不老，士大夫希望有心靈寄託，老百姓希望延年益壽，這是道家的生命力所在。結果道家對儒家形成了衝擊：儒家講的是經世之道、倫理之學，齊家、治國、平天下都是社會的事；道家講自然之道、養身之術，自然、養生才與個體息息相關。社會的事情可管可不管，而身體的事情必須管；社會的事還要看有沒有機會管，而身體的事自己可以管。

在「儒壓不住道」的背後，暗示出人們心中有一桿秤：個體大於集體。

再看佛教。

儒、道作為本土勢力理應壓過佛教，又沒壓住。

南北朝的高僧釋道安曾比較佛、道兩家：「佛法以有生為空幻，故忘身以濟物；道法以吾我為真實，故服餌以養生。」就是說，你要追求空幻就學佛，你要追求養生就學道。

吳越王錢俶在為《宗鏡錄》作序時，曾為三家排序：儒，吾之師也；道，儒之師也；佛，道之宗也。就是說，佛比道根本，道比儒根本。

究其原因，佛教帶來了本土文化所沒有的東西：永恆。結果它又對儒、道形成衝擊：儒家講入世、垂功名，目標是內聖外王；道家講出世、求長生，目標是延年益壽；可入世也好，出世也好，這裡的「世」都只是「世間法」，而佛教講「出世間法」。聖人總要死的，佛則不生不滅。這就是追求出世間的道理。在佛教引入前，中國人關注點在世俗，理想是「成聖」，而佛教的進入，把人們的關注點轉向了永恆，把理想拔到了「成佛」的高度！

儒家屬於世間法，這沒問題，但道家算不算出世間呢？嚴格地講，不算，道家出世，卻並沒有出世間。事實是，道與儒在「世間」這點上並無差別。季羨林先生在《談佛論道》一文中分析：「從這個『道』字可以看出來，中國這個宗教要解決的是現實的問題、今世的問題，不是神話的問題、來世的問題。道家這種

精神，同儒家精神是完全一致的。孔子說，未知生，焉知死！莊子說，六合之外，君子存而不論。這是中國一脈相承的不可知論。」我們還可以從另一個角度審視，《易經》作為中國哲學的源頭，為中國古代的宇宙下了個定義：「仰以觀於天文，俯以察於地理。」那天文、地理之外呢？答案是：「易與天地準。」也就是說，中國古代的哲學傳統從未超出過「天地」的範疇。

在「道壓不住佛」的背後，是人們心中的另一桿秤：永恆大於現實。

在儒、釋、道三家中，佛教一無天時——人正統性，二無地利——人本土性，三無人和——科舉制度的保障，卻在與中國本土文化的競爭中生存了下來。這一歷史事實本身就證明了終極目標的作用。

第十一章

盛世興教，
禪宗發展了起來

我們接著第九章的歷史講。唐朝初年的中國佛教，不僅有自我變革的動力，還面臨壓力——來自儒、道的猛烈抨擊。

坐在本土文化第一把交椅上的儒家，對佛教的指責，集中在佛教「不在世間」的種種表現：

一是忠的問題。《涅槃經》中有明確說明：「出家人不應禮敬在家人。」在家人自然包括皇帝。南北朝時期的高僧慧遠還著有《沙門不敬王者論》。這被指責為違反了統治的秩序，所謂「君君臣臣父父子子」。

二是孝的問題。《梵網經》為僧侶制定的戒律包括不禮拜父母、不敬六親、不拜鬼神。更不用提「出家」按定義就必須放棄贍養父母與繁衍後代的責任。這被指責為違反了《孝經》的教導：孝者，德之本，天之經，地之義，民之行。

三是勞作的問題。佛教的戒律禁止勞作，不是可以選擇勞作或不勞作，而是一生產就犯戒，一煮飯就犯戒，一積蓄糧食也犯戒！這被指責違反了《易經》的生活態度：天行健，君子以自強不息。不勞作還引發遊民擾民、財政流失、兵員流失等一系列社會問題。

儒家的上述指責可謂一舉兩得，既貶低佛教「不在世間」，又反襯出自己「在世間」：儒家宣導忠是為了國，宣導孝是為了家，宣導自強是為自己。

坐在本土文化第二把交椅上的道家，與佛教的競爭倒不在教理上，而在爭奪相似的用戶上。打個比方，我們到商店買藥，旁邊的人說「這藥沒用」是抨擊，而旁邊的人說「我有類似的藥」則更可怕。道教說太上老君與如來佛祖雖相似，

只是一個本土的，一個外來的；又編造神話故事，顯示自己功力更高。故事說，老子出函谷關後去印度教化了佛陀。更離奇的版本說，老子就是佛陀。從年齡上看，老子熬不了那麼久；從地理距離上看，連牛都很難走到印度，更不用說語言的障礙。「老子化胡」的故事很有創意，但並不現實。

結果是，中國歷史上的四次大型滅佛事件，儘管主要原因在政治、經濟的考慮，但其中兩次背後有道教的鼓動——尊道滅佛，另兩次背後有儒家的鼓動——尊儒抑佛。由此可見佛教所面臨的文化壓力。

順帶回答這個問題：為什麼佛教在東南亞基本保持了兩千多年前佛教的原貌，而在中國則必須改變？

按說，東南亞國家也有解脫目標的調整，佛教在那個地區也該適應才對。可事實是，南傳佛教在東南亞等地流傳至今，沒被當地文化改變，卻改變了當地文化。原因在於，當地不存在足以與佛教競爭的系統的本土思想，這就好像鄉村裡只有一位合格教師，統治者沒其他選擇，大眾也沒其他選擇，只有虛心聽講的份——讓步的只能是當地文化。

而中國的不同就在於，在佛教進入時，必須面對十分強勢的本土競爭。這就好像一位老師去鄉下講課，遇到同行挑錯、學生起哄的狀況，他們還帶著口音挑錯、起哄。統治者有比較，大眾也有比較，在相同的條件下，都優選鄉音——讓步的只能是佛教。

結果是，今天國際上不存在東南亞佛教是否正統的爭議，因為它從沒被「東南亞化」過；相反，卻存在著中國佛教是否正統的質疑，因為它被「中國化」了。作為那些起哄者的後裔，我們有義務回應這一質疑。

盛世興教：「佛法在世間」的運動

在上述動力和壓力下，唐初這次佛教變革，不出意外，以「**佛法在世間**」為主題。中國人不是喜歡入世嗎？那好，佛法不在天邊，就在各位身邊！今天人們會以為這是禪宗的口號，其實在當時，求變的中國佛教宗派都這麼講。

i. 中國式解釋的出現

　　最容易完成的一步是對經典的重新詮釋，即從印度佛經中「挑出」佛教的世俗性。你們看看，儒、佛其實相通：

　　——儒家講仁愛，佛家講慈悲；

　　——儒家講禮儀，佛家講五戒；

　　——儒家講中庸，佛家講中道；

　　——儒家講人人皆可為堯舜，佛家講人人皆有佛性。

　　再看看，道、佛其實相似：

　　——道家講無，佛家講空；

　　——道家講出世，佛家講厭離；

　　——道家講守拙，佛家講不爭；

　　——道家講吐納，佛家講禪坐。

　　而且，儒、道、佛都講「報應」。《易經》中有「積善之家必有餘慶，積不善之家必有餘殃」的說法，這裡報應的主體是家庭。而佛家則細化為個人，佛教的《妙法聖念處經》寫道：「業果善不善，所作受決定，自作自纏縛，如蠶等無異。」這不是對報應主體的進一步完善嗎？

ii. 中國式戒律的出現

　　稍有難度的改革要求對規則重新解釋。前面提到，印度佛教高度重視戒律。《佛遺教經》中規定：不能進行貿易，不能安置田產，不得畜養奴隸，不得占卜，不能結交權貴，不能親近人而態度不莊重。此外，印度佛教戒律總共有兩百五十種之多，規定了乞食、淨身，甚至赤腳、露肩、禁止生產、炊事等細節。到了印度大乘佛教時期，戒律鬆弛只體現在執行上，條款並未變動。印度人還撂下狠話：沒有戒律，任何善法都是空話。

　　遺憾的是，印度的戒律大多在中國執行不下去。首先，其著裝習慣，如赤腳、袒肩等，不適應中國的寒冷氣候。並且，其禁止生產、禁止炊事、只能乞食等規定，不適合中國的多山地形。如果住在大山裡，誰能每天出來乞討？如果你

要穿越湖北省神農架，如不犯戒，就得餓死！

於是，中國的宗派不得不刪減戒律。為了區別，中國僧侶把印度戒律稱為「小乘戒」，把中國戒律稱為「大乘戒」或「菩薩戒」——聽起來好像是由印度大乘傳來的，其實是挑選過的，即從《梵網經》揀選出十重戒、四十八輕戒，數量上縮減到原來的近四分之一。依據是延續印度大乘的方向，把外在的行為變為內心意向——只要你有一顆自覺、覺他的心就行。中國經典《大乘無生方便門》中說：「菩薩戒是持心戒，以佛性為戒……持護心不起，即順佛性，是持菩薩戒。」於是後來有了「酒肉穿腸過，佛祖心中留」的說法，以及濟公與魯智深的故事。

經過挑選和內化，之前禁止尊王、盡孝、勞作的條款都沒入選中國的「菩薩戒」，於是它們都變為合規了。比如著有《沙門不敬王者論》的慧遠強調，僧人不敬國王不等於不忠不孝，僧人應該為國家百姓祈福。而慧遠的老師道安則強調：不依國主，則法事難立。到了唐朝，僧人自律為「恩則孝養父母，義則上下相憐」（《壇經》）。再加上唐朝後出家需要政府批准，上述戒律的改革，逐漸讓忠、孝、勞作等衝突緩解了下來。可見戒律對一個宗教組織的生命力多麼重要，它絕對不僅僅是宗教的內部事務。

iii. 中國式經典的出現

對這次運動來講，最重要的任務，當然是要找出「佛法在世間」的理論依據。

按說依據可以追溯到佛陀。他在開悟後曾感悟：「奇哉！奇哉！大地眾生，皆有如來智慧德相。」這不是說佛法在世間嗎？

按說依據還可以追溯到大乘佛教的祖師龍樹大師，他的《中論》指出：「涅槃與世間，無有少分別。」這不是說世俗世界與神聖世界已經合為一體了嗎？

遺憾的是，印度佛教並沒提供佛法與世間之間的轉化機制。世間是雜染的，佛法是清淨的，那麼，後者如何能在前者中？前者又如何能在後者中？以印度人「兩個世界」的模型，要麼根本無法轉換，要麼轉換得太慢，要麼轉換得過於虛

幻，在中國人看來，都等於沒解釋。

這就需要中國智慧了。

《大乘起信論》，據說是古印度的馬鳴菩薩所著，來華僧人真諦翻譯。經過學界近代的考據與爭論，中國學者梁啟超、呂澂及日本學者望月信亨等均推測，這部經論為中國所造：作者不是中國人就是在中國的印度人。牟宗三先生進一步猜測，那位在中國的印度人，正是翻譯者真諦自己〔8〕。

至於推測《大乘起信論》為中國造的理由，一是它在印度沒有對應的梵文本；二是它的內容與馬鳴的生活時代不匹配；三是梁啟超給出的最直觀的理由，說該經中文太流暢，不像譯文。其實，在中國廣為流傳的《圓覺經》、《楞嚴經》也屬於類似的情況：它們在印度都找不到梵文本，而且其中文翻譯版都無比流暢。因此也都被認為是中國人所造的經典。

請注意，「中國造」並不是貶義詞。梁啟超指出，《大乘起信論》是佛學理論的巔峰之作⑦，並深為它的中國出身所感動。印順法師也在《大乘起信論講記》中評價：印度人傳來的不一定都是好的，中國人做的不一定就錯。

只是，如此之高的評價，依據何在呢？《大乘起信論》的核心在於「一心二門」說。顧名思義，心就像一個房間，左邊有一扇門，右邊有一扇門；左門通向雜染的心的生滅，右門通向清淨的心的本體。你看，短短幾句話，就把「佛法與世間」的難題解開了。

「一心」指出了轉化的位置。這秉承了印度佛經中「一切唯心造」的觀點。《大乘起信論》引申為「心生則種種法生，心滅則種種法滅」。世俗界和神聖界，看似分離的兩個世界，全歸於「心」。

「二門」指出了轉化的機制。心體與心用、真如與生滅、動與靜、清淨與雜染之間，如同旋轉門般轉換。《大乘起信論》用海與浪做比喻：心體如海，是靜的；心用如浪，是動的，刮北風它就往南動，刮南風它就往北動。而動靜間的轉化，就像浪回到大海一般。

如此通俗易懂的模型，估計只有中國人才能想出。

但注意，中國模型並不是另起爐灶，而是對印度經典重新理解——仍然依據因緣法！事實上，中國的佛弟子最忌諱給人另起爐灶的感覺，所以他們才把自己寫的經典假託印度人的名字，以此表示正統。其動機在於延續印度人的「爐灶」。

中國佛教的第一次洗牌

「佛法在世間」運動的結果是，中國佛教界迎來了第一次大洗牌。第九章已經講了洗牌中被淘汰的一半宗派，現在補上活得好好的另一半。

初唐形成的中國佛教十宗，基本可以分為兩類：

一類是印度色彩明顯的宗派，包括俱舍宗、成實宗、三論宗、法相宗、律宗、密宗。它們在印度有非常類似的流派，仿佛印度佛教在中國設立了支部。它們堅守出離世間的理想，拒絕「世間化」，結果成立不久，就沉寂下去了。

另一類是中國色彩明顯的宗派，包括華嚴宗、天台宗、淨土宗。它們在印度幾乎找不到類似的派別，祖師就是中國人，總部就在中國。「世間派」們順應本土文化，因此發展了起來。

禪宗屬於這次運動中唯一轉換陣營的一支：之前屬於印度陣營，現在它跑到了中國陣營。

如果你問幾家「世間派」之間的差別何在，此處僅僅談與我們主題直接相關的一點：佛法究竟在「世間」的何處。

——禪宗講禪定，因此佛法在心中。

——華嚴宗講圓融無礙，因此佛法在一切中。

——天台宗講無情也有情，因此佛法在自然中。

——淨土宗講念佛，因此佛法在佛號中。淨土宗信西方淨土不假，但你要念佛才能去那兒，因此這個「念」的動作在世間。而且嚴格地講，光嘴念還不行，還要心念——要全神貫注地「在世間」念才行。

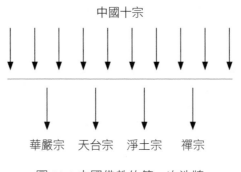

中國十宗

華嚴宗　天台宗　淨土宗　禪宗

圖 11-1 中國佛教的第一次洗牌

　　經過這次運動，佛教才在中國發展起來。請注意，之前佛教進入中國不等於發展起來，並且也算不上奇蹟。同佛教一樣，摩尼教、基督教、伊斯蘭教也都進入了中國；可與佛教不同的是，它們始終是外來文化，從未被中國全面、長期接受。因此，佛教成為中國文化的一部分，這才算奇蹟。

　　要理解上述結果的不同，我們不妨比較兩點：不同的宗教能否被改造，以及是否願意被改造。

　　以天主教進入中國為例。它在進入中國時，曾贏得相當多高層的讚賞，有士大夫支持，也有皇族支持，甚至康熙皇帝本人也不反對。只是，天主教作為一神教禁止對其他任何偶像的崇拜，導致羅馬教廷要求中國教徒停止祖先崇拜，又趕上自號圓明居士的雍正皇帝頒布詔令禁止西方宗教的傳播。顯然，部分原因在於天主教的教義不能改變，天主教的教會也不願意為中國改變。

　　而佛教的不同在於，從印度佛教的後期開始，佛教就分為三大流派，從而開啟了因地制宜、因時制宜的習慣。這個習慣對於思想來說不算什麼，可對宗教來講則十分罕見。走出印度的佛教延續了這種習慣，既願意為當地改變，也能夠為當地改變——儘管改變是有底線的。這個底線就是法義不變。佛教在中國無疑受到了儒、道文化的影響，但法義除外。相反，如果各位以為，佛教的中國化僅僅是按照中國人的要求改變，那就太小看中國的高僧們了。別忘了，他們是中國人，更是佛弟子。如果只按著中國人的要求來改變，那不把信仰變成了「萬金油」嗎？他們的難題在於，如何才能改得得體：既合本土需求，又保持佛教精

髓。

比如說，儒家講要成為聖人，佛教順著講多好啊？道家講長生不老，佛教順著講多好啊？不。佛教的基本世界觀是輪迴與跳出輪迴，如果這點妥協了，那就不再具備超越世俗的力量了，也不再是佛教了。

也不妨反過來審視這個問題：佛教在中國化中，提出過什麼新的法義嗎？我以為，基本為零。中國佛教界曾經爭論過的話題，報應、神滅、空有、頓漸等，印度佛教都已爭論過。中國人倒沒有原封不動地引進，而是按照中國人的習慣，先發起一次真理問題的大討論，然後挑選著用。這意味著，佛教中國化是做減法的過程，減到最後留下的，自然還是佛法。這就好像吃蘋果，吃剩下的自然是蘋果核，不可能吃出梨核。

禪宗也到了世間

在這次運動中，禪宗也完成了自己的「世間化」。不過它要適應的不是文化，而是習俗。

前面講了，達摩開局不利後，二祖和三祖帶著禪宗的法脈由北向南，由河南到湖北。他們印度式的流浪風格難容於中國禮教，以至於《法沖傳》中記載：「魏境文學，多不齒之。」可為什麼「不齒之」呢？要知道，「有家」在中國是件很重要的事，而有家的前提是有房、有積蓄——這件今天中國丈母娘都清楚的事，禪宗的祖師們悟了三代後才悟明白。

四祖：道信

道信，隋唐之交人。今天的湖北雙峰山仍能見到四祖寺。

道信在湖北的雙峰山開設禪院，收徒幾百人，講法三十餘年。禪宗的組織形式從此改為集體。

《楞伽師資記》記載，他「再敞禪門，宇內流布」。聽起來，好像是他振興了禪門，事實是，禪門在道信前從沒興盛過。

道信對禪宗的主要貢獻是結束了禪宗的流浪狀態，代之以固定道場。《傳法

寶紀》記載，他「擇地開居，營宇立象」，但這種道場又與印度佛教的城市道場不同，因為它建在山林之中。至今，中國的禪院大都建立在崇山峻嶺之間，就是沿用這一傳統。

從此，禪宗有了房。

五祖：弘忍

弘忍，唐初人。今天湖北黃梅東山（又名馮茂山）仍能見到五祖寺。道信的弟子弘忍在湖北黃梅的馮茂山開設道場，收徒上千人，以至於《傳法寶紀》中記載：「道俗受學者，天下十八九。」弘忍對禪宗的主要貢獻是結束了禪宗祖師代代單傳的習慣，代之以「分頭並弘」。自他起，禪宗的傳播途徑大增，傳播速度呈幾何級數翻倍。相傳他有十大弟子，均能獨立成派。其中有兩人對後世影響極大：神秀與惠能。兩人都被尊為「六祖」，而兩人都有弟子號稱「七祖」。也就是說，弘忍是最後一代「唯一的」祖師。

從此，禪宗有了積蓄——不是財富，而是人力。

經過五代的努力，禪宗終於有了房、人、家，從此擺脫了一窮二白的局面。它尚未成為第一，但動輒幾百人在山中習禪的陣勢，標誌著它已經進入了中國佛教的第一陣營。

禪宗崛起的原因

為什麼禪宗能在中國發展起來？我以為，原因在於「佛法在世間」的運動。通過讓佛教回到人間，禪宗、華嚴宗、天台宗、淨土宗滿足了中國人現實的解脫需求，而禪宗四祖和五祖正確地參加了這次運動，僅此而已。

不過還有另一種說法。范文瀾[8]、胡適[9]、季羨林[10]等都曾指出，禪宗在中國發展起來的原因在於中國人求簡求速。季羨林先生說：「禪宗的『放下屠刀，立地成佛』是最有名的，也是最簡便便宜的。禪宗流行的時間特別長，地域特別廣，難道是偶然的嗎？」[9]

我對這種說法表示質疑。敢這麼講，我自然有非常、非常、非常充分的理由。理由就在於當時發展起來的宗派不是一家，而是多家，至少包括禪宗、華嚴宗、天台宗、淨土宗。假設「求簡」關鍵的話，那華嚴宗、天台宗教義煩瑣，應該發展不起來才對；可它們也發展起來了，說明簡化不是關鍵。假設「求速」關鍵的話，那淨土宗的念佛比禪宗的禪定更快，更不用提華嚴、天台兩宗的修行煩瑣得很，可它們都發展得一樣好，說明快速也不是關鍵。

　　除發展起來的宗派，我還可以用「被」消失的宗派來反證。三論宗的教義既簡單又快速，如果這些是關鍵的話，那它應該發展起來才對，可由於其「空」得太徹底，它在這次運動中被淘汰了。這再次印證，簡單、快速不是關鍵。

　　總之，中國佛教在初唐發展起來，是多家宗派的事，不能僅僅說成禪宗一家的事；求簡、求速是普遍性的要求，不能僅僅說成中國的要求。

　　事實是，世界上的哪個民族不喜歡簡單、快速？但世界上哪個民族會因為方法的繁、慢而放棄解決解脫這麼重大的問題？這就是為什麼印度發明了簡單的0，卻不厭其「慢」地輪迴；日本人發明了快速的泡麵，卻不厭其「繁」地建廟；更不用提，埃及金字塔的形狀簡潔可工程耗力。對真正有信仰的人來講，信仰是不計成本的！

　　如果你問：大師們怎會出現這種疏忽呢？他們當然更懂歷史，並且假如沒有他們的智慧，那本書無異於無本之木、無源之水；但估計偷懶了吧，他們把歷史上的兩件事的原因並到了一起。

　　第一件事是中國佛教的第一次洗牌，禪宗與多家宗教並起，時間在隋朝到初唐。

　　第二件事是中國佛教的第二次洗牌，禪宗一家獨大，時間在晚唐到五代。

　　兩件事的發生相隔一百多年，前一件事的原因在於「世間」，與簡化無關，而後一件事的原因在於「滅佛」與「簡化」。

　　為了區別清楚，本書特意分出兩章、兩件事、兩種原因。咱們學禪，總要學點禪宗的精神，別盲目崇拜大師。

公平地講，大師們可能會回應我：「簡化」即便不是第一次洗牌的主因，也從那時起就開始了。我的回應是：簡化有大與小之分，如果以無關生死的簡化為小，以有關生死的簡化為大的話，那麼，後者還真沒開始呢。

姍姍來遲的祖師

講到這裡，中國部分已經進展了三分之一，中國禪宗思想的開創者還沒出現。何以見得？

禪語說：「一花開五葉，結果自然成。」這句話通常有兩種解釋，這裡先講第一種解釋：中國禪宗經歷五代之後，到惠能才成形。

第一代：南北朝達摩

第二代：南北朝慧可

第三代：隋代僧璨

第四代：隋唐道信

第五代：唐初弘忍

第六代：唐朝惠能　　　神秀　　　等十大弟子

圖 11-2 禪宗早期譜系

注意，在五代之後，禪宗出現了兩位六祖，北禪的神秀和南禪的惠能。現在人們所理解的禪宗，脫胎於惠能的南禪。

惠能出現得如此之晚，以至於讓人發問：他的出現有沒有必要？我只能說，假如沒有惠能的話，中國歷史上仍會有禪宗（因為禪宗已經在中國的土地上崛起），並且禪宗仍會繼續發展一段時間（因為北禪也會繼續發展一段時間），只是那樣的話，禪宗就不會有獨立的精神和獨大的局面。我提醒各位注意兩點：

至此，禪宗仍然沒有自己的經典。達摩是借用別宗的經典《楞伽經》為心印，不足之處，弘忍又借用《金剛經》補充。而惠能做了一件前五代祖師都沒有做的事，就是為禪宗寫出獨立的經典，這才讓禪宗有了自己的精神。

並且，雖然禪宗進入了中國佛教的主流，但一場難以預料的風暴將掀翻整個中國佛教，主流宗派無一倖免，唯有南禪倖存，因為它有了與眾不同的精神，才能與眾不同地存活下來。

如此看來，惠能賦予禪宗的精神就至關重要了。先透露一下，正是秉承了惠能禪的精神，我家阿姨生生把西式牛排做成了南京牛肉麵！

惠能之理，
不執著於理

六祖：惠能

惠能（約西元 638-713 年），大約唐高宗時期人。其傳奇一生，就是禪宗最大的公案。

i. 寒門而悟

惠能成長於廣東嶺南地區。他父親早亡，青年時以砍柴、打獵為生，在艱辛的生活中供養母親。一次，他到集市賣柴的時候聽到客人講「應無所住而生其心」，大悟佛法。於是他追問客人是從哪裡聽來的，聽客人說是從黃梅馮茂山弘忍大師那裡學來的，遂決心前往求學。又遇到好心人贊助銀兩，他在安頓母親後啟程前往湖北。

注：惠能已經開悟了，卻還沒遇到老師，這就埋下了一個伏筆，禪「悟」需不需要老師？

ii. 識法不識字

說惠能不識字，是依據他的自述。他在求法途中曾暫住在一位朋友家中，該朋友的親戚向他諮詢《涅槃經》。惠能答覆說，自己不識字，但懂法義。對方吃驚地問：「不識字怎麼可能懂佛法？」惠能回答：「諸佛妙理，非關文字。」這成了禪宗的一句名言。

注：與佛陀相比，惠能的文化水準差距太大。佛陀從小飽讀經書，因此覺悟不出意外，而惠能不識字，卻也殊途同歸。這就埋下另一個伏筆，禪「悟」需不

需要文字？

iii. 拜師淘米

　　估計古代的旅行不像現在這麼容易，惠能輾轉許久才到達湖北黃梅。趕上弘忍升堂時，惠能在眾人面前報上名頭。弘忍聽惠能介紹後開始發問：「你來這裡幹嘛？」

　　惠能答：「只為成佛。」語驚四座。

　　弘忍接著發問：「你是從偏遠地區來的南蠻，又是以打獵為生，怎麼成佛？」

　　惠能答：「人雖有南北，佛性本無南北。」再次語驚四座。

　　弘忍胡亂罵了幾句，既沒為他剃度出家，也沒讓他離開，而是讓他去廚房淘米。這一淘就是八個月。

　　注：惠能出身低下，而唐朝是個講究門第的朝代。比如，當時來華的大師鳩摩羅什、禪宗祖師菩提達摩均出身於王室，精通三藏經典。中國的高僧也大都是飽學、名門之士。另一個原因是當朝的皇帝崇佛，造成士人跟風習佛，以至於最優秀的知識分子不在儒家，而在佛界。王安石曾說：「成周三代之際，聖人多生吾儒中；兩漢以下，聖人多生佛中。」在這種大背景下，如何輪到一個南蠻來「成佛」？只是，這種人不出則已，一出就是天才！

iv. 弘忍印證

　　當時五祖已經是高齡之人，面臨接班人的選擇問題。於是，他讓弟子們寫出並貼出自己的體悟，供他來判斷。偌大一個禪院，居然很少有人敢把自己的體悟寫出來，即使有人寫也沒人敢張貼出來，唯有兩人除外：一是弘忍的大弟子兼「教授師」神秀，二是在廚房篩米的惠能。兩人的地位不能再懸殊了。

　　神秀的偈頌如下：

　　「身是菩提樹，心如明鏡台，時時勤拂拭，莫使惹塵埃。」

　　惠能聽到神秀的偈頌後，托人把自己的兩首偈頌寫到了神秀偈頌的旁邊。根

據敦煌本的《壇經》記載，惠能的兩首偈頌是：「菩提本無樹，明鏡亦非台，佛性常清淨，何處有塵埃」以及「心是菩提樹，身為明鏡台，明鏡本清淨，何處染塵埃」。

弘忍看到後，不動聲色，悄悄讓惠能夜裡三點到自己的房間，指認他已經悟道，為他講《金剛經》，傳袈裟為信物，並要求惠能連夜離開。

注：弘忍給大字不識的人傳法，既讓人大跌眼鏡，也讓人大開眼界。從大方向看，這是想像力大開的一步好棋。可從細節看，我以為，顯得不必要地倉促。

要知道，當時惠能連剃度都沒完成，而當時弘忍門下已經有數百上千人，在古時候算是有相當規模的「學校」了，其中還有「教授」多名。我們不妨想像一下，B 大學的校長要找一位接班人，學校中的教授、副教授、講師，他一個也沒看上，卻看上了學生餐廳的淘米工惠能！沒問題，算你慧眼識英雄！那正常的流程是，你應該逐步培養他。比如當即提升到辦公室，讓他刻苦自修，大會時不斷表揚。三個月後破格提為助教，再過三個月破格提為講師，再過三個月破格提為副教授，再過三個月破格提為教授，再過一年破格提為副校長。如果這時還沒被人檢舉不公的話，這一路破格提拔，才是穩妥的培養之道。可弘忍怎麼做的呢？他某天下午去學生餐廳視察，命令淘米工當夜到校長辦公室，授予他「學校大印」，並命令他潛逃。可想而知，第二天 B 大學的師生聽說後群情激憤：你校長把大印送走了，這學校還辦不辦？

最令人費解的就是這枚「學校大印」——袈裟。既然你弘忍要一支多傳，那要麼燒掉袈裟，要麼就做十件袈裟，而他立出了十位接班人卻只傳出一件袈裟！所幸在追趕袈裟的過程中沒出人命，否則的話，豈不為一件衣服斷了禪宗法脈！經過這場荒唐的折騰之後，惠能決心再不出示袈裟，改以《壇經》為信物！

v. 風動幡動

惠能一路逃到南方，北方的人一路跟蹤追趕。我以為，他們不是像南禪弟子描述的那樣想加害惠能，而只是想追回袈裟，繼續辦學罷了！

為了躲避，惠能不得不重拾老本行，在獵人隊伍中隱居多年[11]、別人吃肉，

他不吃，只吃鍋邊菜。多年後，他感覺事情平息了，便在某一日到廣州法性寺聽印宗法師講法。在會場上，惠能遇到兩個和尚爭論旗子為何飄動，一位說是風動，一位說是幡動。惠能插嘴說：「是兩位的心動。」效果與之前一樣，語驚四座。

印宗法師聽說這事後，詢問惠能是不是那位傳說中潛逃中的弘忍弟子，在確認其身分後，為惠能剃度，使其受戒，得以正式出家。

在之後的數十年中，惠能在南方廣收門徒，弘揚禪法。其中最大的一次講法活動由韶州刺史組織，共上萬人參加。禪宗的經典《壇經》就是根據這次講法的內容整理而來；惠能自己不識字，由其弟子法海記錄而成。

隨著惠能的名聲越來越大，武則天、唐中宗多次下詔讓惠能入宮，惠能都「不奉召」，只說「以言為貢」。惠能於七十六歲去世。

注：如此淡泊名利，識字的士大夫們都做不到，而不識字的惠能做到了，他的確是一位大悟之人。這就埋下了又一個伏筆：惠能到底「悟」出了什麼？

另類佛經

看完了惠能的生平，再來看看他的著作。該著作全名很長，叫《南宗頓教最上大乘摩訶般若波羅蜜經六祖惠能大師於韶州大梵寺施法壇經》。好在簡稱只有四個字，叫《六祖壇經》。再簡化，就叫《壇經》。除了這節外，本書中均用《壇經》來代表。下面我們來解讀下「六祖壇經」這四個字。

六祖：惠能本人。前面提到，南禪弟子奉惠能為六祖。他們明知北方還有一個六祖，理應謙虛地標明「惠能壇經」才對，可他們直接標注為「六祖出品」，這裡已經含了爭正統的意圖。

壇：講壇，即惠能在廣東韶州寶林寺講法的講壇。既然是講壇紀錄，它就是對話式的語錄體，區別於帶有格式韻律的官方行文。《論語》是最早的語錄體，而《六祖壇經》則為更通俗的語錄體。後者基本上就是唐朝人所說的白話文，甚至接近於今天的白話文，所以在這部分，我引用得多，轉譯得少。

經：佛經。在「六祖壇經」四個字中，「經」字最奇怪。我們知道，佛教經

典分為經、律、論三部分。「經」，如《金剛經》，一般指佛陀所說的話。「論」，如《大乘起信論》，一般指佛弟子的評論。也就是說，對佛陀所說的話與佛弟子所說的話，佛教界早已做了區分，從檔案名稱就能看出。那麼《六祖壇經》屬於哪種呢？按照規範，它應該叫「論」，卻偏偏叫「經」。

如果你說這是偽經，那也不對。「經」確實包括真經和偽經，顧名思義，真經是真實地由原作者所寫，偽經指冒用別人名字寫的經書。按照這個定義，《六祖壇經》絕對屬於真經：它並沒有冒用佛陀的名義，它用的就是原作者惠能的名義！它只是明顯不符合規範的真經！

這就好像你走進一個佛經專賣店，預期裡面擺放的產品都是「Buddha」牌的，卻發現有一款產品是「惠能」牌的。你想投訴它偽造，可它並沒有偽造，它是在理直氣壯地自創品牌，還暗示自創品牌同樣好，同樣算佛經。驚訝之餘，我們不禁要問：「惠能」牌哪裡來的勇氣？

惠能要求後世弟子以《六祖壇經》為約定，除了勇氣，還有現實的考慮。自達摩以來，禪宗傳法一直是實行含混不清的三軌制：以《楞伽經》、《金剛經》為心印，又以師徒「密付」為賦法，再以袈裟作為信物。只是各有各的麻煩：經典的麻煩在於《楞伽經》是大乘有宗的文獻，而《金剛經》是大乘空宗的文獻，均非禪宗專用且彼此矛盾；「密付」的麻煩在於其帶有神祕感的暗示無疑是對理性開倒車；袈裟的麻煩在於容易引起爭鬥，惠能本人深受其害！因此，惠能必須製造出一種新的約定——沒錯，禪宗的「新約」。《六祖壇經》公開透明，一舉三得！

順帶講下，這部中國式佛經也有它的難讀之處。由於出品較晚，它融合各種印度經典，而在這些經典中，有說佛性「有」的，有說佛性「空」的；有說世界是「染」的，有說世界是「淨」的；有說頓悟的，有說漸悟的。我們只能這樣理解：由於惠能不識字，所以他不執著於文字，禪宗最不喜歡咬文嚼字，所以對《壇經》的精神，我們只好「參」著悟！

至於本人「參悟」的結果，請各位先做個準備：不在袈裟，不在「空有」的

概念，不在「頓漸」的概念——這些都是只有讀書人才容易較真的概念。而大字不識的惠能，悟出的道理只會更簡單、最簡單！

萬法盡在自性

用一個詞來形容惠能的理，就是「**自性**」。

「自性」意思是自己的本性。這一概念由來已久，原始佛教中本來是「佛法常住」，《涅槃經》中演變成「佛性常住」，《楞嚴經》中變成「妙真如性」，《華嚴經》中變成了「一真法界」，《勝鬘經》中變成了「自性清淨藏」，《楞伽經》中變為「自性」。但上述經典都只是順帶提下[10]。

《壇經》則癡迷於「自性」，以下面這句為例，中間包含的「自」就有八個之多：「見自性自淨，自修自作自性法身，自行佛行，自作自成佛道。」

《壇經》對自性的癡迷，更體現在它賦予後者近乎神聖的許可權。靜態看，「一切萬法不離自性」；動態看，「何期自性，能生萬法」。請問：什麼東西既是世界的本質又是世界的本源？在西方宗教中，是上帝；在禪宗中，是自性。

讓我們把世界分為兩部分：世俗界和超越界。

《壇經》說：「虛空能含日月星辰，大地山河，一切草木，惡人善人，惡法善法，天堂地獄，盡在空中。世人性空，亦複如是。」

這裡的日月、星辰、大地、山河、草木，指的是自然現象。

這裡的善人、惡人指的是人間現象。惠能將身體比喻為城牆，將眼、耳、鼻、舌、身、意——六根比喻為六道城牆，而自性就是城中的國王。

這裡的善法、惡法指的是社會關係。惠能將大眾解釋為「自性眾生」。

好，世俗界的一切都在「自性」之中了。

那神聖世界呢？

我想指出，禪宗自性的不同正在於此。要知道，世界上有很多理論都以「自我」為世界的中心。比如孟子說「萬物皆備於我」。英國哲學家貝克萊說「存在

就是被感知」，言下之意，不被人感知就不存在。印度佛教也有「萬法唯心造」的說法。只是，孟子說「萬物皆備於我」，不敢把天歸於「我」。貝克萊說「存在就是被感知」，不敢把上帝歸於感知。印度佛教說「萬法唯心造」，不敢把輪迴歸於「心」。這又回到了「例外」的問題，如果用絕對性來質疑孟子、貝克萊、印度佛教，他們都會說：「自我」是絕對的，只是超越界例外。

而禪宗的回答是：沒有例外！

佛法也在自性

讓我們再把超越界分解為神聖的佛和輪迴中的靈魂。

佛以前在天邊，現在搬到了內心。

惠能說：「只汝自心，更無別佛。」

針對印度佛教曾提出的佛的「三身」，即法身、報身、化身，惠能針鋒相對地反駁道：「此三身佛，從自性生，不從外得」、「外覓三身如來，不見自身中有三身佛」。於是佛的「三身」變成了「一性」：自性。

相應地，與佛相關的一切都要從外搬到內。

懺悔變為內心的懺悔：「從前念今念及後念，念念不被嫉妒染。」

皈依變為內心的皈依：「自歸依佛，不言歸依他佛，自佛不歸，無所依處。」

崇拜變成了心中的默默祝願：「佛向性中作，莫向身外求。」

那死後的輪迴呢？

惠能反對求往生西方淨土，不是因為沒有西方淨土，而是因為西方淨土就在自己心中，所以淨土也要向心中求。他諷刺淨土宗說：「東方人造罪，念佛求生西方；西方人造罪，念佛求生何國？」

反之，惠能說：「菩提般若之智，世人本自有之，只緣心迷，不能自悟。」這意味著，「菩提自性」跟隨著人的靈魂，不管是前世，還是今生。

自性本來清淨

好，世界的一切均在自性。那自性本身又是什麼情況呢？清淨。

惠能說：「心性本清淨，猶若淨虛空。」

他又說：「菩提自性，本來清淨。」惠能的用意正是要把佛性與自性畫上等號：自性＝佛性＝清淨。

這裡，有必要重點講下「清淨」的概念。我們世俗之人，比較熟悉的是善、惡的概念，比較生疏的是清淨。正因為如此，我們才是世俗之人。換作佛陀、惠能的話，肯定會反過來，所以他們才是大悟之人。

i. 清淨非善非惡

什麼是清淨？最接近的類比就是零。正數不是零，負數也不是零，非正非負才是零。類似地，善不清淨，惡也不清淨，非善非惡才清淨。

因此「清淨論」絕不等於性善論，更不等於性惡論，而只是不善不惡論。性善論如孟子的人性本善，性惡論如荀子的人性本惡，都是世間的理論，而不善不惡論才是出世間的理論。既然佛性只有一種，那麼它就是清淨。這樣，我們就好理解下面的話了。

《壇經》說：「愚人智人，佛性本無差別。」這不是和稀泥，而是佛性使然。

惠能見弘忍時說：「人雖有南北，佛性本無南北。」又說：「獦獠身與和尚不同，佛性有何差別？」這也不是為了爭口氣，而是佛性使然。

ii. 清淨能生善惡

無可否認的是，不善不惡的自性卻能生出善惡的念頭，這該如何解釋？按照《大乘起信論》「一心二門」的說法：一側門通往清淨的心體，即自性，它是內在的、靜態的，因為靜態，所以它清淨；一側門通往雜染的心用，即善惡，它是外在的、動態的，因為動態，所以它有善有惡。

善惡的區別，僅僅是心用的區別，就心體而言確實沒區別。這樣，我們就好理解下面的話。

《壇經》中說：「真如即是念之體，念即是真如之用。」其中真如即心體，念即心用。

iii. 實現清淨要除善除惡

反過來，如果已經有善念惡念在頭腦中的話，該如何清淨呢？最接近的類比就是數字歸零。相應地，善惡清空就等於清淨。除惡念沒問題，可還要除善念！佛教徒怕嚇壞各位，所以不大愛講這點，但真正的佛法一定主張除善，儘管更要除惡。

惠能說：「學道之人，一切善念惡念，應當盡除。」

自性是不是我

這套理論聽起來很合理，卻暗藏著一種不合理：佛陀講「無我」，可「自性」怎麼聽起來像「有我」？其實，不只禪宗，所有強調「心」的佛教宗派都面臨類似的質疑。

有兩種解釋。

一種比較好理解，它來自印度的「方便」說。所謂「我」不過是「無我」的方便。為了凡人容易理解「無我」這一抽象的概念，咱們先設立一個假名「我」，把一切放到假名裡去，然後再把假名扔掉，不就徹底清空了嗎？這就好像我們要清理一個房間，搬進搬出很麻煩，因此先把所有東西裝進一個大筐——「我」裡，再把這個筐拖出房間，就清空屋子了。這裡的「我」和「筐」，都是為方便而設。

《入楞伽經》中指出，佛陀所講的佛性，不同於外道所說的「我」。佛教中對佛性的描述，是因為凡人害怕「無我」。至於真正的佛教的覺悟者，則根本不會執著於「我」。

另一種較難理解，它來自中國的「一心二門」說。根據《大乘起信論》，心本來就一邊通因緣生滅，一邊通因緣寂滅。不妨想像一下篩檢程式：當因緣逐步消失時，兩邊趨於一致，生滅趨於寂滅。以數字表示心的一左一右兩邊：正常的情況下，左邊在正負值間波動，右邊穩定於 0，可當波動消失時，左邊的數字變成了 0.00000000000000000000000000000001，總之，無限接近於 0，而右邊仍是 0。在這種狀態下，有自性和無自性是一個意思，有我和無我是一個意思，實有與非實有是一個意思。

所以惠能說：「說即雖萬般，合理還歸一。」因為終極境界只有一種：0。

如果哪位意猶未盡的話，可以繼續讀後面的〈何其美麗的傳說一：「本來無一物」〉，但我的建議是：別執著！因為繞一大圈後，我們還會回到原點——自性。

禪宗的精神由來

至此，我們已經看到禪宗四句中前兩句的影子了。

直指人心。惠能說，「自性自淨」，即直指人心。

見性成佛。惠能說，「自成佛道」，即見性成佛。

與之前的說法對比，惠能這兩句離解脫更近。以前的解脫目標「成佛」遙不可及，因為佛法無處不在，甚至遍布虛空。而現在的解脫目標「自性」近在咫尺，因為「自性」只有一個去處：各位身體之中！於是，心有多近，佛就有多近，這一會兒工夫，沒準你已經成佛了！

並且，惠能這兩句對解脫的解釋也更確定。印度傳統的說法是「佛度有緣人」，畫外音是「非人人有緣」。比如，《解深密經》中強調不是每個人都能成佛，至於什麼人能成佛，取決於先天的種子。再如《法華經》中有一個富家子不知道自己是富家子的故事，意思是說佛法就在你身邊，如果發現了這一事實，人人都是富家子，可如果沒發現，仍是窮孩子。至於發現還是沒發現，取決於後天的機緣。沿著這個思路，達摩的「人人皆有佛性」也僅僅在表達一種可能性。

到了惠能這裡，可能性變成了確定性：既然佛性存在於人們心中，它自然是

普遍的、肯定的、必然的。不是說發現者才是佛，不是說有緣者才是佛，不是說死後才是佛，而是你就是佛。原因在於：你有自性，而自性是佛，不見則已，一見就是佛！

那麼後兩句呢？

不立文字。《壇經》洋洋灑灑兩萬多字，明明全是文字，而且在其中，惠能還直接嘲諷這句話：「不立文字」中的「不立」兩字，不也是文字嗎？實在太妙！

教外別傳。惠能囑託弟子以《壇經》為心印，而《壇經》中又融匯佛教各家的言教，如《楞伽經》、《金剛經》、《維摩詰經》、《法華經》、《文殊說般若經》、《涅槃經》、《阿彌陀經》、《梵網經》、《大乘本生心地觀經》、《大乘起信論》等，明明是在教內嫡傳！

顯然，「不立文字、教外別傳」這兩句的機緣還未到，我們還要耐心等待。

從惠能的理論中，我們已經能感到他在為禪宗做什麼了：簡化。

你看：

直指人心是簡化方向；

見性成佛是簡化目標；

自性是簡化外部的一切。

我國隋唐史學家陳寅恪先生在《論韓愈》一文中指出：「新禪宗特提出直指人心見性成佛之旨，一掃僧徒繁瑣章句之學，摧陷廓清，發聲振聵，固吾國佛教史上一大事也！」

惠能在簡化了理論之後，還簡化了方法。

何其美麗的傳說一：
「本來無一物」

說明：這部分僅為對禪宗有強烈興趣的人士準備，可讀可不讀。

正文中提及，惠能的理論不以「空、有」為重點，這恐怕會招來某些朋友的反對。他們會引用惠能的名句「本來無一物，何處惹塵埃」為證。

請注意，我承認惠能曾講過「空」的意思，也承認「無一物」是在講這個意思，我只是說，這些不是重點。以下是我的理由。

「有」指的是實有，佛教中用來指佛性或萬物的本性的實有。「空」指的是不實有，佛教中用來指佛性或萬物的本性的不實有。它們是非此即彼的單邊模式。

而惠能的思路來自「一心二門」的模式，一邊是清淨的心體，一邊是善惡的心用。這個模型是雙邊的，實有也好，不實有也好，強調哪一邊都成立。並且，這個模型是互動的，實有與非實有在自動轉換中，強調哪一邊都沒意義。總之，這種雙邊互動的模式，讓「空、有」的爭論失去了意義。

當然，我還列舉了心理上的分析：「空、有」是形而上學意味很濃的概念，通常只有文人才愛深究。而惠能是個大字不識的人，他連概念都不喜歡，更不用提如此抽象的概念了。

下面的任務就是要回應「本來無一物，何處惹塵埃」的證據了。

這首詩就出自於惠昕本《壇經》，這個版本似乎就有問題。

讀禪宗書籍的朋友，往往會被不同版本的惠能的詩搞混，因為它們來自不同

版本的《壇經》。很多著名學者，如中國學者胡適和印順，日本學者柳田聖山和關口真大等都曾對此做過考據。此處，我們以兩位中國學者的考據為準。關於《壇經》出現的時間順序，胡適在《〈壇經〉考之二》中的看法是：敦煌本、惠昕本、宗寶本、契嵩本。而按照印順在《中國禪宗史》中的看法則是敦煌本、惠昕本、至元本、古本。好在他們對前兩個版本的結論是一致的：敦煌本出現時間最早，且出自惠能的弟子法海之手。接下來是惠昕本《壇經》，明顯晚於惠能的時代。這是本書主要以敦煌本為準的緣由。

公平地講，出現早不一定真，只是可靠性大一些；出現得晚不一定假，只是被偽造的可能性大一些。按照胡適的說法，敦煌本的「祖本是很古的」，而惠昕本「增添了許多很淺薄的禪宗濫調」。再按照印順的說法，即使敦煌本，也是「經一再的修改添糅而成的」。因此，我們採取最簡單的做法，即假設這兩個版本都為真。事實是，即使我們接受「無一物」的版本，那也不能證明惠能只講「空」，不講「有」。因為惠能兩邊都講了。

讓我們回顧下惠能題詩的經過。

敦煌本的《壇經》記載，惠能題了一遍又改了一遍，但大致都是一個意思，我稱之為「佛性常」版：「菩提本無樹，明鏡亦非台。佛性常清淨，何處有塵埃！」又曰：「心是菩提樹，身為明鏡台，明鏡本清淨，何處染塵埃！」

而惠昕本的《壇經》記載，惠能一次完工。以個人之見，題一遍，改一遍才更寫實。相反，一次完工倒有人為美化的嫌疑，而這點與該版本成形較晚相吻合。我稱這裡面的詩為「無一物」版：「菩提本無樹，明鏡亦非台，本來無一物，何處惹塵埃。」

讓我們判斷下這兩版所代表的風向。

「無一物」版無疑表達的是「空」的意境。它直截了當、朗朗上口，自然容易流行！

「佛性常」版則表達得有點曲折，所以需要斟酌：我以為，不管「明鏡本清淨」，還是「佛性常清淨」，都在肯定佛性，都是「有」的意境。

如果你問：「菩提本無樹，明鏡亦非台」，不是否定嗎？我同意，只是它否定的是形式而非存在。這裡的「無」是「無形」的「無」，不是「有無」的「無」；這裡的「非」是「不限於」的意思，不是「不存在」的意思。惠能認為身心無形，但身心仍然存在。所以它算無形的「有」。

好，惠能「有」也講了，「空」也談了，該如何理解這件事呢？

佛教界有一種說法，把惠能詩的「佛性常」版說成「無一物」版的方便假設。台灣法鼓山的聖嚴法師就寫道：「說有說無，可以是應機的方便，如果執有執無，即成邊見而不是禪。」[11]

可問題是，如果講「有」是「空」的方便假設，那麼為什麼不能講「空」是「有」的方便假設？更嚴重的是，禪宗的全部意義在於自性，如果自性只是方便假設，那整個禪宗都是方便假設，那禪宗就失去了自己的意義，因此惠能是絕不可能這樣做的。

我以為，惠能的態度是無所謂——因為法義上均可，也因為他不感興趣。注意：無所謂不等於「方便」說，「方便」說是 A 為了 B 或 B 為了 A，而「無所謂」是 A、B 均可。那麼，什麼惠能有所謂？什麼他感興趣呢？自性。

我們又回到了原點。

第十三章

惠能之法，
不執著於法

惠能的理是「自性」，方法自然要「見性」。

「見性」一詞在《壇經》中出現的頻率很高：「唯論見性」、「唯傳見性法，出世破邪宗」、「識心見性，即悟大意」、「識心見性，自成佛道」……。可最為人熟知的說法，不是「見性」，而是「明心見性」。

那麼，「見性」與「明心」是什麼關係呢？

「明」是去掉心頭的迷霧，「見」是看到本性的真相，一個肯定式，一個否定式，顯然不是一回事。並且，它們也不可能是兩個步驟，因為惠能後面反問「有何次第」，說明他是反對步驟的。

事實上，這是同時發生的兩方面：當你撥開了心頭的迷霧時，自然見到了本性的真相；當你見到本性的真相時，自然已經撥開了心頭的迷霧。把我們的心想像成一杯泡沫咖啡吧，「明心」相當於撥去上面的泡沫，「見性」就相當於見到下面的咖啡。你撥開泡沫就同時看到了咖啡，你看到咖啡說明泡沫已經被撥去，而你只做了一個動作：喝！

提醒一下各位，接下來的這章講的又是「方法」——外行覺得它枯燥，內行覺得它關鍵，因此各位又有兩種選擇：或者，你帶上「明心見性」的結論跳到下一章；或者，我們就來破解下《壇經》的密碼。簡單地講，惠能還是怕你學不會，於是他先否定了一番，又肯定了一番，只為講明白世界上最簡單的禪法！

謎語的一面

關於如何「明心」，惠能給出了一個謎語：無住、無相、無念、無心。如果

你猜惠能要否定的物件是「心」與「念」，抱歉，謎底沒這麼簡單。

i. 無住

「無住」這個詞引自《維摩詰經》及《金剛經》，即不執著於思量本身。道理很簡單，一有思量，就有執著，心就會被束縛；反之，沒有思量，就不執著，心就解脫。

惠能的定義是：「無住者，為人本性，念念不住。」理由是：「一念若住，念念即住，名系縛。於一切法上念念不住，即無縛也。」

ii. 無相

「無相」這個詞引自《楞伽經》和《金剛經》[12]，即不執著於思量的對象。道理也很簡單：我們看到的形象不真實，因此無所執著。甚至，佛都說自己無形象，因此對佛的形象也別執著。

惠能的定義是：「離一切相，即是無相。」理由是：「外若著相，內心即亂；外若離相，心即不亂。」

iii. 無念

「無念」引自《大乘起信論》及《楞伽經》，即不執著於思量的主體。道理更簡單：念頭不是你，我們隨它起舞，以為它是自己，但它不是。

惠能的定義是：「無念法者，見一切法，不著一切法；遍一切處，不著一切處。」理由是：「於境上有念，念上便起邪見，一切塵勞妄念從此而生。」

iv. 無心

「三無」加起來就是「無心」。既然思量的主體、客體、本身全都被否定了，那麼思量就被整體否定了。

「無住」：沒有價值判斷本身。

「無相」：沒有價值判斷的物件。

「無念」：沒有價值判斷的主體。

「無心」：全無價值判斷。

至於這「四無」是怎樣的境界，讓我們聽聽禪者們的體會。

一位禪者描述習箭的體會：「在這種狀態中，沒有一件事需要思考、計畫、奮鬥、欲求或期待，沒有特定方向的目標，但是知道自己的可能與不可能，其力量是如此不可動搖──這種狀態是根本的無所求與無自我，就是師父所謂的真正心靈化。」

他感悟道：「經過了長年的自我遺忘訓練，人類能夠達到一種童稚的純真狀態。在這種狀態中，人類不思考地進行思考。他的思考就像是天空落下的雨水，海洋上的波濤，夜空閃爍的星辰，在春風中飄舞的綠葉。的確，他就是雨水、波濤、星辰與綠葉。」[12]

這樣「明心」的謎底就揭開了：惠能所否定的對象是思量。否定了思量，就撤去了咖啡上面的白色泡沫。

無念何來念念不斷？

好，你覺得謎語不難，其實難的還沒開始呢。

在一連串否定式後，惠能是不是要我們的大腦變空呢？不，他要我們「念念不住，念念相續」。又說「真如自性起念」，注意，真如是佛性的意思，是佛性要起念，不能拒絕吧。惠能還反諷，沒念頭不等於死人一般嗎？說得太正確，可太奇怪：剛講完「無念」，哪裡來的「念念」、「起念」？如果你引用惠能的解釋──「於念而無念」，其實邏輯上是不通的，請問：有念頭而不執著於念頭，那麼這個「不執著」的念頭本身，算不算念頭？

舉個例子。各位在電視上看過世界盃比賽中馬拉多納進球的鏡頭吧，可以想像，幾秒鐘內晃過數人射門的他，肯定沒時間思量。可話說回來，他又有驅使他的身體向前、向前、向前的心理衝動。那麼用禪宗的話講，馬拉多納那時頭腦裡是「無念」，還是「有念」？

更奇怪的是心，惠能剛講完「無心」、「起心即是妄」，又引用《金剛經》中的名句「應無所住，而生其心」。那麼，這顆心是該「無」，還是「生」？

禪宗中有個公案，說德山宣鑒法師少年時俗姓周，因通讀《金剛經》而號稱「金剛周」，還為該經寫了一本注解書叫《青龍疏鈔》。一次他向一位賣點心的老婆婆買點心，卻遇到刁難。老婆婆問：「《金剛經》中說，過去心不可得，現在心不可得，未來心不可得，那麼我這個點心，屬於哪種心？」德山答不出來。於是，他燒了《青龍疏鈔》，皈依了禪宗。德山是位有信仰的性情中人。假如換了今天的某些大師一定會裝裝糊塗，落得瀟灑，可真正有信仰的人是瀟灑不得的，所以才有德山的公案。因此，我也學這個老婆婆來刁難下大師們：無心還是生心？

估計這個問題作者得自問自答。關鍵在於，古語的使用範圍比今天的廣。按照現代心理學的分類，人的精神世界包括感覺、思維、意志、情緒、意識。古語中的「念」屬於哪種呢？前四種都有可能。古語中的「心」屬於哪種呢？五種都有可能。範圍這麼大，古人只能一詞多用。

因此不奇怪，《壇經》中的「念」有兩種用法：思量的念和不思量的念。

「無念」中的「念」指前一種，思量。「無念」即不思量。

「念念不斷」中的「念」指後一種，不思量的念。「念念不斷」即不思量的念不斷。

至於「於念而無念」，前一個「念」指不思量的念，後一個「念」指思量的念。

類似地，《壇經》中的「心」也有兩種用法：思量的心和不思量的心。「無心」的「心」指前一種，思量的心。

「應無所住，而生其心」的「心」指後一種，不思量的心。

結論：惠能的邏輯是清楚的，只是用詞習慣不同罷了。他可不糊塗，更不裝糊塗。

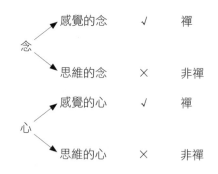

圖 13-1 「念」的兩種可能與「心」的兩種可能

謎語的另一面

「明心」的另一面是「見性」。至於如何見性，惠能給出了一個肯定式的謎語：一行三昧。

這次您也別猜了，免得頭暈。該詞出自《文殊菩薩所說般若波羅蜜多經》，該經對它下的定義是：「法界一相，系緣法界，是名一行三昧。」而《壇經》中的定義是：「若於一切處，行住坐臥，純一直心，不動道場，真成淨土，此名一行三昧。」

用現代語言講，就是直覺的境界。

直覺是「無念的念」，佛教中稱為「正念」，在禪宗看來，無念就是正念。

直覺是「無心的心」，佛教中稱為「直心」，在禪宗看來，無心就是直心。

直覺是「無思維的心理活動」，如兒童般的無意識狀態，包括無思維的感覺、無思維的覺知、無思維的意志。

按現代心理學的概念，人的意識次序是感覺、直覺、思維。用禪者的話講，是第一念、第二念、第三念。[13] 後者在我看來更直觀些。假如各位在冥想中觀察自己的大腦，就會發現首先冒出的是感覺，比如對溫度高低的感覺，這是第一念；之後有了直覺，比如冷、熱的感知，這是第二念；最後才是思維，如「我喜歡」、「我厭惡」的判斷，這是第三念。

感覺（體驗）──直覺──思維
第一念　　　　　第二念　第三念

圖 13-2 觀察自己的念頭

　　這樣，「見性」的謎底也揭開了：惠能肯定的對象是直覺。肯定了直覺，就等於見到了黑色咖啡。

　　上述再次確認，惠能講的不全是「無一物」，是無思量但有直覺。

惠能的禪定與佛教的禪定有何不同？

　　好，明心等於不思量，見性等於直覺。前面講了，它們其實是一件事的兩個方面。如果用第一念、第二念、第三念的模式，「直覺」是到第二念打住，「不思量」是不讓第三念開始，它們實為同一件事。

　　惠能把這件事稱為「禪定」。我知道這聽著有點怪，因為我們印象中的禪定好像不是這樣。但想一想又不奇怪，禪宗以「禪」命名，而惠能是禪宗弟子。他講直覺，講不思量，都是為了講禪法。

　　各位可能還沒意識到的是，禪將在此發生第二次重大轉折。上一次交集發生在印度，佛陀把古印度通行的禪定改造為佛教特色的坐禪。這一次發生在中國，惠能要把印度特色的坐禪改造為中國特色的「生活禪」。我們還是要問個有些「技術含量」的問題：這兩種禪區別何在？

　　先看佛教自印度以來的修行傳統：小乘禪觀呼吸而坐禪，大乘禪觀空性而坐禪。可惠能曾用白話痛斥坐禪：「坐坐坐，坐得屁股破；空空空，到老一場空。」又據《禪源諸詮集都序》記載，惠能「見人結跏，曾自將杖打起」，意思是見誰坐禪就打誰。

　　惠能如此激烈地反對坐禪，理由大致如下。

　　一是他認為無關。惠能說：「道由心悟，豈在坐也？」惠能的弟子南嶽懷讓看到弟子坐禪就上前問：「你為什麼坐禪？」弟子答：「做佛。」南嶽就拿起一塊石頭磨。弟子好奇地問他在做什麼。南嶽答：「做鏡子。」弟子於是領悟了，如

同石頭磨不出鏡子，坐禪也無法成佛。既然坐禪與覺悟無關，那就等於在中間礙事。

二是惠能反對執著。凡夫狂熱於功名利祿是執著，修行人狂熱於坐禪何嘗不是另一種執著？既然自性清淨，那就沒有什麼可執著，不執著則已，一執著反而不清淨了。假設不執著地坐著，他倒不完全反對。《壇經》確認了《金剛經》的說法：「無所從來，亦無所去，無生無滅，是如來清淨禪。」後世的禪宗弟子即使坐禪，也宣稱自己修的是「如來清淨禪」，以顯示與之前的區別，區別就在於不執著。

最重要的原因在於，惠能反對限制。按照禪的本意，禪定只是一種專注而不思考的精神狀態。因此，惠能說：「內見自性不動，名為禪。」

好，我們該回到牛排的例子了。想起吃牛排，各位想到了什麼？西餐、盤子、刀叉、紅酒、音樂、燭光、禮服、正襟危坐……沒錯，我們都是文化人，所以才會這麼想。可實際上，「吃」、「牛」、「排」這三個字的意思只是「吃牛排」，與想像中的排場沒半點關係！

正是秉承了惠能否定「坐禪」的精神，我家阿姨質疑了西式牛排：如果說坐禪限制了禪，那麼西餐就限制了牛排；如果說禪的本質在精神，那麼牛排的本質就在牛肉！西式固然可以，但中式又有何不可？牛肉麵不錯，紅燒牛肉也不錯，牛肉餡餅也可，甚至，日式牛排、韓式牛排、阿拉伯式牛排呢？

碰巧，惠能和我家阿姨都不識字，所以不受字的限制！

惠能的「生活禪」是怎樣的境界呢？直覺、不思量。

在《壇經》中，惠能啟發弟子：你可以屏息諸緣，勿生一念，作此念，不思善不思惡，哪個是你的本來面目？這個「本來面目」的公案，答案就在閣下眼前——試一試，你排除外部一切干擾，頭腦中沒有任何雜念，剩下的那最基本、最基本、最基本的意識，就是佛性，就是自性，就是心體，就是清淨，就是禪定，就是所謂的「本來面目」！

顯然，各位站著、躺著、趴著、散步、慢跑、跑馬拉松都可能做上述動作——觀察自己的本心本性。你有專心畫一幅畫而忘記自己的瞬間吧？你有專心打球而忘記球場的片刻吧？那都是你的本心本性。於是，各位站著、躺著、趴著、散步、慢跑時，跑馬拉松中，抑或在畫室內、球場上，都可以實現生活中的禪定，只要做到兩點：直覺與不思量。

與坐禪相比——

它不為姿勢所限。永嘉玄覺禪師有名句：「行亦禪，坐亦禪，語默動靜體安然。」

它不為目的所限。溈山靈祐禪師說：「實際理地不受一塵，萬行門中不舍一法。」

它不限於僧人，更適合俗人，所以才叫生活中的禪！

惠能禪的特點在於簡潔

惠能的禪法，再次確認了其「簡化」之風，何以見得？上述方法的主體都是你，也只能是你。

泡沫咖啡是自己的心，不是別人的心。

撥泡沫得自己撥，別人撥不了。

見咖啡得自己見，別人見不到。

最後，喝咖啡更要自己喝，別人喝不算。

一言以蔽之，你，只有自己！

且慢，佛教組織呢？組織在哪裡？！

前面提到，偉大的思想家們往往是空想家兼個人主義者，他們往往不太關心組織建設。佛陀如此，惠能則有過之而無不及。

回想一下，佛陀提出了「三寶」的構思，印度佛弟子們完善了「三寶」的構架。可到了惠能這裡，他說：「三世諸佛，十二部經[13]，在人性中本自具有。」這三句裡，一句說的是佛，一句說的是法，一句說的是僧，加起來變為了「本自具有」。惠能的話外音是：什麼「三寶」，你就是寶！

佛：前面已經講了，念佛、佛像、佛經、儀式等變為自性的一部分，戒、定、慧也被合併到自性之中。

法：小乘及大乘佛教歷來十分重視經書。幾乎每部經文最後都讚頌該經如何如何殊勝，宣講它有功德，詆謗它下地獄。即使以講「空」著稱的《金剛經》這三點也不「空」：《金剛經》殊勝，讚頌《金剛經》者有功德，詆謗《金剛經》者下地獄。可惠能講得明白：「一切修多羅及諸文字，大小二乘，十二部經，皆因人置。」即，經書只是為你而設！一個和尚問惠能還讀不讀《法華經》，惠能答：「心迷法華轉，心悟轉法華。」即，你不要被佛經牽著走，相反，你要牽著佛經走！

除了經書，傳統佛教高度重視戒律。可惠能認為戒律也在自性之中，「得悟自性，亦不立戒定慧」。他宣導無相戒，即以佛性為戒，心中有佛性皆可。在這點上他身體力行，當藏身於狩獵隊時，「但吃鍋邊菜」；雖說沒吃肉，但嚴格按照印度戒律的話，狩獵肯定不在「正業」、「正命」之列。

僧：傳統的佛教，乃至達摩到弘忍這五代，都靠老師來指導禪定。可按照《壇經》的說法：「世人本自有之，只緣心迷，不能自悟，須假大善知識，示導見性」、「若自悟者，不假外求」。意思是，別人的幫助、示範、引導都是額外的，你知道這點，自己就能開悟。

好，越過佛像，越過教條，越過教規，越過寺院，越過老師，甚至越過鍋裡肉，直入自性。「但用此心，直了成佛！」

我想，世界上再沒有比這更簡潔的佛法了。讓我們來看看它的效果。

何其美麗的傳說二：
頓悟

說明：這部分僅為對禪宗有強烈興趣的人士準備，可讀可不讀。

本書以「簡化」為惠能禪的特徵，可各位會發現：別的書上寫惠能禪的特點，有說頓悟的，有說無一物的，有說不分別的，有說裂裟的，當然也有說簡化的，只是其中最流行的絕非簡化，而是頓悟。

胡適就曾寫道：「一切布施，修功德，念佛求生淨土，坐禪入定求得六神通，都禁不起這『頓悟』兩個字的大革命。」[14]

順帶說下，本書對胡適先生的不少觀點提出質疑，如頓悟說、革命說，以及關於印度佛教滅亡的推理、關於中國禪宗理性的推理。從另一方面看，這只證明了本人受其影響之大，謹此，我向他致意，並推薦讀者去閱讀他的著作。

作為我崇拜的 troublemaker（麻煩製造者）的典範，胡先生在上面這一段話，就引發了我三點疑問：

第一，惠能禪的特徵在不在頓悟？

第二，惠能禪是不是革命？

第三，拋開惠能，頓悟是不是可行？

我把後兩個問題放到本書的第十四章和附Ⅳ回答，這裡先回答第一個問題：為什麼我說惠能禪的特徵不在於頓悟？

頓悟是一種公共屬性

按照最直白的定義，頓悟是一次的、快速的，作為其反義詞的漸悟是多次的、緩慢的。請注意，我理解惠能講過頓悟，我也同意頓悟存在，只是不同意它作為惠能禪的特徵。

各位如果回憶一下第六章的內容，在佛陀之後的印度佛教中，就發生過「覺悟是一次還是多次」的爭論，只是當時尚未成為焦點罷了。到了大乘佛教時期，「頓悟」一詞已經在佛經中頻頻出現。《涅槃經》中指出，不分小乘、大乘為頓，先小乘、後大乘為漸。《維摩詰經》則寫道：「即時豁然，還得本心。」

佛教進入華夏後，中國人重新提起這個議題。東晉時期的中國僧人竺道生強調「理不可分」，意思是，我們理解一個道理，不可能今天理解百分之十，明天理解百分之二十，後天理解百分之三十——要麼我們全部理解，要麼我們全不理解。這裡的前提是中國主要信仰大乘佛教，而大乘佛教以智慧為覺悟，一明白大乘的道理，就實現了大乘的覺悟，所以「大乘經義從來都是『悟理必頓』的」[15]。

在這種背景下，禪宗的前幾代祖師，從達摩到弘忍，都講頓悟。就連「惠能頓悟說」最激烈的宣揚者菏澤神會也在《菩提達摩南宗定是非論》中承認：「我六代大師，——皆言單刀直入，直了見性，不言階漸。」到了這第六代，惠能與神秀的同門師兄弟，法如等都講頓悟。這還是禪宗的法理所致：既然人人皆有佛性，佛性本來清淨，那麼人人心性清淨，本來如此；只要你承認自己心中的佛性，你就已經悟了。

由此看來，頓悟話題貫穿於原始佛教、大乘佛教、中國佛教、禪宗。它不為中國人所創，也不為中國禪宗所創，更不可能為惠能獨創。這一共性的話題，怎麼能作為某家某宗的「特徵」呢？

惠能本人也無意冒領這個功勞，他根本反對區分頓漸，《壇經》中的原話是：「法即一種」、「法無頓漸」、「本來正教，無有頓漸」。回到前面列舉的泡沫咖啡的例子，頓喝與漸喝，都是喝咖啡。如果你是利根，那好，你一口把那杯咖啡吞下肚，像李達一樣抹著嘴說聲「痛快」，這叫直接「見性」。反之，如果你是頓根，像我一樣，那咱們就嘴角帶著泡沫來品咖啡，這叫「明心見性」。假如

現在我來問問李達：「你這樣喝，咖啡的味道有何不同？」他肯定打著嗝說：「苦！一樣苦！」

假如我們把某種所有宗派都有的屬性當作「特徵」的話，一是不符合歷史事實，二是完全看不出前後的區別，三是會得出非常荒謬的結論。比如，胡適就斷定是竺道生開創了禪宗，可竺道生出現在達摩之前，那時中國禪宗還沒出現。硬給禪宗安上一個沒有「血緣」的祖宗，硬讓竺道生接受一堆沒有「血緣」關係的子孫，豈不令雙方都覺得莫名其妙？胡適之所以做出這種錯誤推理，就是因為他以頓悟為禪宗的標誌，而這一標誌並不成立。打個比方，如果某人以翅膀為鳥類的標誌，而翅膀並非鳥類獨有的標誌，他或她就難免得出蜜蜂是鳥類祖先的結論，儘管牠們在進化史上沒有交集！

惠能詩與神秀詩的比較

按說，上述已經圓滿回答了問題。但我估計，有些朋友心中仍有疑慮。

這些朋友之所以說惠能禪是頓悟，並不是拿他與前人比，而是拿他與他的師兄神秀比。這些朋友會列舉神秀的詩，說那是漸悟的意境。為了徹底排除他們的疑慮，讓我們來複習下神秀的詩：「身是菩提樹，心如明鏡台，時時勤拂拭，莫使惹塵埃。」

這個偈頌中的前兩句，我以為，並不是漸悟的意境。要知道，惠能也曾題過一首：「心是菩提樹，身為明鏡台，明鏡本清淨，何處染塵埃。」前兩句幾乎一模一樣，都把身、心比喻為菩提樹、明鏡台，等於都承認清淨的佛性。而承認佛性清淨，就意味著頓悟。這是因為佛性在你心裡，你瞥見就瞥見，沒瞥見就沒瞥見；瞥見就悟，沒瞥見就沒悟，這中間想慢都慢不下來。

神秀和惠能都講頓悟，這聽著奇怪，其實太正常不過：他倆都自稱達摩佛心宗的嫡傳，因此在「佛心」這點上一致不奇怪，相反，如果佛心宗不講「佛心」才奇怪。不信的話，再看看神秀的講法紀錄，記載於《楞伽師資記》及《大乘無生方便門》中的「一念淨心，頓超佛地」、「一念頓超，悟在須臾」。白紙黑字！這再次印證，頓悟是個幾乎被講爛了的概念，根本不符合「特徵」二字的定義！

至於惠能詩與神秀詩的區別，主要在後兩句。神秀有「後續服務」，即「時時勤拂拭，莫使惹塵埃」，意思是觀察心境，一有煩惱的思維就要去掉。而惠能根本不提供「售後服務」：他認為心境本是清淨的，所以沒有必要去管，不管才是真清淨。確實，惠能的意境更高。這就好像喝咖啡，神秀喝完後洗杯子，惠能喝完後就走。但注意，在此之前，兩人都是一口喝完了咖啡！

簡化不等於頓悟

好，惠能禪的特徵不在於頓悟，而在於簡化，你會問，兩者是不是一回事呢？

不是。因為簡化的維度不同於頓悟。

第一，簡化並沒承諾「頓」。簡是精簡步驟，頓是縮短時間，步驟少對縮短時間有利，但步驟少不等於時間短。比如我們用手指山頂，這是步驟上的簡，但等於你一下子就到了山頂嗎？不等於。你登頂該花多少時間還得花。事實上，由於你一心想快，可能反而花了更長的時間才登頂。

第二，簡化更沒承諾「悟」。簡化是精簡步驟的過程，而悟是目標。簡化可以保證你花的步驟少，但沒人能確保你一定實現目標！事實上，越簡單，可能反而越不知道該怎麼悟！

第三，簡化的結果有多種可能，「頓」是一種，「悟」是一種，「頓悟」也是一種！但注意，它們的可能性逐漸降低。簡化步驟是現實的，相反，頓、悟、頓悟則沒人能保證！

這就是「簡化」聽起來平實但真實，而「頓悟」聽起來美麗但虛幻的原因。對於惠能為禪宗所做的獨特而現實的貢獻，我只能稱之為「簡化」！

第十四章

亂世興禪，
禪宗一支獨大

簡化的現實效果怎樣呢？咱們先看短期效果，再看長期效果。

南禪在禪宗中獨大

惠能的門下自稱南宗。

在惠能與神秀的時代，由於惠能偏居南方，南禪只是在南方活動；而以神秀為首的北禪，則在以長安、洛陽為中心的北方活動。神秀先後被武則天、唐中宗、唐睿宗尊為國師，號稱「兩京法主」、「三帝門師」，因此，早期處於優勢地位的，不是南禪，而是北禪。

打個博弈論上的比方：一支實力弱的球隊與一支實力強的球隊比賽，開局時弱隊落後；假如弱隊繼續採用保守戰術的話，那他們幾乎沒有翻盤的可能。南禪早期就屬於這種情況，而它後來異軍突起的事實暗示：正由於它劍走偏鋒，才逆轉了局勢。

局勢是這樣推進的。

惠能、神秀在世時，南北禪相安無事。待到兩位六祖相繼去世後，南北禪才公開決裂，體現在兩位「七祖」間的較量上。

在北禪這邊，神秀的弟子普寂繼承了神秀的尊號，被皇帝冊封為國師，被北宗奉為「七祖」。

在南禪這邊，惠能的弟子菏澤神會，代表南宗向北宗發起攻擊，最終也被皇帝冊封為國師，並被後來的皇帝確認為「七祖」（儘管南禪的其他流派不太承認

這位祖師,它們分別奉惠能別的弟子為祖師)。

由於北宗的七祖被認可在先,造成北宗的正統性被承認在先。菏澤神會不滿這種局面,於是到北禪的地盤——河南滑台的大雲寺,參加無遮大會[14],並與北禪的弟子論戰。說是論戰,不如說一攻一守。菏澤神會攻擊北禪是旁支,宣稱自己代表的南禪才是正統。他列舉了三點理由。

一、袈裟為印證。禪宗自達摩到五祖都以袈裟為證物,惠能收到了袈裟,而神秀沒有,說明正統在南方。

二、王室護持。禪宗自達摩到五祖都謝絕王室親近,惠能照此辦理,而神秀卻被封為國師,說明正統在南方。

三、頓漸之分。禪宗自達摩以來都是頓悟,菏澤神會指責北禪是漸悟,說明正統在南方。

結果是,滑台大會變成了南禪興盛的轉捩點:在此之前,南禪僅僅是「南方的禪宗」;在此之後,南禪開始以正統自居。再經過安史之亂後的一系列因緣變化,南禪逐漸成為禪宗的代名詞。柳宗元曾題寫過碑文:「凡言禪,皆本曹溪。」——曹溪是惠能的講法地,被視為南禪的大本營。

這場南北之爭看似是思想之爭,其實是派系之爭。何以見得?菏澤神會所提的三條理由,聽起來有理有據,但都經不起推敲。

一、袈裟。既然說南宗正統性在於袈裟,那麼人人都會要求:請出示袈裟!菏澤神會就變得語焉不詳了,說袈裟在廣東,卻再無下文。而且即使他能夠出示袈裟,也不合惠能的指示:「衣不合傳」、「若不得《壇經》,即無稟受」。其實,大家都反對以貌取人,但以衣服判斷人豈不一樣?唐朝的劉禹錫在《佛衣銘》中寫道:「佛言不行,佛衣乃爭」、「民不知官,望車而畏。俗不知佛,得衣為貴」。意思是說,以袈裟來判斷佛法,就像以車來鑒別官員那般庸俗。

二、王室護持。菏澤神會自己最後也接受了王室的護持,如果這點真這麼重要的話,他應該效仿惠能,託病請辭才對。可他接受了。從這點上,我們可以看出菏澤神會的論戰技巧之高:王室護持、皇帝冊封本來是北禪正統的依據,到了

他這裡卻變成了北禪偏離禪宗傳統的證據，令人啞口無言！反過來，當他自己被冊封的時候，又變成了南禪正統的證明，又令人啞口無言！

三、頓漸。這條最為人熟知也最誤導人。誤導就在於，人們出於菏澤神會「七祖」的盛名而推論：惠能禪的主要特點就在於頓悟。對此，我已經在附件中作了邏輯上的反駁，這裡再補充一下歷史證據：頓漸之分在菏澤神會前是小問題，在菏澤神會時變成了大問題，在菏澤神會後又恢復為小問題。胡適遺憾地寫道：「事過境遷之後，革命已成功了，『頓悟』之說已成了時髦的口號了……後人回頭看看當日革命大將惠能、神會的言論思想，反覺得他們的議論平淡尋常，沒有多少東西可以滿足我們的希冀。」[16] 按照胡適的說法，好像是因為人們失去了新鮮感。要我說，是因為「頓漸」在實踐中差別不大，所以話題才隨菏澤神會在而在、隨菏澤神會去而去。南懷瑾先生同樣認為：「南頓北漸之爭，並不是禪宗史上的重大問題。」[17]

結果是，「頓漸」說沒給禪宗的思想造成什麼改變，倒是讓兩個派系徹底分家。成書於中晚唐之際的《禪源諸詮集都序》評價這兩家：「頓漸門下，相見如仇仇，南北宗中，相敵如楚漢。」

那麼你會問：假如不是頓悟，是什麼因素讓南禪最終勝出呢？簡潔。

南禪相對簡潔。它不需要經教，不需要文字，不受設施的限制，不受組織的限制。如此輕裝上陣，自然傳播速度很快。更重要的是，它的簡潔以非常富有感染力的形式表現出來。且聽：「識心見性，自成佛道！」多麼膾炙人口、感性而有力。再聽：「汝等諸人，自心是佛，更莫狐疑。」充滿了自信，也令人信服。在所有的競爭中，感性的力量從來就容易勝出！

比較而言，北禪相對煩瑣。它拘泥於寺院、僧團的組織，受限於佛經、授課的條件，受限於王室。更不用提，它的表達有氣無力，太多強調「售後服務」，太少提及「售前簡潔」，只好按部就班發展。

需要強調的是，起碼在菏澤神會的時代，勝出只是相對而言。在南禪發展的同時，北禪也在發展。前者並沒有壓倒後者，只是發展速度更快罷了。據圭峰宗密所著《禪源諸詮集都序》的記載，中唐時禪宗不同風格的宗派達百家之多，其

中包括北禪、南禪、小乘禪、大乘禪等，說明在惠能後近一百年的圭峰宗密時代，北禪仍然存在，南禪還未一統天下。

從短期看，南禪、北禪之爭促成了禪宗整體的極大繁榮。這就好像今天的電子商務，各家爭來爭去，最後炒熱了電子商務整體——不管你用亞馬遜還是eBay，反正你上網多了，去街頭小店少了。

亂世興禪：禪宗在中國一支獨大

而從長期看，在惠能入滅一百多年後發生的一場風暴，證明了惠能禪對中國佛教的整體影響。這就是唐朝末年發生的唐武宗滅佛事件。首先來回答一個疑惑：終極性是硬需求，怎麼還會出現皇帝滅佛事件呢？要知道，前面講的是集體概念，具體到每個人，信仰不同很正常。普通人如此，皇帝也如此。粗略地講，中國歷代皇帝大都信佛或容佛，但每二十個皇帝中有一個特例也實屬正常。而且，這些特例也不是什麼都不信，只是不信佛教而信了別的。

讓我們來看看中國歷史上的四次皇帝滅佛事件：

南北朝：北魏太武帝滅佛；

南北朝：北周武帝滅佛；

晚唐：唐武帝滅佛；

五代：後周世宗滅佛。

上述，史學界稱為「三武一宗」滅佛，而佛教界稱為「三武一宗」法難。從「法難」一詞，我們可以看出佛教界的怨恨，但從歷史角度評判，北魏太武帝、北周武帝、唐武宗、周世宗都是有志於改革的皇帝，正是出於改革的決心，他們才必須把佛教限制在政治與經濟可承受的範圍之內。

至於讓這些皇帝下決心滅佛的原因，說來可笑，就是佛教又一次發展得太好，好到令人羨慕嫉妒恨的地步！按說，僧侶本來是不起眼的清貧階層，佛陀讓弟子托缽行乞，可隨著中國佛教的定居化，僧團有時擴展得十分離譜，或者在規模上離譜，或者在財富上離譜。據《魏書》、《舊唐書》、《資治通鑑》等的記載——

第一次滅佛的背景是這樣的：北魏初年[15]境內有寺六千餘所，僧尼七萬餘人，數目已經可觀。過了三十六年，寺院達一萬三千多所，翻了一番。又過了三十七年，局面近乎失控，僧尼大眾二百餘萬，寺廟三萬有餘。

第二次滅佛前，北周總共才九百萬人口，而北周的鄰居北齊有僧人三百餘萬，國家收入的三分之一用於供養三寶。

第三次滅佛前，「公私田宅，多為僧有」。寺院也毫無謙讓之意，「膏腴美業，倍取其多，水碾莊園，數亦非少」。於是，唐武帝在詔書中訴苦：「有一人不耕，便有人挨餓，有一女不織，便有人受寒，可寺廟中的僧尼不耕不織，寺廟富麗和宮殿爭美。」

寺院不納稅，稅賦來源少了；和尚不打仗，兵源減少了。小規模沒問題，但大到上述規模，政府的干預是可以預期的。

在數次滅佛中，唯有這第三次「滅佛」對佛教的打擊最大，為什麼呢？前兩次滅佛和最後一次滅佛，都發生在南北朝和五代。由於國家分裂，一個皇帝滅佛，僧人們可以跑到別的地區去；等這個滅佛的皇帝去世，僧人們又回來了。表面看起來是老皇帝滅佛、新皇帝復辟，更根本的原因在於北魏、北周、後周作為局部政權，政令無法覆蓋全國。

而唐武宗這次滅佛則不同。唐朝是大一統的朝代，因此，這是第一次也是近代前唯一一次，滅佛的政令有了全國性的威力。西元 844 年，唐武宗下詔書：五台山、終南山、法門寺等地「不許供養佛牙」。次年，他再下詔書：洛陽、長安各留兩寺，每寺二十人，其他各州一寺，每寺不超過二十人。按此計算，全國寺院只能保留幾十所，僧人數百人而已。多出的部分，寺院充公，經書燒毀，僧人還俗。不僅範圍徹底，程度也徹底，據《資治通鑑》的記載，四千六百座大寺被毀，二十六萬多僧人被迫還俗，收回良田數十萬頃，解放奴婢十五萬人，歷時四年之久。

佛教在中國，陷入了與十三世紀的印度佛教同樣的境地。

結果也幾乎一樣。對禪宗之外的幾乎所有佛教宗派，這場風暴都是毀滅性的，具體表現如下：

本來就水土不服的三論宗、唯識宗、成實宗、俱舍宗、律宗徹底消失了。

本來已經中國化的華嚴宗、天台宗也在當時滅絕，很久以後才從日本「反哺」回中國。

甚至禪宗中的北宗，也就是神秀一宗，因為改革得不夠徹底，仍然依賴於講經、修行、政府扶持，也在這次法難後斷絕了傳承。

究其原因，傳統佛教的生存依賴幾個條件：場地、經典、組織。場地被沒收，就沒地方聽課了；經書被燒毀，就沒資料上課了；老師還俗，那即使有資料，也看不懂了。

唐武宗在滅佛幾年後就去世了，他的兒子很快宣布恢復發展佛教。可寺院毀的毀了，經書燒的燒了，尼姑、和尚都還俗了，從何恢復？

這次打擊，對南禪影響甚微。原因在於：經過惠能簡化的它，在佛教各宗中，設施包袱最小，義理包袱最小，經濟包袱最小，不再受組織條件的影響，不再以場所、老師、教條、教規為先決條件。既然自性能生萬法，那麼佛、法、僧三寶都在每個信徒的自性中了。滅佛雖能消滅外部一切，可怎麼消滅「自性」？

結果，各宗全軍覆沒，禪宗全身而退。各位現在已經清楚了，不是因為它強大到把別家都擠垮了，而是因為它簡單到能入選國家探索頻道《荒野求生》節目的地步。

事實證明，惠能的「簡化」恰到好處，少一點不成，多一點也不成。

比南禪再簡單一點的，就是淨土宗。淨土宗也很簡單，一心念佛即可，也不需要依賴寺院、老師、經書，因此淨土宗也逃過了這一劫，可它卻未能發展起來。這是由於淨土宗理論太少，不受文人的賞識，只能在民間流傳。要知道，文人在中國勢力最大，而文人更追捧有內容的禪。結果兩家都逃過了滅佛，卻只有禪宗一家迅速發展了起來。

比南禪複雜一點的，就是北禪。在此之前，北禪雖然被南禪壓了下去，但一直延續著自己的法脈。由於它仍依賴寺院、依賴次第、依賴帝王、依賴經書——總之多了那麼一點點依賴，並且又在滅佛的重災區——京城一帶活動，結果在這次滅佛事件中被摧毀。它不是被南禪摧毀的，而是被滅佛摧毀的。

中國佛教的第二次洗牌

上述就是中國佛教的第二次大洗牌。

回憶一下，第一輪洗牌發生在這些宗派出現不久的初唐，原來的十宗中的六支，三論宗、唯識宗、律宗、密宗、俱舍宗、成實宗，很快就消失了。

而第二輪洗牌發生在晚唐，結果是剩下的華嚴宗、天台宗、淨土宗也被一掃而光，基本只剩下了禪宗一家。雖然到了明清之際，這三家又陸續恢復，但中國佛教基本變成了禪宗一枝獨秀的局面，並一直延續到今天。

在唐武宗法難之後的晚唐，南禪取代了北禪成了禪宗的唯一代表，禪宗更是取代佛教其他宗派，成了中國佛教的代名詞。用胡適的話說，「八世紀以下，禪學取代了佛教，禪院取代了律居，佛教差不多完全變成禪學了」。

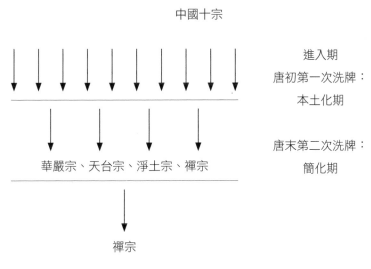

圖 14-1 中國佛教的兩次洗牌

改良還是革命

好在禪宗的故事並未結束。

惠能證明了簡化的優勢，同時也留下一個疑問和一個缺憾。我把它們列舉出來，同樣不是否認惠能的功勞，只想說明：世界上再偉大的思想也不可能絕對、永遠、完美。佛陀、惠能的思想如此，今天偉人的思想也如此。這不是我的一己之見，而是因緣法的本意——不絕對、不永遠、不完美，才符合因緣。

我們先來回答一個疑問：惠能禪是不是佛教在中國發生的一次革命？

胡適很愛用「革命」一詞，他把三位中國僧侶，即竺道生、惠能、菏澤神會都封為「革命和尚」。胡適稱讚菏澤神會是「新運動中的政治家和戰士，他開了革命的第一炮」，他的「頓悟」二字是「大革命」，最終他「北伐成功」。只是，我敢斷定竺道生、惠能、菏澤神會一定會斷然拒絕「革命家」的封號。這些佛弟子們都自以為宣揚佛法正統，他們站出來都是要打擊佛教異端，哪來革命之有？

即使以現代的標準，我仍然質疑胡適的用詞是否妥當。顧名思義，「革命」意味著質變而非量變。如果變化是小修小改的話，那叫「改良」才對。至於惠能禪是革命還是改良，事實是清楚的：禪宗只是簡化，而不是法義的變化。這就是我們花了這麼多時間來論證「惠能禪的特點在於簡化」的緣故，因為「簡化」最清楚地說明了佛教在中國大地上發生了什麼——減法。做減法就不可能「出軌」，相反，做減法到最後就只剩下了佛法的核心。經過簡化的佛法當然仍是佛法。

並且，幸好事實是清楚的，否則就會引發下面混亂的推論：假如佛教在中國發生了革命，那麼質變了的中國佛教還屬不屬於佛教？洪修平教授道出這種隱憂：「如果把產生於印度的佛教照搬照抄介紹到中國來，這當然不是中國化。但如果根本違背了佛教的基本教義教規，那它也就不成其為佛教，更談不上佛教的中國化了。」[18] 我們做這番「簡化」的定位，就是為了消除這種隱憂：惠能禪只是改良，僅此而已。還用那個例子，蘋果吃到最後，不會吃出梨核來，有什麼革命可言！

重新組織的難題

除了可以解釋的問題，惠能禪還留下了一個需要彌補的缺憾：如何建立一個「不立文字，教外別傳」的組織？

沉默不是辦法。禪語云「開口即錯」、「說一物即不中」，個人很容易做到，閉嘴即可；可組織辦不到，一個完全沉默的組織，解散也罷。

事實上，南禪之所以能在滅佛的風暴中生存下來，正是因為用了解散之法，才得以化整為零。但在危機之後，禪宗的發展需要化零為整，它需要語言，但又不能依賴文字。具體來講，有兩個現實的問題：

教學：如果不立文字，那師生間交流什麼？

傳承：如果教外別傳，那代代間傳遞什麼？

這就有待中國禪弟子們的偉大實踐了！

何其美麗的傳說三：
煩惱即菩提

說明：這部分僅為對禪宗有強烈興趣的人士準備，可讀可不讀。

禪宗人士常把「煩惱即菩提」掛在嘴邊，那我們也來參參這句流行語。

首先來理解其中的關鍵字。

煩惱：心靈的束縛。世俗界是動態的、雜染的、輪迴的、生滅的、有善惡的，所以叫煩惱的束縛。

菩提：心靈的解脫。一般認為，神聖界是涅槃的、清淨的、永恆的、無善無惡的，所以叫菩提的解脫。

即：等於、就是。

這句話的魅力之處也是難解之處在於：它在反義詞之間畫上了等號。如果說煩惱即菩提，那麼就等於說──

雜染即清淨；

善惡即無善惡；

生滅即永恆；

世間即涅槃；

解脫即束縛。

如果我們追問禪宗人士：A 即非 A，邏輯何在？難免被他們以「超越名相」之類的話搪塞。只是我以為，「煩惱即菩提」這句話本身就是名相，那麼，只要開口講它，就有義務講清楚：煩惱憑什麼是菩提？

i. 印度的理解

印度的覺悟觀基於**兩個世界**的模型：世俗界染、神聖界淨，從一個世界到另一個世界的跨越非經過「成佛」不可。兩個世界與時空中的遠近無關，即使時空再近，它們也性質不同且完全隔離，如此才叫「兩個世界」。舉個例子吧，寶石與灰塵的化學成分不同，即使混合在一起，寶石也還是寶石，灰塵也還是灰塵，而灰塵變寶石非經過「神奇的煉金術」無法實現！

至於人們的心是灰塵還是寶石，小乘佛教和大乘佛教提出了不同構思。

小乘佛教的說法大致是這樣的：你的心就好像一個盒子，裡面是灰塵，即使有少量寶石成分，也主要是灰塵。

這種說法來自佛陀之後、部派佛教中的「心染」說：無明來自無限的前世，人們生來就煩惱，現在也煩惱，所以佛教修行的目標是將染著的心變為清淨的心。

「盒子」的模型帶來了以下推論：

一是少數人才有資格覺悟。人性先天污染的程度不同，接受佛法的機緣也不同，只有污染輕的、經過特定修行的人才可能成功。就像只有少數盒子才能完全變為寶石，也只有少數人才知道煉金術的祕密。

二是所需時間長。心從染變成淨，通常需要累世的修行，就像煉金術一樣漫長。

三是要按步驟修行。修行者通過禪定淨心，堅持不懈地消除業力，就像煉金術一樣需要作業流程。

這種說法的難度在於解釋為何佛陀說人人皆有佛性。並且，這種說法也太悲觀，因為從染到淨的轉換太難。

既然需要轉化，那就不是「即」，而是「變」。因此，我們稱上述為印度版的「煩惱變菩提」。

大乘佛教的說法大致是這樣的：你的心就像一顆玻璃球，它本體就是寶石，無比純淨，玻璃球表面覆蓋了灰塵，灰塵遮蔽了寶石之光。

這種說法來自之前部派佛教中的「心淨」說：實際上是心從淨，到染，再到淨。人人生來就有佛性，只是後天受到了污染，所以佛教的目標是將被污染的心恢復潔淨。

需要說明的是，印度大乘佛教有幾個分支，這裡列舉的是其中與中國佛教最近的一支的說法。《成唯識論》中寫道：「此雖本來自性清淨，而由客障覆令不顯。」

「寶石」的模型產生了不同的推論：

一是人人可覺悟。理由是人性先天清淨，就像玻璃球內部本來就是乾淨的。

二是所需時間短。覺悟可能剎那間發生、隨時發生（當然，也可能永不發生），就像揮去小球表面的灰塵，不需要什麼時間。

三是過程簡單。修行者在領悟清淨本心之時，便不再執著於雜染的世界。就像小球表面的灰塵一旦落去，小球就恢復出太陽般透亮的本色。詩云：「我有明珠一顆，久被塵勞關鎖。今朝塵盡光生，照破山河萬物。」多麼浪漫的大乘情懷！

這種說法的好處很明顯：它給人以希望，並且不存在染淨之間的轉化。由於轉化不存在，我們稱上述為印度版的「煩惱即菩提」。

這告訴我們一個事實：「煩惱即菩提」這句話，並不是中國人最早提出的，而是出自印度大乘。《大乘莊嚴經論》、《攝大乘論釋》中均有「煩惱即菩提」字樣。《大集經》中更有：「若煩惱中見菩提者，是名如見，若離煩惱見菩提者，即是倒見。」這些都是印度經典。

但請注意一點不同：基於兩個世界的模型，印度版的「煩惱即菩提」認為髒是髒、淨是淨，灰塵是灰塵、寶石是寶石，煩惱是煩惱、菩提是菩提，就算混合在一起，由於它們性質不同，也絕對不會融為一體。

ii. 中國的理解

中國的覺悟觀基於一個世界的模型。在這個世界中有染、有淨，且從染到淨可自動轉化，所以才叫「一個世界」。換個例子，它們不像寶石與塵土，而像渾水與清水，H_2O 之間並無本質不同，清水變渾，渾水變清，不需要通過化學反應。

中國的主流說法來自《大乘起信論》，大致是這樣的：你的心就像一個篩檢程式，左邊進來污水，污水經過篩檢程式，到了右邊就變成了淨水。根據「一心二門」說，心的一側門通向因緣生滅，另一側門通向因緣寂靜，兩邊在心中轉化。當因緣趨於寂滅的情況下，兩邊趨於相等。煩惱越少，就越接近清淨，於是煩惱轉化為菩提。

「篩檢程式」的模型解決了相容的難題：人既有無明，也有佛性，所以心既有雜染門，也有清淨門。

由於存在轉化，這是中國版的「煩惱變菩提」。中國版比印度版的轉化在時間上要快很多，因為畢竟過濾水比煉寶石要容易得多。

但它也有它的問題：

一是瞬間轉化的可能性。比如，我們現在心亂如麻，但要求即刻平靜下來；晚上輾轉反側，但希望倒頭就睡；平時胡作非為，但準備立地成菩薩。按照篩檢程式的模型，能否如此高效？

二是反過來轉化的可能性。相對於「從煩惱到菩提」好講，「從菩提到煩惱」不好講卻必須面對：清淨如何生出善惡？一個清淨的心體如何產生一個染著的心用？

除了主流的說法，我以為，中國還有另一種模式，它來自惠能。與《大乘起信論》的心體清淨、心用雜染相比，惠能的創造是：心體、心用——整顆心都清淨，都是佛性。如果你問雜染從哪裡來，他的答案是：執著。各位的心念，不執著時，它只有清淨的感覺；執著後，才有了雜染的思量。

《壇經》把執著比作雲遮日。「世人性淨，猶如青天，慧如日，智如月，智慧常明。於外著境，妄念浮雲覆蓋，自性不能明。故遇善知識開法，吹卻迷妄，內外明徹，於自性中，萬法皆見。」這是用日月來比喻心，用烏雲來比喻執著。雲在時遮住陽光，雲去時陽光現，但陽光從來就沒消失過。

《壇經》中還有另一個比喻：「著境生滅起，如水有波瀾，即名為此岸；離境無生滅，如水常流通，即名為彼岸。」這是用水來比喻心，用岸邊的拍打來比喻執著。

這種說法的好處在於：

一是瞬間轉化的問題消失了。《壇經》的原話是：「凡夫即佛，煩惱即菩提，前念迷即凡夫，後念悟即佛，前念著境即煩惱，後念離境即菩提。」你看，念頭可以瞬間切換。

二是無中生有的問題消失了。《壇經》的原話是：「邪來煩惱至，正來煩惱除，邪正俱不用，清淨至無餘。」這裡的邪、正都是思量，而清淨是直覺。你看，沒有思量的話，直覺就是直覺，有了思量，直覺才染上執著。

回到前面關於水的比喻，在惠能看來，我們的心就像一瓶純淨水，無論是瓶口的水還是瓶底的水，都是純淨的，整瓶水都純淨，即使 H_2O 倒出瓶子後，變為雨水、海水、河水，仍然純淨，本質都是 H_2O。

由於不存在轉化，上述是中國版的「煩惱即菩提」。它也比印度版的快，因為連動作都不是必需的，H_2O 就是 H_2O，陽光就是陽光，虛空就是虛空，本來如此。

iii. 日本的模型

你以為，該沒有更多的模型了吧？佛教的智慧是不能被低估的，因為它是流動的。

在本書的最後一部分中，各位將會看到另一個模型——日本的模型。日本的模型不是兩個世界的，也不是一個世界的，而是零個世界的。世界歸零意味著時間歸零，煩惱即刻生滅，菩提即刻生滅，所以煩惱即菩提。

至於這個模型解決了什麼問題，各位且拭目以待，因為它首先取決於中國禪將留下什麼問題。

以下是不同文化對煩惱與菩提的不同解讀：

	兩個世界的模型	一個世界的模型	零個世界的模型
煩惱變菩提	印度小乘	大乘起信論	日本的模型
煩惱即菩提	印度大乘	惠能	

第十五章

「不立文字」
立什麼

　　要解決惠能留下的問題，禪弟子們首先面臨的挑戰是：如何建立一個不立文字的組織？

　　在禪宗看來，文字不僅不是覺悟，還是覺悟的障礙，兩者之間如「白雲千重，遠之又遠」。所以，禪宗把對文字的執著稱為「文字障」。傳統佛教的教學引經據典，難免咬文嚼字，屬於典型的文字障，需要通通清除。只是清除之後，師徒間交流什麼？

　　意境。

　　不立文字的禪宗組織必須直接追求「悟」的意境。方法就是參禪，「參」即參透的意思，一般有非正式的和正式的兩種，正式的即升堂，非正式的即對話。其間老師「接心」，學生參悟；老師不能代替學生開悟，但老師對學生開悟有接引作用。甚至反過來也成立，因為師徒要各顯自性：學生別怕調侃、鬥嘴；老師也別居高臨下，別太當真。山間林野，庭前月下，三分師徒，七分道友，這是中國禪宗乃至中國文人特有的浪漫情懷。

　　與傳統的授課方式相比，參禪的意義在於啟發。日本禪者鈴木大拙寫道：「如果『悟』可以經由分析而讓未開悟者完全明白，那麼它就不是『悟』了。如果『悟』翻轉成概念，那麼就不再是它自己，也就不會有禪的經驗。因此禪的開示只能透過指示、暗示或指出道路，讓習禪者找到他們的歸趣。」[19]試想，老師希望幫助你，又不能通過講經說法告訴你，那只好啟發你，不外乎通過三種方式：

　　或者，在話語中啟發你；

或者，在行動中啟發你；

或者，在藝術中啟發你。

繞著悟？機鋒、公案

說出來的話仍是語言，但在禪宗看來總比文字好。事實是，《壇經》提到惠能的兩次大悟都受益於話語的啟發：第一次是聽到客人誦經，第二次是聽弘忍講經。只是禪宗的話語有個前提，就是不說破。

前面提到，「遮詮」是古代印度宗教的說話方式，用於描繪不可描述的真理。舉個例子：一位佛教的法師吃過芒果，而弟子沒有吃過，因此他頂多告訴弟子，「芒果的味道不是玫瑰味，不是土豆味，不是辣椒味，不是白水味，不是西瓜味……」，這就是「遮詮」的方法。

可在禪宗看來，上述還做得不夠，因為「芒果」這個名字不也說破了嗎？同一個例子，禪師會讓弟子直接去泰國旅遊，待旅行結束後故意問：「聽說那裡有一種奇怪的滋味……是什麼？是什麼？」這麼問的原因在於，老師既不希望在弟子腦子裡埋下概念，也不希望弟子說出概念，因為芒果的概念並不等於芒果的滋味。

禪宗不僅把「真理是什麼」，而且把「真理」這個詞，乃至「佛」、「佛法」、「佛性」、「自性」等，都當作不能說的謎底，嚴禁在謎面中出現。其中最嚴禁出現的莫過於「自性」二字。

惠能講課時曾明知故問：「吾有一物，無頭無尾，無名無字，無背無面，諸人還識否？」這是典型的不說破。當惠能的弟子菏澤神會回答「佛性」時，惠能不僅不表揚，反而生氣地回覆：「我明明說沒名字，你怎麼敢說它是佛性！」惠能生氣不是因為弟子回答錯，而是因為被說破——說破也算錯。

說明下：本書下面的各種故事收錄於禪宗的各種燈錄中，如《五燈會元》、《古尊宿語錄》、《碧巖錄》、《景德傳燈錄》、《指月錄》、《宗鏡錄》等，它們本來就是道聽塗說的故事，我就不一一列明出處了。並且，既然是故事，那文字就未必原封不動，部分古文我翻譯成了現代文。禪宗最反對咬文嚼字，意境才是重

點。

如果被學生逼急了，禪師們會創造某些詞來暗示答案，如「無位真人」、「無依道人」、「無事真人」、「本地風光」、「本來面目」、「自家寶藏」、「正法眼藏」……這些都是「自性」的代名詞。不理解的話，你會以為禪師們在故弄玄虛，其實他們只是在繞路說禪。

雲門文偃禪師說：「乾坤之內，宇宙之間，中有一寶，祕在形山，打燈籠在山門上找幹嘛？」

雪竇禪師說：「我有一寶，就在裡頭，抓不出來，分不開。」

臨濟義玄禪師說：「赤肉團上，有一位無位真人，常從汝等諸人面門出入，還有誰不明白？」

如果被逼得更急，禪師們就打起啞謎了，讓我來替他們翻譯下。「各各自度」，言下之意是：找自己，別找我。

「飯籮邊坐餓死人，臨河有渴死漢」，言下之意是：要找的東西就在你身邊，我看著都急。

「啞子得夢，說與誰知」，言下之意是：我急得跟啞巴一樣說不出來。「頭上著頭，雪上加霜」，言下之意是：即使我告訴你也多餘，老師比你急，但沒用！

當然你會問：「說破了又怎樣？」估計有三害。

對學生而言，一說破就不是自悟。

對老師而言，一說破就是失職。

對禪宗而言，一說破就沒祕密可言。不信？它的全部祕密只有兩個字（即「自性」），說破只要一秒鐘！可為了大家不失業，千萬別說！

這就凸顯出我對禪宗十分不負責而對讀者十分負責的態度：按說本章中的例子讓各位自己體會才對，之所以犯禪宗的忌諱整理出來，因為它們耽誤了我太多、太多時間，所以希望節省各位少許、少許時間。至於對不對，我以為本來就不絕對──禪宗講自性，對不對全在自己。

繞路說禪的方法有點多。如果按形式分類，包括一問一答及一問多答等。

i. 機鋒

「機鋒」即禪師間短兵相接的對話，採用隨機應變、一問一答的形式。

◇ 一位士大夫問南泉普願禪師：「一隻小鵝在瓶子裡長成大鵝，現在不打碎瓶子，如何讓大鵝出來？」南泉呼喚對方說：「大夫。」對方說：「在。」南泉說：「大鵝已經出來了。」

注：問方故意出難題，答方四兩撥千斤。大鵝可以被看作具體的事物，但也是我們腦子中的所想。答方叫問方的名字，對方應答，那說明他答話的大腦在瓶外，那說明他腦子裡的「大鵝」也在瓶外！

◇ 光湧禪師參訪回來拜見老師仰山禪師，老師明知故問：「見到了嗎？」光湧答：「見到了。」老師問：「我像驢嗎？」光湧答：「你不像佛。」老師問：「那像什麼？」光湧答：「要像什麼的話，那跟驢有什麼區別？」老師說：「你真是凡聖兩忘。」

注：問答都鋒芒畢露，你引誘我直說，我偏繞著說，最後逼得對方承認凡就是聖、聖就是凡。

ii. 公案

「公案」即用於啟發公共思考的案例，採用集體競猜、一問多答的形式。這些問題第一次被回答時叫機鋒，但當它們反覆被提出讓不同的人作答，而不同的人給出了不同的答案時，則演變為公案。

◇ 「狗有無佛性？」趙州從諗禪師答：「有。」學生問：「既然狗有佛性，為什麼還有身體？」趙州答：「牠明知故犯。」另一個學生再問趙州上述問題，趙州答：「無。」學生問：「既然諸佛、螞蟻都有佛性，為什麼狗沒有？」趙州答：「牠有業識在。」

同樣的問題，學生問惟寬禪師。惟寬答：「有。」學生又問：「那您有無佛性？」惟寬答：「無。」學生又問：「眾生皆有佛性，您為何沒有？」惟寬答：「我不是眾生，也不是佛。」學生問：「那大師您是什麼呢？」惟寬：「我也不是『什麼』。」

注：這則公案之所以常被提起，是因為它本來就沒有答案。狗自己知道答案，可牠說不出來；我們不是狗，怎麼知道狗的佛性？所以趙州說有亦然、無亦可，而惟寬說他無。而我不是他們，只能猜。

◇ 南朝的文人傅大士有一首著名的詩：「空手把鋤頭，步行騎水牛。人從橋上過，橋流水不流。」

注：關於這首詩，歷史上的評論很多，但以現代的眼光，它似乎在描述一種意識流。要問意識怎麼流？請各位自己去扛把鋤頭，自己去騎水牛，自己去橋上走，自己去看水流⋯⋯

至於那個著名的公案，「什麼是祖師西來意？」由於答案太長太多，我把它放入了下面的附錄。

動著悟？行為藝術、棒喝

如果「說而不破」不行，就只好「做而不說」了。因此，第二種方法就是在行動中啟發你。在行動中啟發的好處是完全越過了言語，而壞處是完全缺乏提示，更令人驚訝、費解。

｜打

馬祖道一的弟子百丈懷海陪他去遊山，見到一群鴨子飛過。馬祖問：「這是什麼？」百丈答：「野鴨子。」馬祖又問：「到哪裡去了？」百丈答：「飛過去了。」這時，老師突然擰了下學生的鼻子，聽到百丈「呀呀呀」地失聲痛叫，馬祖說：「你說飛過去了，原來還在這裡。」

注：馬祖道一是禪宗行動派的開山祖師，後世禪宗粗暴的風格多受他的影響。

踏

禪師石頭希遷考學溈山靈祐，石頭希遷指著桌上的淨瓶說：「這不能叫淨瓶，你怎麼稱呼它呢？」溈山踢倒瓶子就走。

溈山靈祐對弟子仰山說：「你們大都只會說機鋒，不會用機鋒。」弟子不明白就去問老師是什麼意思。老師說：「你再說一遍。」對方還沒來得及再說，就被老師一腳踢倒。

黃檗禪師知道《維摩詰經》的名句「不求佛、不求法、不求僧」，就反駁說：「我只拜佛，不求佛、不求法、不求僧。」學生問：「那拜而不求做什麼用？」結果挨揍。

注：有不想說出的東西，除了行動，別無他法。

喝

臨濟義玄禪師上堂，先大喝一聲，然後問學生：「我喝得好嗎？」學生請他傳法，他又大喝一聲，然後問學生：「我喝得好嗎？」臨濟禪師還把喝上升為系統：第一種情況是，「有時一喝，如金剛王寶劍」，即為了截斷對方思路；第二種情況是，「有時一喝，如踞地獅子」，即為了彰顯自主；第三種情況是，「有時一喝，如探杆影草」，即出於試探；第四種情況是，「有時一喝，不作一喝用」，即沒事喝一喝。

注：喝是一種藝術，抑或是一種粗魯，完全取決於用意。

棒擊

德山宣鑒禪師上堂，說：「今天你們開口挨我三十棒，不開口也挨我三十棒。」更說：「佛來也打，祖來也打。」

船子禪師對來找他的禪師說：「垂絲千尺，意在深潭，離鉤三寸，子何不

道？」對方剛要開口，船子一槳把對方擊落到水中。對方爬上船，船子禪師說：「快說！快說！」對方剛要開口，又被一槳擊落到水中。

注：棒擊的風格雖然粗暴，卻是堵死思維，回到經驗的直接辦法。如宋代的佛果禪師評價說：「德山棒、臨濟喝，並是透頂透底，直截剪斷葛藤，可以與人解黏去縛。」

｜捂嘴

有人問大隋法真禪師：「什麼是佛？」禪師用手捂住對方的嘴。

｜拂塵

有人問蘇州西禪禪師：「什麼是祖師西來意？」他向對方舉起拂塵。

有人問蓮越禪師：「佛出世前是什麼樣子？」他舉起拂塵。那人又問：「佛出世後是什麼樣子？」他又舉起拂塵。

｜走開

有人問道悟圓智禪師：「你死了後，我該如何說佛的真理？」他回頭讓那人用桶裝滿水，然後說：「你剛才問我什麼？」那人重複了一遍問題，然後道悟就走開了。

｜一根手指

如果你覺得上述太平常，下面的藝術行為更怪異。

——隱峰禪師，倒立著圓寂。

——懶瓚禪師，煮石頭待客。

——洞山禪師，要老師眼珠。

——龍牙禪師，要老師人頭。

——趙州禪師，鎖門喊救火。

俱胝和尚被問及佛法，就常豎起一根手指表示萬法歸一。有次弟子也模仿著

伸出一根手指，禪師冷不防地拿起刀砍掉弟子的手指，然後問：「什麼是佛法？」弟子一邊大叫，一邊習慣性地舉手，卻發現不見了手指。

注：如聖嚴法師所言，那手勢充滿無限的可能性和功用。

反之，如果你覺得上述太過分，下面的行為則在舉手投足間。

道悟禪師有一個追隨自己多年的弟子，他為道悟禪師端茶、送飯、傳話，終於有一天他鼓起勇氣說：「請老師指示心要。」道悟禪師說：「你來之後，我一直在指示啊。你端茶，我接了。你送飯，我受了。你傳話，我低頭。這都是心要。」見弟子還不明白，道悟禪師接著點破：「見則當下便見，一思量就偏。」

另外，雲遊、勞作都可以用於禪悟，宗下稱為「行腳」。

還不悟？禪詩、禪畫

如果語言、行動都不通，只好靠意境了，因此第三種方法是在藝術中啟發你。常見的藝術形式包括禪詩和禪畫，禪詩表達言外之言，而禪畫描述象外之象。由此，形成了中國式的含蓄藝術之風，既像宗教又不像宗教，這在世界上十分獨特。

美學大師李澤厚先生寫道：「否定生命厭棄世界的佛教最終變成了這種具有生意的禪果，並且通過詩歌、繪畫等藝術王國給中國士大夫知識分子們增添了安慰、寄託和力量。」[20]

詩雖是文字，卻是不說破的文字，更是沒人當真的文字。禪詩包括詩、詞、歌、賦等體裁，包括無體裁而有詩意的句子。比如，下列句子就充滿著飄逸的韻味。

王維：「行到水窮處，坐看雲起時。」

有人問大龍法師：「如何堅固法身？」他答：「山花開似錦，澗水湛如藍。」

有人問藥山惟儼：「如何是道？」他答：「雲在青天水在瓶。」

有人問崇慧法師：「達摩之前中國有沒有佛法？」他答：「萬古長空，一朝

風月。」

注：中文何其美，翻譯何其難！

更多好詩及禪詩的分類，我放入了後面的附錄中。至於禪畫，本人完全不懂，請各位另請畫師。

不立文字

上述就是不立文字的由來——機鋒、公案、棒喝、詩畫，它們都能不經過傳統的聞思修而啟發智慧。但你會奇怪：啟發的方法有必要這麼多種嗎？

有必要。

原因在於，這些方法有個共同的缺點，就是不能重複，一重複就不是直覺了，一重複就不再是智慧了，一重複就落俗套了。禪語說：「一句合頭語，千古系驢橛」，意思是，一句正確的話，可以變為後人的障礙。因此，前人的話可能說得沒錯，但後人重複則落入了俗套。

要看禪宗多忌諱俗套，有兩則公案可以說明。

有人問法眼文益禪師：「如何是佛？」法眼禪師答：「說出來恐怕你不信。」那人說：「你是大和尚，不打妄語，我怎麼會信不過呢？」法眼禪師答：「你信得過，那我跟你坦白地說，你就是佛。」

奇怪，前面不是說不說破的嗎？怎麼破例了呢？要知道，大家都不說破，就是俗套，但就偏有祖師說破！

《涅槃經》中說：「一切眾生悉有佛性。」禪宗為仰宗的祖師溈山靈祐當然知道這點，但他偏偏說：「人人皆無佛性。」

這不是跟佛祖抬槓嗎？沒錯。抬槓不算重複。尤其是，佛性在因緣之中，本來就可「空」可「有」。我猜想，如果你說「一切皆無佛性」，溈山又會反著說「一切皆有佛性」。

不能重複的結果是機鋒、公案、行為、詩詞越來越多。不說明這個緣由的

話，你會奇怪：禪宗說不立文字，可文字不少啊。據禪宗自稱，其公案多達一千七百多個，禪詩上萬首，燈錄上百卷，彙集了大致四類內容：祖師語錄、各宗歷史、公案評議、隨筆體會。

結果是，在《大正藏》中的諸宗部分，不立文字的禪宗以 1599 頁居首位，而以理見長的天台宗僅以 982 頁次之。在《大正藏》中的史料部分，不立文字的禪宗又以 8284 頁奪冠，淨土宗以 1685 頁次之[21]。

我們不妨這樣理解：禪宗的祖師們已經完成了不立文字的原創，後人所做的只是後來的、額外的、不必要的紀錄。既然是紀錄，那用禪宗的語言講，一把火燒掉也罷！

賓主問酬，
激揚宗要

說明：這部分僅為對禪宗有強烈興趣的人士準備，可讀可不讀。

前面說到，山間林野，庭前月下，三分師徒，七分道友，這是中國禪宗乃至中國文人特有的浪漫情懷，我們都很羨慕。要羨慕這種雅興，正文中的內容夠了，而要親自參與，或許還需要額外的技巧。比如哪天，一位有禪意的朋友來拜訪你，這位朋友又不像我這般直白，他說了句不明不白的話，吟了首詩，問了個不明不白的問題，你該如何踢回這個「皮球」呢？因此，我再冒昧多「說破」幾句——關於機鋒、公案和禪詩。

機鋒的往來

對方扔來一個「皮球」，而球場的規則禁止你直接踢回去，但你仍有幾種選擇：間接肯定、間接否定、矛盾反詰、答非所問等。

A. 間接肯定

此類一般表示答案就在眼前，但又不直接說，所以稱為「間接肯定」。有人刁難馬祖道一禪師，在地上畫了四條線，一條長，三條短，請馬祖在不能說長短的前提下描述一下。馬祖答：「不得道長短。」

有人問大同禪師：「什麼是法？」大同禪師答：「法。」那人再問：「什麼是道？」大同禪師答：「道。」那人再問：「什麼是佛？」大同禪師答：「佛。」那人再問其他，大同禪師一律說：「這個，對，就這個。」

注：以問題當作答案，馬祖禪師和大同禪師表述事實就是如此。

B. 間接否定

此類一般暗示真理不可說，但又不直接說「不可說」，所以稱為「間接否定」。

有人問古賢謹禪師：「什麼是佛？」他回答：「在你鼻下面。」

有人問石頭希遷禪師：「什麼是佛法？」他回答：「得到它的人才知道。」

有人問石頭希遷禪師：「什麼是第一義？」他回答：「我告訴你的是第二義。」

注：第一義就是佛法，不是語言，因此得到了才是，說出來就不是。

C. 矛盾反詰

此類一般暗示問題本身不對，所以用更不對的答案來反襯。有人問馬祖道一禪師：「什麼是佛法？」馬祖答：「待你一口吞進西江水。」有人問徑山道欽禪師：「什麼是佛法大意？」徑山答：「山上有鯉魚，海底有蓬塵。」

注：你何時能把江水吸盡？永遠也做不到。馬祖禪師的意思是，永遠也不會給你答案。山上怎麼會有遊魚？海底怎麼會有蓬塵？徑山的意思是，問錯了方向。

有人問高麗靈鑒禪師：「什麼是佛？」禪師答：「把這個瘋漢拖走。」注：你就是佛，卻問佛在哪裡，自然要反問你，或者拖走你。

有人問長水子璿禪師：「清淨本然，雲何忽生山河大地？」他回答：「清淨本然，雲何忽生山河大地？」

注：清淨本來就是佛性，而佛是萬物的本源，你卻問它從何而來，我只能把問題扔回給你。

D. 答非所問

此類一般表示與其關心這些問題，不如關注行動。

有人問趙州從諗禪師：「萬法歸一，一歸何處？」他答：「我在青州作一領布衫，重七斤。」

有人問趙州是否得到了真傳，他回答：「鎮州出大蘿蔔。」

注：趙州開啟了答非所問的禪風，禪師不關心天是什麼，只關心現在可以做什麼。

最長的公案

公案的問題擺在那裡，前人的答案也擺在那裡，但你的答案不能重複，這是公案遊戲的樂趣所在。請看其中最沒有必要問卻回答最多的一個問題：什麼是祖師西來意？

馬祖道一答：「一個學生頭髮黑，一個學生頭髮白。」

又一個學生問馬祖道一禪師：「如何是西來意？」馬祖便打了對方，還說：「我不打你，別人笑我。」另一個學生問馬祖這一問題，馬祖將之當胸踢倒。又一次，遇到這種詢問，馬祖讓對方近前來聽答案，然後冷不防給對方一個耳光。

同樣的問題，石霜楚圓答：「三日風，五日雨。」

同樣的問題，首山懷志答：「三尺杖子破瓦盆。」

同樣的問題，龍牙禪師答：「待石頭、烏龜能聽懂人話再告訴你。」

同樣的問題，寶壽沼禪師答：「面黑眼睛白。」

同樣的問題，南院慧顒答：「五男二女。」

同樣的問題，妙智光雲禪師答：「東籬黃菊。」

同樣的問題，廣法源禪師答：「磚頭瓦片。」

同樣的問題，石頭希遷答：「去問露天的柱子。」

同樣的問題，溈山禪師答：「與我將被子來！」

同樣的問題，石霜慶諸禪師答：「空中一片石。」

同樣的問題，香林澄遠答：「坐久成勞。」

同樣的問題，首山省念禪師答：「風吹日炙。」

同樣的問題，廣因擇要禪師答：「長安東，洛陽西。」

同樣的問題，汾陽善昭禪師答：「青絹扇子足風涼。」

同樣的問題，德山禪師答：「門外千竿竹，佛前一炷香。」

同樣的問題，石門紹遠禪師答：「石牛攔古路，木馬驟高樓。」

同樣的問題，吉祥法宣禪師答：「久旱無甘雨，田中稻穗枯。」

同樣的問題，太平慧懃禪師答：「吃醋知酸，吃鹽知鹹。」

同樣的問題，趙州禪師答了三次，次次不同：第一次，「庭前柏樹子」；第二次，「麻三斤」；第三次，「喝茶去」。

大致同樣的問題，雲門文偃禪師也答了三次，也次次不同：第一次他答「久雨不晴」；第二次他答「山河大地」；第三次他答「日裡看山」。

注：祖師西來的意圖，無非是傳法，但「法」字不可直說，而且「法」遍布一切，因此說什麼都算傳法。

禪詩的分類

在我看來，禪詩是有一定規律的，規律就在於它們的主題是限定的：或者，以詩本身為題；或者，以世間為題；或者，以出世間為題。

i. 詩禪本身為題

詩即禪，禪即詩，詩禪相通是很多詩人的共同心得。

李端叔：「得句如得仙，悟筆如悟禪。」

元好問：「詩為禪客添花錦，禪是詩家切玉刀。」

蘇軾：「暫借好詩消永夜，每逢佳處輒參禪。」

戴復古：「欲參詩律似參禪，妙趣不由文字傳。個裡稍關心有悟，發為言句自超然。」

ii. 以世間為題

　　唐宋的士大夫們，如王維、白居易、顏真卿、劉禹錫、裴秀、柳宗元、蘇軾，孟浩然等，引禪入詩，描述世俗，但蘊意超脫。

　　王維：「空山新雨後，天氣晚來秋。明月松間照，清泉石上流。」

　　柳宗元：「千山鳥飛絕，萬徑人蹤滅。孤舟蓑笠翁，獨釣寒江雪。」

　　韋應物：「春潮帶雨晚來急，野渡無人舟自橫。」

　　元好問：「鴛鴦繡出憑君看，莫把金針度與人。」

iii. 以出世間為題

　　唐宋的僧人們如寒山、拾得、法眼等，也借詩談禪，效果遠比佛經來得生動。

　　法眼文益：「擁毳對芳叢，由來趣不同。髮從今日白，花是去年紅。豔色隨朝露，馨香逐晚風。何須待零落，然後始知空。」

　　布袋和尚：「一缽千家飯，孤身萬裡遊。青目睹人少，問路白雲頭。」

　　靈雲志勤：「三十年來尋劍客，幾回落葉又抽枝。自從一見桃花後，直至如今更不疑。」

　　無盡藏：「盡日尋春不見春，芒鞋踏遍隴頭雲。歸來笑拈梅花嗅，春在枝頭已十分。」

　　雪竇禪師：「聞見覺知非一一，山河不在鏡中觀。霜天月落夜將半，誰共澄潭照影寒？」

　　鳥窠禪師：「來時無跡去無蹤，去與來時事一同。何須更問浮生事，只此浮生在夢中。」

　　無門禪師：「春有百花秋有月，夏有涼風冬有雪。若無閒事掛心頭，便是人間好時節。」

第十六章

「教外別傳」
傳什麼

師徒之間只能幫助一代，傳宗則可以幫助無數代。因此，禪宗組織要解決的（從印度佛教到惠能都未能解決的）另一個問題是：如何越過言教而傳承？

佛陀臨終時之所以囑託弟子，佛滅後弟子們之所以立即結集，就是為了把佛陀的言教記錄下來。對後期佛教宗派來講，傳法還帶有「正宗性」的意義；各宗由於教義和教規不同卻又都自稱佛門正統，因此必須證明自己的教義和教規符合佛陀的言教。

其實縱觀宗教史，傳承開創者的言教太正常不過，否則才反常。基督教代代相傳耶穌的言教，伊斯蘭教代代相傳穆罕默德的言教，猶太教代代相傳先知的言教，可禪宗偏要別出心裁，不傳佛陀的言教，那唯一的問題是：還有什麼可傳？

如果你說傳前面記錄的公案、機鋒、場景、詩畫，不行，那些算文字而且算重複。它們可以啟發你，但你不能照搬。因此，別看禪宗祖師們留下了那麼多傳奇，其實只能作為課外閱讀材料，不能作為代代相傳的真諦。那麼，禪宗相傳到今天，傳下來什麼了呢？

風格。

言教有形，而風格無形；公案、機鋒、場景、詩畫不能重複，而風格可以模仿。因此，教外別傳的禪宗代代相傳獨特的宗門風格。

有人會說，禪宗代代相傳的是心，沒聽說過「以心傳心」嗎？我不絕對反對，因為心與風格都在不言之中，只是希望澄清一下：如何「傳心」？

如果把「傳心」理解為心靈感應般的傳遞，那麼經過現代科學反覆試驗，結論是：純屬瞎扯。即使把它理解為祕密傳授，好像師父只能把法寶私下傳授給徒

弟，那也接近瞎扯。遺憾的是，為了保持一定的神祕感，歷史上的禪宗常常故意縱容、默認、模糊這種瞎扯。

喜歡神祕感的禪者們會引用禪宗五祖弘忍的話：「法則以心傳心，皆令自悟自解；自古佛佛惟傳本體，師師密付本心。」以個人之見，這句話實非表面顯示的那樣：剛剛挑明弟子「自悟自解」，又何須「密付」？反過來，師父又有什麼可「付回」？唯一的解釋是，弟子的「密付」與師父的「付回」都不過「自悟」二字。這就好像學生吃飽了，卻被勒令向老師偷偷問：「我吃飽了沒有？」然後老師偷偷告訴學生說：「聽說你飽了。」豈不多此一舉？所幸弘忍遇到惠能和神秀這般優秀的徒弟，禪宗才得以傳承下去。後代的禪師們就未必了，難免有糊里糊塗的師父，糊里糊塗地「傳心」給徒弟，徒弟再糊里糊塗地「傳心」下去，天曉得這顆「心」被傳去了哪裡。

與「密付」相反，佛陀從覺悟起就公開傳法，僧團從創立起就「依法不依人」。其實兩者是一回事：公開傳法是「依法不依人」的前提，假如祕密傳法的話，誰知道傳的是不是真佛法？

更反對「密付」的是惠能。《壇經》中寫得明白，當有人一路追上他討教佛法時，惠能讓來人反觀自己的「本來面目」（自性）。來人追問道：「除了這個，還有什麼密意嗎？」言下之意是，他辛辛苦苦追了惠能一路，答案怎麼就這麼簡單──「我就是我」？惠能答道：「告訴你，就不是祕密，但反觀自身的話，祕密就在那裡。」言下之意是，本來也沒什麼祕密可言，只是一般人還不知道「你就是你」。

到了後世，禪宗弟子中也不乏有識之士出來澄清。百丈懷海禪師說：「無有密語，如來無有祕密藏……更討什麼密語！」

因此，「傳心」用神祕的方式是講不通的。能用現代的語言講通的、傳承的只能是風格。

一花開五葉

後期禪宗（南禪）可再分為三個階段。

i. 馬祖與石頭兩系

惠能之後，南禪分為幾脈發展。

——江西一脈：由南嶽懷讓、馬祖道一開創。到晚唐、五代時期分化出了臨濟宗、溈仰宗兩家。

——湖南一脈：由青原行思、石頭希遷開創。到了晚唐、五代時期分化出曹洞、雲門、法眼三家。

——西北一脈：由菏澤神會開創。初期聲勢隆盛，但數十年後斷絕，大部分合併到了馬祖的體系。

——東部一脈：由道信的弟子牛頭法融建立，號稱「牛頭宗」。同樣，數代後斷絕，大部分合併到石頭希遷的體系。

總之，經歷數代後，所有南禪都歸類到前兩大體系中：馬祖道一留下的體系及石頭希遷留下的體系。其中，馬祖門下的八十四個弟子都被鼓勵自立門戶，所以有「馬祖建叢林」的說法，更準確的說法是「馬祖與石頭共建叢林」。

ii. 五家

這兩大體系經過各自演化，到五代、宋朝時成型為五家。前面提到「一花開五葉，結果自然成」的解釋之一是禪宗五傳之後成就了惠能，而解釋之二是禪宗最後形成五家：臨濟宗、曹洞宗、溈仰宗、雲門宗、法眼宗。

這裡有必要澄清一下數字，禪宗五家有時也被稱為五家七宗。原因在於臨濟宗後來分出了兩派，而兩派後來又回歸到臨濟宗。

更有必要澄清的是名稱，這五家都自稱為宗，聽起來好像與禪宗同輩似的。其實，這是自南北禪對峙起開始的壞習慣，目的在於顯示自己「正宗」。從輩分上講，印度佛教比中國佛教高一輩，而禪宗、華嚴宗、天台宗、淨土宗比南禪高一輩，而南禪又比這五家高一輩，因此這五家應該叫「佛教—禪宗—南禪—某某派」才對。今天臨濟宗和曹洞宗的寺院之多，各位難免以為它們是佛教的主要宗派，實際上，它們只是佛教的分支的分支的再分支。

當時來中國求學的日本道元禪師，在其著作《正法眼藏》的開篇〈辦道話〉中分析：「五家之別，所傳只一事，即佛心也。」這是五家的相同點。

至於五家的不同點，一般的共識是只在風格，無關法義。對各家的禪風，大致有如下的描述：

臨濟宗痛快，所謂怒雷掩耳；

曹洞宗細密，所謂光含秋月；

溈仰宗謹嚴，所謂萬派朝宗；

雲門宗高古，所謂乾坤坐斷；

法眼宗詳明，所謂千山獨露。

如果各位還聽不出個所以然來，別急，我們再進一步簡化下。

iii. 臨濟與曹洞

這五家中影響最大的是臨濟宗和曹洞宗，並且流傳到今天的也就這兩家。因此，不管從歷史看還是從現實看，我們都只需要看懂臨濟宗和曹洞宗的風格即可。它們的風格就代表了尋找中的禪宗所傳承的風格。

這裡的疑問是：為什麼是兩種而不是一種風格呢？記得嗎，自惠能開始，「說禪」就有了兩個方向，一個方向強調無心、不思量，另一個方向強調直心、直覺。只是在惠能看來，它們就像一把寶劍的兩面。可南禪發展到馬祖道一與石頭希遷的時代，一個側重講寶劍的正面，另一個側重講寶劍的反面。

在我看來，馬祖的體系總體偏直心，而石頭的體系總體偏無心。當然，偏重一面不等於否認另一面，比如馬祖常講即心即佛，但有時也講非心非佛，因為這兩面本來就不矛盾。而且各位注意，這位馬祖的話尤其不能當真，他說：「我有時教伊揚眉瞬目，有時不教伊揚眉瞬目，有時揚眉瞬目者是，有時伊眉瞬目者不是。」如何當真？套用今天的話，我們只能聽其言、觀其行，找出其言行一致的風格。

繼續發展下去，馬祖體系發展出了臨濟宗，而石頭體系發展出了曹洞宗，於是形成了後世禪宗的兩大風格。

南禪

第六代：	惠能
	（自由組合）
第八代：	馬祖系、石頭系
	（自由組合）
第 n 代：	臨濟宗、曹洞宗、溈仰宗、雲門宗、法眼宗
	（自由組合）
今天	臨濟宗、曹洞宗

圖 16-1 禪宗後期（南禪）譜系

臨濟任心為道

按照慣例，咱們先理清臨濟宗的脈絡：惠能→馬祖道一→臨濟義玄→中國臨濟宗→日本、韓國、越南的臨濟宗。

惠能講「直指人心」，馬祖道一把它解釋為「平常心是道」。公案說，他問老師南嶽懷讓禪師何為道，老師答：「平常心是道。」到今天，這句話真正成了口頭禪，那咱們來參參：究竟什麼叫「平常心」？

如果你回答說那是「普普通通的心」，對不起，想吃飯的心是不是普普通通？想上學的心是不是普普通通？想住房的心是不是普普通通？想成功的心是不是普普通通？可我敢保證這些都不是馬祖所說的「平常心」。原因在於：這些心都在「思量」，而禪心是「不思量」。比如，你上學沒問題，住房沒問題，吃飯沒問題，成功沒問題，但一想就有問題了，一想就不再平常了。

讓我們把「平常心是道」拆開來解讀一下。

心：這意味著馬祖道一承認「心」的存在，所以我說，他總體沿著「有心」的方向推進。

平常：那是念念不斷的直覺之流，不能多一點，也不能少一點；多了不平常，少了不平常。這樣才好理解，禪師們的行、住、坐、臥都是普通行動沒錯，但背後難得的是一顆直心。

道：即修行。馬祖道一講，「教伊體會大道」，說明這道可不普通、不平常。他的老師南泉禪師講：「道不屬知，不屬不知，知是妄覺，不知是無記。」也就是說，這道不屬於思維，也不屬於蒙昧，那只剩下了直覺。這再次確認，「平常心是道」即直心是道。

　　這裡的難題在於行為具有隱蔽性：普通的行為背後往往隱藏著心亂如麻。大珠慧海舉了個再簡單不過的例子：餓來吃飯困來眠。可問題是，一般人吃飯的時候，胡思亂想；困的時候，輾轉反側。試著讓自己的大腦停止思想十分鐘，容易嗎？不容易。

　　臨濟宗的解決辦法是：把心「任運」起來。直心不是太平常嗎？那要掄起來用才過癮！前面用水比喻過禪定，那麼沿用這個比喻，臨濟宗的方式就像用離心機去淨化水，把水掄起來，把雜質甩出去。總之，很粗暴！

　　臨濟「痛快，怒雷掩耳」的宗風由此而來。

　　它承認心，所以任心。任運自在，始名解脫，這種方法自然痛快。臨濟宗的創始人，臨濟義玄禪師制定了「四料簡」作為幫助：奪人不奪境，以求忘我；奪境不奪人，以求忘物；人境俱奪，以求出世；人境俱不奪，以求出世而入世。從「奪」字可以看出其風格。

　　它承認心，所以求悟。那虛空粉碎、大地平沉的悟，像怒雷掩耳。臨濟義玄說，不看經，不坐禪，只求開悟。

　　宋代以後，臨濟宗演變出話頭禪。宋朝圓悟克勤禪師編成了《碧巖錄》，彙集數百條公案作為弟子參禪的線索。等到其弟子大慧宗杲當家，大慧宗杲覺得完整的公案太刻板，於是，他一把火燒了師父的著作——頗具臨濟宗怒雷掩耳的風格，導致該書失傳多年。大慧宗杲以公案的某個詞或某句話作為參禪的線索，即「話頭」，作為公案的替代品。好處是，公案變得有頭沒尾，於是答案變得靈活。大慧宗杲說：「須參活句，莫參死句。」

　　具體的方法是，老師根據學生的情況給出一個問題，而學生則被要求想著

它，用心寄念，念念不斷。常見的話頭包括：

——「無？」

——「我是誰？」

——「本來面目？」（節選自惠能的公案）

——「狗有無佛性？」（節選自趙州的公案）

——「無我誰住人間？」（節選自永嘉玄覺的公案）

——「無夢無想時，主人公又在何處？」（節選自高峰原妙的公案）

各位不妨自己試試，你從老師那裡接過了一個話頭——「我是誰？」按照要求，早上起來，你要追問自己：「起床的是誰？」上班路上，要追問自己：「趕路的是誰？」吃飯時，要追問自己：「吃飯的是誰？」下班後，要追問自己：「回家的是誰？」睡覺前，要追問自己：「困倦的是誰？」……

窮追不捨的目的在於堵塞話之外的思維，而喚起疑情的目的在於堵塞話本身的思維，兩者都是為了觸發禪悟。

禪語云：小疑小悟，大疑大悟。疑什麼呢？思維。悟什麼呢？跳出思維。南懷瑾曾解釋過從疑到悟的原理：「在一念專一的定中，偶然碰到某種外緣，很容易把專一的一念自然空去，馬上就會悟到一種『境界』，不屬於思維，也不屬於做作，本來就『如此』。」[22]

詩云：

桶底脫時大地闊，

命根斷處碧潭清。

好將一點紅爐雪，

散作人間照夜燈。

曹洞無心合道

講完臨濟宗，曹洞宗就好講了，把前面顛倒即可。

還是先理清下曹洞宗的脈絡：惠能→石頭希遷→洞山良介→中國曹洞宗→日本、韓國、越南的曹洞宗。

惠能所講的「無心」，原本是指人心，而石頭希遷則把範圍擴大了。有人問石頭希遷：「何為禪？」石頭禪師答：「綠磚。」又問：「如何是道？」答：「木頭。」

到了曹洞宗的創始人，洞山良介禪師，自然的意圖就更明顯。他聽自然的聲音作詩道：「也大奇，也大奇，無情說法不思議。若將耳聽終難會，眼處聞聲方得知。」又見到自己在水中的倒影，感悟道：「切忌從他覓，迢迢與我疏，我今獨自往，處處得逢渠。渠今正是我，我今不是渠，應須恁麼會，方得契如如。」

可自然的無心怎麼修呢？曹洞宗的方法是等它浮現。不是要自然嗎？那最好少些人為的造作。同樣舉淨水的例子，曹洞宗的方法就像通過沉澱淨水，把水杯靜置，讓雜質慢慢下沉，讓清水自然浮現，總之，柔和卻漫長。臨濟與曹洞的修行，一個是短痛，一個是長痛，不痛是不可能的，不痛就不是修行了。

曹洞宗「細密，光含秋月」的宗風由此而來。

它無心，所以無為。心無所寄，始名解脫，這種方法自然細密。學生對老師說：「請師雕琢。」老師答：「不雕琢。」學生問：「如何是色？」老師答：「不辨色。」學生問：「如何是佛？」老師答：「非佛。」學生問：「什麼東西最貴？」老師答：「無人估價。」學生問：「彼岸是什麼草？」老師答：「不萌之草。」

它無心，所以不求悟。那潛行密用，如愚如魯的修，像光含秋月一般。門人問洞山良介：「有不病的東西嗎？」洞山良介答：「有。」門人又問：「你病的時候，怎麼看它？」洞山良介說：「我看它的時候，就不病。」意思是，人生本來就沒有問題；即使有，也是自然的問題。

注意，不求悟不表示不承認悟。事實是，曹洞宗以無為求有為，不求悟正是為了最終悟。所謂人到無求品自高。

宋朝以後，曹洞宗演變出默照禪。其開創者宏智正覺定義它為，「默默忘言，昭昭現前」。簡單地講，就是只管打坐。坐禪到什麼都不剩，就只剩下本來面目、本地風光——自性。

台灣法鼓山的聖嚴法師，曹洞宗的五十代傳人，這樣說：「『一心』粉碎後便進入『無心』，也就是禪的悟境。此時不但毫無起伏的念頭、生滅的念頭，連『不動的心』也沒有。既然任何一法都不存在，當然沒有事物來煩擾你。」[23]

詩云：開池不待月，池成月自來。

兩家獨存，各家斷檔之謎

讓我們回答下為什麼禪宗的五家最終變為了臨濟、曹洞兩家。

一方面，這兩家很難合併為一家，因為它們代表了對「心」的兩種極端解釋——任心還是泯心。相應地，它們表現為對生活的兩種極端態度。

臨濟宗積極、活潑，容易入世，容易走上層路線。它強調在世俗中修行，批評曹洞宗在「坐」中修行。這有一定道理，之前惠能就反對一味打坐，因此，大慧宗杲指責「默照邪禪」是「墜在黑山下鬼窟裡」，「斷佛慧命」，借打坐的方便入道可以，但癡迷於方便則是病——頗具臨濟宗直來直去的風格。

曹洞宗嚴肅、莊重，易於遁世、易走百姓路線。它不求開悟，指責臨濟宗執著於開悟。這也有一定道理，執著於開悟，何嘗不是另一種執著？宏智正覺批評看話禪是咬文嚼字，「胡亂作棒打呼嚕，還是落入俗套」，雖然有幾分悟，但離真正的佛法越來越遠——頗具曹洞宗綿裡藏針的風格。

另一方面，這兩家擠壓了第三家的生存空間：要麼，你有心→任心→求悟；要麼你無心→泯心→不求悟。結果是，處於這兩種極端之間的為仰宗、雲門宗、法眼宗，因為顯得特色不足而逐漸淡化。其中，為仰宗自晚唐興起，歷經六傳，到五代時衰亡。雲門宗及法眼宗，五代時興起，歷經一百多年，到宋朝中期消失。

順帶說下，中國禪宗組織還有一種特色，就是宗派之間界限不明顯。要知道，世界上大多數宗教組織都門戶管理森嚴。比如日本禪宗，弟子一日加入便要終生加入，否則就被視為叛徒，就該被清理出門戶。

中國禪宗則不同，與其說是宗派，不如說它們是群體，像鳥兒般在空中自由

組合，有時分開，有時合併。如前面提到的禪宗的兩大主脈，菏澤神會系與牛頭法融系，都分別併入到馬祖體系和石頭體系，沒人逼迫它們，它們自願解散重組。

而作為禪門個體，你喜歡哪種宗派的風格就加入哪種宗派，加入後可以退出，退出後還可以改換門庭。藥山惟儼禪師就曾四次改換門庭，卻絲毫沒影響到他宗師級的聲譽，反而被傳為美談。藥山最早學習律宗，後來投到湖南的石頭希遷門下，改學禪宗，這是第一次「轉會」。石頭希遷告訴他說：「你的因緣不在這裡，去江西找馬祖大師吧。」藥山就去了江西，這是第二次「轉會」。他在馬祖那裡待了三年，馬祖告訴藥山不要停留在此，於是藥山又回到石頭禪師那裡，這是第三次「轉會」。最後他自立門庭，這是第四次「轉會」。

也順帶說下，從「無心是道」、「直心是道」、「平常心是道」等用詞可以看出，宋朝之後道家對禪宗的滲透日益明顯。此外，還有「觸類是道」、「觸目是道」、「無心合道」、「道流目前」、「得道須臾」、「道無處不遍」等用詞。方立天先生在《中國佛教哲學要義》中評價道：「道逐漸成為和佛、禪在同一意義上使用的、出現頻率極高的詞。禪師們稱道為真道、大道，致力於禪修的人為道流，佛性為道性，依禪修而得的識見、眼光為道眼，禪宗的古則為道話，等等。」印順法師則在《中國禪宗史》中對道教影響牛頭宗、牛頭宗又加入了南禪所帶來的影響，給出了詳實的考證。

結果是，宋後的中國禪宗有了「臨天下，曹一角」的說法。這兩家又相繼出口到韓國、日本，事實證明，這是非常有遠見的舉措。

教外別傳

以上是教外別傳的由來，卻還不是全部。這是因為，「教外」不僅要越過教條，還要越過教規，而越過教規的風格也分為柔和與粗暴兩種。

惠能三傳弟子百丈懷海所制定的《百丈清規》，在禪院中一直沿用到今天。僅憑「清規」兩字判斷，各位大約以為它在回歸印度教規吧。不，仔細閱讀就會

發現，它回歸的是儒家的家規。

設施：相比起其他佛教寺院供奉佛陀，《百丈清規》規定「不立佛殿、唯樹法堂」。現今各位拜訪寺院就會發現，設施最簡單的往往都是禪院。佛教寺院一般包括山門、大殿等宏偉設施，而禪院包括禪堂、寮房、客房、庫房即可，一般沒有佛像──這是禪堂的一大特徵。

管理：相比起印度佛教鬆散的群聚體系，《百丈清規》設定了固定僧職，以住持為最高管理者，下設執事負責修繕、接待、監督、財物、茶水、衣缽等事務。

勞作：其他中國佛教寺院可耕作可不耕作，《百丈清規》明確了「一日不作、一日不食」、「上下均力」的原則。

百丈自稱，他的規定「非局大小乘，非異大小乘」，意思是，不被大小乘的規則所限，但也無區別。其實前半句是重點，後半句則不成立，因為從細節上看，儒家秩序悄悄換走了大、小二乘的無序。台灣學者楊惠南評價道：「『家』的濃厚意味，使得出了『家』的僧人，仍然享受到『家』的溫暖。」[24]

如果追問：儒家的秩序依據何在？百丈懷海沒講，估計也講不出來。這就需要狂禪來破除了。

相對於《百丈清規》柔和地「越戒」，狂禪要粗暴地犯戒。有多粗暴？傳統的佛教三重戒包括妄語、殺生、淫穢──越是沒人敢犯的戒，它越要犯！

i. 呵佛罵祖

「妄語」首先沖著佛祖而來，好像不從那裡下手，就不夠狂似的。請看看下面的案例。

慧忠國師指責弟子們用青梅子供佛，弟子問他該怎麼做，慧忠答：「我根本不供佛。」

德山宣鑒禪師宣稱：「無佛無祖，達摩是老臊胡，釋迦是幹屎橛，菩薩是擔屎漢。覺悟是凡夫，涅槃是系驢橛，經教是鬼神簿。」

趙州從諗禪師宣稱：「念佛一句，漱口三天。」

傳說中佛陀降臨口念「天上地下、唯我獨尊」，雲門文偃禪師說：「我當時若見，一棒打殺與狗子吃卻，貴圖天下太平。」

性空妙普禪師作了一首歌叫《見佛不拜歌》，別人問他何意，他說：「家無二主。」

注：自己是主，佛不是。

接下來，老師、同門也受牽連。

夾山善會禪師說：「見性不留佛，悟道不存師。」他又把佛陀比作黃葉，把經文比作坐墊，把祖師比作破草鞋。

注：如果穿鞋不如赤腳，那鞋扔了也好，但這只限於禪師，咱們普通人還是要穿鞋的。

黃檗希運禪師說：「大唐無禪師。」接著別人追問：「某某、某某以及你不都是禪師嗎？」黃檗說：「我不是說無禪，是說無師。」

注：一棍子打倒包括自己在內的同門，這是何等的氣魄。

接下來，父母、親屬都逃不掉。臨濟宗的祖師臨濟義玄禪師說：「逢佛殺佛，逢祖殺祖，逢羅漢殺羅漢，逢父母殺父母，逢親眷殺親眷，始得解脫。」

曹洞宗的祖師曹山本寂禪師說：「一切總歸斬盡。」學生問：「父母怎麼辦？」曹山答：「有什麼好挑選的？」學生問：「自己如何過得去？」曹山答：「自己有什麼過不去？」學生問：「那你為什麼不殺自己的父母呢？」曹山答：「無處下手。」

接下來，佛經、佛像的地位也好不到哪兒去。

學生問：「經中多少是佛說，多少是魔說？」仰山慧寂禪師答：「都是魔說。」如此辱沒佛經的仰山，不僅是為仰宗的祖師，在當時還被尊為「小釋迦」。

保唐無住禪師說：「禮懺、轉讀、畫佛、寫經，一切毀之。」

丹霞天然禪師燒木佛取暖，被同行的僧人呵斥。丹霞只管撥火，說自己在找佛舍利。呵斥的人問：「佛像哪能燒出舍利？」丹霞天然禪師答：「既然沒有佛舍利，那燒兩尊有何不可？」

注：後面日本禪中還有一個揭下佛像金箔的例子，也是同樣道理。

ii. 斬貓殺牛

妄語犯了佛戒，而殺生則犯了所有印度宗教的戒。

南泉普願禪師見弟子們為一隻貓爭論，就抓起貓問弟子：「得道人得貓，沒得道就斬貓。」見弟子們沒敢接話，他手起刀落斬殺了貓。

趙州從諗禪師與人遊園，有兔子驚走，客人就問：「怎麼兔子也怕你這個和尚呢？」趙州回答說：「我好殺生。」

iii. 一絲不掛

如果說犯印度的戒還不夠，那麼淫穢就連佛教和儒家的戒也一起破了——好在禪師們只在嘴上說說。

一個尼姑拜訪雪峰義存禪師，雪峰義存問她叫什麼名字，答：「玄機。」又問：「你這玄機每天織多少布？」答：「一絲不掛。」

一個尼姑拜見趙州禪師，說：「大師從不教人，一定教我。」趙州讓她走近一些，冷不防捏了她一下。尼姑說：「大師還有這個啊。」趙州說：「是你自己還有這個。」

一尼姑指著自己的身體說：「三世諸佛，六代祖師，天下老和尚，皆從此中出。」

一位老婆婆常年供養一位僧人。為鑒定這位僧人的定力，她派自己的女兒去勾引他，僧人不為所動地說：「枯木倚寒巖，三冬無暖氣。」按說這回答很不俗，卻沒想到老婆婆很生氣地說：「我二十年只供養一個俗漢。」接著把庵堂一把火燒掉。

注：據某些禪宗弟子解釋說，這位僧人「執著了空，否定了有」，而那位老

婆婆才算得道。我倒好奇，如果「不執著於空，不否定有」的話，該是什麼情況？

真淨克文禪師有詩云：

事事無礙，如意自在。

手把豬頭，口誦淨戒。

趁出淫坊，未還酒債。

十字街頭，打開布袋。

各位或許以為狂禪是貶義，是低級禪師的亂為，其實不然，請再仔細看看上面狂禪的實踐者們，哪一位不是一代宗師？因此，狂禪是宗師級的禪！

或許有人批評禪師們變成了瘋子，禪院變成了瘋人院，也不然。瘋是無目的的，可狂禪是有目的的。目的就在於自性，既然一切規範都在外部、不在內部，那打破也罷！孔子說：「狂者進取。」循規蹈矩還不容易嗎？印度的僧人世代嚴守戒律，只有中國的祖師才敢逍遙任性。他們有多狂，就多超脫；有多超脫，就有多狂。這告訴我們，狂禪並不是另一種禪，它只是最自由、最超脫的禪！

至此，各位一定同意禪宗確實在「教外別傳」，因為實在、實在、實在找不出世界上哪門宗教如此傳承。

至此，才形成中國禪的這四句：不立文字，教外別傳，直指人心，見性成佛。

至此，中國禪才算成形。

第十七章

元明清的禪宗
爲何走向停滯

最後說下中國禪宗的結局：不算好，也不算壞。

說不好吧，與佛教在印度相比，它沒消亡，更沒被其他宗教取代；說好吧，與之前相比，它也不再有生氣，變得半死不活。到了元明清，禪宗仍是中國佛教最大的宗派，仍是中國主流文化的一部分，卻沒什麼新發展可言。

思想的停滯，比思想的興盛與滅絕，更耐人尋味。

在中國長成的大樹

我們還是要繞一大圈來尋找答案。先來排除那個不成其理由的理由：中國禪是否滿足了中國人的解脫需求？

佛教始終是在中國唯一發展起來的外來宗教，而禪宗始終是佛教中最大的一支，假如佛禪沒有滿足中國人的解脫需求的話，這些根本不可能成立。

禪宗的義理更證明了這點。這部分的開頭提到中國人需要「生」的解脫，所謂「日日是好日」，來自禪宗的自然；所謂「煩惱即菩提」，來自禪宗的自主。這些在印度是不被需要也發展不起來的，印度的種姓制度規定了每個種姓能做的與不能做的事情，能接觸的與不能接觸的人，能喝的與不能喝的水，否則就被視為不潔，何談自主與自然？正因為如此，佛教的種子在印度僅僅飄在天空，當它飄到了中華大地上，才長成一棵參天大樹。

其實，更有威脅的質疑不在於中國禪宗有沒有解決問題，而在於它為解決問題所做的一些努力是否「合法」。之前，我們已經分三個階段確認過這點：初期，自達摩到弘忍都在延續印度的法義；中期，惠能簡化了法義並保留了核心；

後期，禪宗五家調整了風格但沒調整法義。

最後讓我們再整體確認下，至少再確認下狂禪的「合法性」。比如季羨林先生就曾質疑：「一個訶佛罵祖的宗派，已成為佛教的對立面，簡直已經不是佛教了。」[25] 從表面看，狂禪乃至禪宗與佛教對著幹，可本質是否真的如此，我們還是要依據佛教的根本法義——因緣法。

這裡講一個「野狐禪」的公案。在我看來，這是禪宗中最令人費解也最深刻的公案。故事說的是，百丈禪師講法時，總有一位老者到場聽講。有一次，老者遲遲不肯離去，他跟百丈禪師說，他是很久之前的一位修行者，因為別人問「覺悟者會不會落入因果？」而自己錯答「不落因果」，結果受了惡報，變為了山間野狐。此時他化身前來，就是想請教百丈禪師同一個問題。百丈禪師思索片刻後回答：「不昧因果。」老者非常感謝百丈禪師，說他明白了這個道理，惡報就該結束了，並請百丈禪師隔天去山裡為自己收屍。百丈禪師隔天帶著弟子去山裡，果然見到一隻野狐狸的屍體，於是將它埋葬了。

大家從前面數次引用過的百丈禪師的語句，能感覺到一點：百丈禪師不喜歡神祕。因此，請別把他的公案當作神話，他是別有用心。用心就在於「不落因果」與「不昧因果」的區別。

先看什麼是「不落因果」。它的意思是不為因果法則所控制。這是不可能的，只要我們在世界上，就要受因緣法的控制。老和尚以為解脫者例外，所以造了惡業受到懲罰而變成了狐狸。百丈禪師以此來嚇唬我們：別以為沒因果！

再看什麼是「不昧因果」。它的意思是不為因果法則所困擾。這是可能的。只要我們承認但不執著於因緣，內心就會不惦記這事。百丈禪師以此來指示我們：也別多想因果。為什麼呢？一想就被束縛了，而禪宗不想被任何東西束縛。

這個公案告訴我們：禪宗不多講因緣法，不表示心裡不承認因果；相反，禪宗心裡知道它，只是不去想它，更談不上講它。你會問，不想容易，可行動錯了怎麼辦呢？這就是我要進一步解釋的：根據佛教定義，「業力」取決於善意還是惡意，只要當事人心懷善意，造的就是善業；而當事人心懷惡意，就造惡業。如果你追問如何界定善惡，那麼，根據大乘佛教定義，利他為善，自私為惡。

如果心懷自私的話，哪怕你在山裡修行了一輩子，也難成正果。所以禪語云：「清淨行者不入涅槃。」、「野狐禪」公案中的老者大致就是如此。

相反，如果心懷利他的話，哪怕你為拯救眾生而殺死希特勒這種暴君，也不算犯戒。所以禪語云：「破戒比丘不墮地獄。」狂禪的種種「犯戒」大致屬於此類。

結論是，中國禪宗不過是因緣法的沉默表達。它符合佛法，步步如此，整體如此，本質如此。

元明清的政治氛圍

排除了不成立的理由，我們來分析下中國禪宗走向停滯的真正原因：外因、內外因及內因。

最明顯的是外因。禪宗興起於唐宋開放、包容的環境。魯迅先生讚美道：「那時我們的祖先們，對於自己的文化抱有極堅強的把握，決不輕易動搖他們的自信力；同時對於別系的文化抱有恢廓的胸襟與極精嚴的抉擇，決不輕易地崇拜或輕易地唾棄。」

可到了元、明、清時代，文化氛圍急轉直下：開放變為了內斂，包容變為了壓抑，尤以元、清的異族統治為甚。

元朝統治的近百年中，喇嘛教為國教，儒、道受到極大的壓制。當同屬於佛教的禪宗與喇嘛教發生衝突時，北方禪宗的道場也被摧毀殆盡。元朝統治者又把人分四等：蒙古人、色目人、漢人、南人。到了元朝末年，全國連識字的人都變得很少。類似的情況也發生在俄羅斯及中亞地區。蒙古騎兵為野蠻而野蠻、為破壞而破壞，以殺人為生、以掠奪為樂，幾乎把人類文明退回到了恐龍時代。

明朝，朱元璋恢復了以儒學為正統的漢族文化。當過和尚的他本來對佛教有好感，可當過反元將領的他又害怕任何造反的可能。於是，他詔令禁止僧人與社會人士交往，對違反者「治以重罪」，連交什麼朋友都管，還鼓勵民眾揭發，實在管得太寬。終於，到崇禎皇帝上吊前，除了皇帝外，全國性的社會協調力量被瓦解殆盡，結果皇帝一掛，滿盤皆掛。

清朝這二百多年，喇嘛教又被定為國教。幾代後終於迎來雍正皇帝，他以禪宗人士自居，號稱圓明居士。但正因為圓明居士懂佛法，所以他對僧人批評最重：「彼此相欺，賣佛賣衣，同於市井。」他又親自制定了《禦選語錄》作為學習教材。其子乾隆，大搞文字獄。清朝統治後期，列強入侵，中華文化的自信心跌入谷底。

元、明、清這六百多年，國人的思想被摧殘得奄奄一息，禪宗的自主、自然豈能獨存？

又一次失敗的融合

外因之外，還有內外結合因。類似印度佛教，元、明、清後禪宗也面臨一系列整合的壓力：禪淨合一、禪教合一、三教合一。可謂一波未平，一波又起。

i. 禪淨合一

「禪」即禪宗，「淨」即淨土宗，「禪淨合一」即融禪定修行與念佛修行於一體。公平地講，這一說法開始於佛教內部。五代的永明延壽禪師在《宗鏡錄》中指出：「有禪有淨土，猶如帶角虎」、「有禪無淨土，十人九蹉路」。他當然清楚惠能對淨土宗的指責——惠能認為淨土在自性中，但永明延壽解釋說，沒錯，可什麼觸發了「自性生淨土」呢？外面一定有真淨土的存在。這個邏輯有點像西方哲學中康得的推論：人類只能認識現象，但什麼觸發了現象呢？背後一定有「物自體」的存在。按照這種解釋，自性與念佛變成了互通的選項。

到了元朝，兩種選項合為了一種：念佛的修行都帶著禪定，禪定的修行都帶著念佛。明朝蓮池大師與民國的虛雲老和尚都講禪淨合一，所謂：「法門八萬四千，總不如一句阿彌陀佛。公案一千七百，亦不如一句阿彌陀佛。」

如此一來，禪宗直指人心、見性成佛的特點就不存在了，佛像與佛號盛行了。

ii. 教禪合一

「教禪合一」即融禪定修行與言教修行為一體，或者說，融禪宗與佛教的其他教派為一體。

公平地講，這種說法還是始於佛教內部，還是那位永明延壽禪師。繼「禪淨雙修」後，他又提出「教禪一致」，宣導禪宗與天台宗、華嚴宗並重。他當然清楚惠能反對經教──「諸佛妙理，非關文字」，但解釋道：「經是佛語，禪是佛意，諸佛心口，必不相違。」

到明朝，逐漸恢復起來的天台宗法師藕益智旭大師也宣揚：「禪是佛心，教是佛語，律是佛行。」三者合一才是完整佛教。

如此一來，禪宗不立文字、教外別傳的特點也失去了，經書與戒律又回來了。

iii. 三教合一

「三教」即儒、釋、道三家，「合一」即三教融合為一家。明朝有幅《三教圖》，畫的是老子、孔子、如來相互討教，大意是東方有聖人，西方有聖人，心理相同。

這次的壓力完全來自外部。佛教本身沒有「合一」的願望，原因很簡單：對它來講，這是筆很不划算的買賣。在與儒道的較量中，佛教原本已經占據優勢，當然不願意主動「削弱」自己的優勢。優勢包括：

儒家講究人性，可其所提倡的三綱五常，實質上在壓制人性。而禪宗追求自證、自主的獨立人格，並且是「人人皆能成佛」的平等人格。

道家反對思維語言，可老莊的格言、比喻，仍停留在語言。而禪宗則真正不立文字，教外別傳。

更重要的是，儒道原來都缺少終極性。回想當初，佛教之所以被中國接納，就在於其終極性。

隨著社會壓力迫使佛禪變得與儒道相似，尤其隨著此終極性的喪失，佛禪變成了可有可無的學說。前兩次「合一」讓禪宗變得和其他佛教一樣，而第三次

「合一」則讓佛教變得和世俗學派一樣。

　　經過這麼多次「合一」，禪宗定位不再，銳氣也不再。這讓人好是懷念那位扭人鼻子的馬祖，那位水中看倒影的洞山，那位吹鬍子瞪眼的德山，甚至那位派人潛逃的弘忍。老朋友們都不見了，以至於禪宗人士不由得發問：「禪的真面目何在？」（孤峰智燦語）

佛教多的那一點點，儒、道還學不來

　　順帶說下，三教合一對佛禪是場災難，對儒道也沒好到哪裡去。這聽起來令人難以置信。

　　前面講到，在佛教進入前，中國本土文化缺乏終極性。各位會想：補上不就完了嗎？你這麼想，我也這麼想，儒家和道家的先賢們早就想到了。最早兩家確實被佛教打得措手不及，但回過神來，兩家都看到終極性的好處，於是試圖學習。

　　道家學習的結果產生了道教。道家在秦漢時期依據老莊的學說，原本是一種自然的學說。到了三國之後，在佛教的刺激下，道人們逐漸引入玉皇大帝、太上老君的構想以及羽化成仙的傳說，描述一種超自然的可能。遺憾的是，羽化成仙只能當神話聽聽，因為它無法驗證更沒有保障。相比之下，佛教「六道」中的「天道」也住著「天人」，據說「天人」的壽命也達數千年之長，可那是有輪迴機制保證的，並且，那是下輩子才發生的事，不需要驗證。而道家的成仙則要現世完成，聽起來很美卻很荒誕。現世的事情本來很好觀測，可道家找來找去，就是找不出個活生生的神仙來！相反，歷代信奉道教的名士，傳說中被毒死的倒有幾位：韓愈、蘇東坡、王陽明等人。[26] 被毒死的皇帝被記載得更明確，明嘉靖、清雍正都因吃丹藥而死。顯然，道教的學習並不成功。

　　儒家的學習看起來要成功很多，因為它搞出了一套宋明理學，起碼讓儒家成為近一千年來中國文化的正統。錢穆說中國後代思想史上有兩大偉人：一是惠

能，二是朱熹。相應地，他也將《壇經》媲美《論語》。上述評論看似過獎，但我以為實具「大思想史」的眼光。要知道，中華文明的正統性在古代的數千年裡只發生過兩次輪替：第一次在隋唐之際，禪宗取代了孔孟的儒家，惠能是開山祖師。第二次在宋元之際，宋明理學恢復了儒家正統，號稱「新儒學」，朱熹是開山祖師。

至於新舊儒學的不同，各位應該預感到了，就在於終極性的有無。孔孟儒學不是擅長方法論嗎？佛禪不是擅長本體論嗎？把後者「嫁接」到前者，改頭換面，就形成了一套新的理論，宋明理學。

比如，孔孟儒學強調「仁」與「禮」。方向沒錯，希望社會安定的人都有這個夢想；皇帝不管自己能不能做到，都希望臣民做到。但如果追問依據：憑什麼一定要禮，憑什麼一定要仁？孔孟的答案則十分勉強，他們認為，人就該這麼做，不這麼做就不是人。可這仍然是道德說教，憑什麼說不禮、不仁就不是人？尤其在戰國的戰亂、西漢末的戰亂、魏晉南北朝的混亂中，不禮、不仁而位居高位的數不勝數，你不能說他們都不是人。身處亂世，人人都在怒問：憑什麼？！憑什麼？！孔孟儒學由於回答不了這個問題而下台，「新儒學」由於回答了這個問題而上台。

宋明理學包含兩大支流，一是程朱理學，代表人物是宋朝的朱熹；二是陸王心學，代表人物是宋朝的陸象山和明朝的王陽明。兩支的共同點在於增加了帶有終極意義的本體，區別僅僅在於本體的位置。

i. 理學

顧名思義，理學從「天理」出發，本體在天上。朱熹講「存天理，滅人欲」，意在為「禮與仁」找到「天理」的依據。

相應的方法論，就是要把「理」落到實處。朱熹認為，「餓死事小，失節事大」。他的《訓學齋規》要求弟子們做到：穿衣，要頸緊、腰緊、腳緊；說話，要低聲下氣，語言祥緩；讀書，要端正身體，面對書冊；飲食，必須輕嚼慢嚥，不可聞飲食之聲。[16]

「嫁接」得好不好呢？很好。但要說清楚的是，朱熹只「嫁接」、沒創造，除非說「嫁接」本身就算創造。以至於明末清初的顏元笑話朱熹，說他教人「半日靜坐，半日讀書，無異於半日當和尚，半日當漢儒」。

ii. 心學

與理學相應的就是心學。顧名思義，心學從「心」出發，本體在心中。相比起「天理」在宇宙中，具有普遍性；「心」在每人自身中，具有個別性。

陸九淵認為：宇宙即吾心，吾心即宇宙；六經當注我，我何注六經。王陽明指出：心外無物，心外無理。他們都把「心」作為「禮與仁」的依據。

相應的方法論，就是要把「心」落到實處。王陽明強調知行合一，為的是實現「心、知、行」三者合一，以便跨越信仰、認知、行動之間的鴻溝。[27]

考慮到今天王陽明的熱度，我也來湊個熱鬧，參參王陽明的四句詩。但凡有提到王陽明的文章，大都會提到以下四句：

無善無惡心之體，

有善有惡意之動。

知善知惡是良知，

為善去惡是格物。

先看後兩句。第三句是從孔孟那裡來的，孔孟講良知、知善知惡。第四句是從朱熹那裡來的，朱熹講格物，「知為善以去惡」。通過後兩句，王陽明保留了儒家的方法論，所以他自稱儒家，沒錯！

至於前兩句，它們是從《大乘起信論》那裡來的，也算從禪宗那裡來的，分別講的是心用和心體。通過後兩句，王陽明引入了佛教的本體論──既不同於老儒家的沒有本體，也不同於朱熹的天理為本體，所以他號稱「新」儒家，也沒錯。

要說王陽明對分寸的把握，可對比下他弟子的說法。他的弟子王畿把師父的理論擴展為：心是無善無惡之心，意即無善無惡之意，知即是無善無惡之知，物即是無善無惡之物。這樣一來就越界了，心、意、知、物都無善無惡，就變成佛

家了，那就不再是儒家了！

　　所以說，王陽明續得很妙，但同樣，只接續、沒創新，除非說，接續就是創新。

　　似乎宋明理學該學的都學了，效果如何呢？

　　看看「存天理，滅人欲」的變態口號就知道了，不信的話自己裹個小腳試試——我沒試過，但穿小兩號的鞋，就足以讓我無比同情過去的女士。再看看宋明的覆滅，鬱悶就來了，朱熹講「滅人欲」，可到了生死關頭，新儒家們的求生「欲」不要太強；王陽明講「良知」，可洪承疇他們的良知哪裡去了？大慧普覺禪師分析得好：士大夫多以有所得心，求無所得法。嘴上說無所求，心裡卻有所求。儒家從禪宗那裡，頂多學到了些口頭禪。

　　順帶說下，有些現代學者為失敗的「合一」打圓場，說中國文化與印度佛教的區別就在於「內在超越」。我的疑問是：終極超越以生死的無限超越了世俗的有限，所以叫超越，而內在超越本身局限於世俗與有限，那它超越了什麼？這就好像一般人理解「升空」為到天空，甚至到太空，而現在有人宣布跳上桌子為「升空」，不能說文字錯，但是不是有自我安慰的成分？

　　事實證明，改裝的總比原裝的要差那麼一點點。佛教那一點點終極性，儒、道還真沒學來。

不執著是否走得太遠？

　　除了外因和內外因，還有內因。想想看，皇帝想壓制禪宗就壓制，儒道想融合禪宗就融合，毫無阻力，說明了什麼？說明禪宗的社會基礎仍然薄弱，而再深究其社會基礎為何薄弱，各位或許已經從狂禪中感覺到了某種詭異：狂禪如此過分卻又符合法義，那麼法義本身，是否已經蘊含了自我否定的基因？

　　比較佛教與西方宗教，我們能看出兩種不同的表達方式：西方宗教屬於肯定式的信仰，比如基督教就肯定上帝、肯定天國、肯定得救、肯定人生、肯定真實

永恆的東西；而佛教則屬於否定式的智慧，佛陀出家是捨棄家、捨棄世界、捨棄我，開悟後，甚至要捨棄法。

適度的肯定與適度的否定都不是問題，問題是，兩者都有走向極端的傾向。甚至，極端的肯定都不成問題，以基督教為例，肯定人生的極端是得救，肯定得救的極端是天國，肯定天國的極端是神，肯定神的極端是全能、全善、全知的上帝。可極端的否定，則難逃自我否定的宿命。

有個故事說，大珠慧海聽人講《金剛經》，就提出了個難題，這經是誰講的？如果說是佛陀講的，就是毀謗佛經，因為《金剛經》上明明寫著「佛未講一法」。可如果說此經不是釋迦牟尼講的，又是毀謗佛。對方不能答。大珠慧海接著發難：「《金剛經》上講，若以形象、聲音求我，就是邪道，不能見到如來。那你說是哪個如來？」對方又不能答。其實沒人能，包括大珠自己也不能答：佛陀講「空」，自己空不空？「空」的話，佛陀的話就是虛幻的；不「空」的話，那麼佛陀的話就是錯的。「空」到最後，必然「空」掉源頭。

這與禪有什麼關係呢？從佛到禪的過程，恰恰是把否定的智慧推向極端的過程。你看，佛法講不執著的理，結果禪宗不執著於佛陀的理。佛法講不執著的法，結果禪宗不執著於佛教的法。終極的難題在於否不否定「禪悟」，而否定了「禪悟」，禪還有何存在意義？

尼采有名言：偉大的事物通過自我征服的方式導致自我的毀滅。中國禪宗社會基礎薄弱的根源正在這裡：它在不執著的路上走得太遠，以至於否定了自己。

禪宗仍然未能融入社會

徹底的否定意味著徹底的無用。想想看，什麼人會喜歡禪宗？文人。范文瀾曾有篇文章叫《禪宗——適合中國士大夫口味的佛教》，其標題很說明問題：中國一直是文官政府，皇帝是文人，士大夫是文人，將軍盼著「出將入相」，老百姓想著「書中自有顏如玉」，如此文人化的社會，在世界歷史上也少見。

由於禪宗將文人階層作為基礎，它才在中國成長為一棵大樹。可問題是，這個基礎只是社會一個階層，只占社會總體人口的很小比例。即使在這個階層中，

也不是全部都喜愛禪宗，入世的文人都到儒家那邊了，只有出世的文人才有「隨緣任性，笑傲浮生」的雅興。雅興不能當飯吃、不能當官做、不能當錢使、不能當武器用，因此對兵、農、工、商等各階層而言，乃至對入世的文人而言，禪宗實在無用。結果是，這棵大樹接上了地氣，卻只接到了金字塔尖上，並沒有深入地下。

中國禪宗如此，其背後的中國佛教也如此。如日本學者中村元所評價：「中國的佛教，大體是高蹈的，出世間的，從一般世俗社會隔離。寺院存於山林，故建寺稱為『開山』。有名的大寺廟，多建於深山之中。」[28] 即使到了民國時期，太虛大師還在大聲疾呼「打開山門，走進社會」，說明直到那時，中國佛教還在山林，還沒走入人間。

總而言之，禪宗在中國近代走向停滯的原因是複雜的，內因、內外因、外因都起一定作用。由於它本身無用，由於失去特色後變得更無用，由於外部環境也禁止它有用，中國禪走向了停滯。好在，人類的思想並未停滯，在海峽的對岸，佛禪開啟了新的篇章。

至此，我們不遺餘力地勾勒這幅圖畫，各位可能以為畫得差不多了，沒錯，只是還差一筆，即日本風格中那關鍵而細膩的「一點點」改動。

穿過迷「悟」

說明：這部分僅為對禪宗有強烈興趣的人士準備，可讀可不讀。

有個話題比較容易引發爭議，所以我把它留到此時才討論：「悟」。之所以說它敏感，是因為很多禪師一提它就急，可很多愛好者對它百思不得其解，而更多門外人想都沒想過這個問題。如果你也會急，我不知道你為什麼會堅持讀到這裡。如果你也百思不得其解，這部分就是為你而寫的。如果你根本沒想過這個問題，那我建議你直接進入下一部分即可。

「覺悟」是修行的目標，佛教如此，禪宗也如此，只是重點不同——佛教講覺，禪宗講悟。

覺是一個過程。方法就是聞、思、修、證。佛陀的方法，有四聖諦、八正道、十二因緣、三十七道品、一百多種禪定。就好像我們要去登山，佛陀告訴我們通往山頂的路線：第四站，第八站，第三十七站，第一百站……

悟是一種結果。禪宗「悟」的法就是越過聞、思、修，直接證「悟」。這就好像惠能手指山頂說：「出發！」方向明確，卻與山頂隔著「白雲重重」。

你會好奇：前面的「直指人心、見性成佛」，不是有路線圖嗎？請各位冥想一分鐘，直指自己的「心」，反觀自己的「性」，一分鐘結束後，你成佛了嗎？沒有，儘管方向是對的。那麼，無念、無相、無住、無心、一行三昧呢？同樣。在剛才的一分鐘裡面，各位腦子裡沒任何思維——四「無」，只有直覺——「一行三昧」，你成佛了嗎？如同安察禪師說：「莫謂無心便是道，無心猶隔一重

關。」

總之，印度佛教有整套完整、漫長而現實的覺之道，被中國禪宗代以「Too Good to Be True」（聽上去太好）的大悟。如此有目標而沒路線，就難免產生陣陣迷「悟」：

一、最基本的是「悟」；

二、更理想的是不僅「悟」，還「自悟」；

三、再理想是不僅「悟」、「自悟」，還「頓悟」；

四、最理想的是上述如稀鬆平常般，「不假次第」。

禪宗散布出來迷霧，讓我們試圖撥開它。

「悟」：瞬間即永恆

起碼先確認一點：就連我這種懷疑論者都相信，「悟」是可能的。我相信的原因在於佛陀、惠能都是成功的例子，出家人不打誑語，何況他們是大修行者。

至於「悟」是一種怎樣的境界，本人不敢妄言，還是引用大師們的證詞為好。這些人都信譽良好，比我更值得信賴。我把大師們的「證詞」總結如下：

——「悟」表現為一種寧靜感。

日本禪師有馬賴底這樣描述：「兩年後的某一天，我忽然感覺全身變成了一個空殼子，仿佛被徹底地洗滌了一般，渾身上下被剝得一乾二淨，什麼都不復存在了。『啊，就是這個感覺！』有了這感覺以後，一切都迎刃而解了。」[29]

據日本禪師關田一月形容，一個新的景象逐漸顯現，其中沒有奔馳的雜念，只有一片絕對的寂靜，猶如剛剛登陸月球一般。其他什麼都沒有，只有一片「清淨的存在」。[30]

——「悟」表現為一種圓滿感。

西方的禪者凱普樓曾經寫道：「突然之間，老師、禪堂，一切東西都消失在一道耀眼的光流裡面，我突然意識到自己沐浴在一種美妙得不可述說的愉快裡，在那剎那的永恆中，天地間只有自己，只有自己。」[31]

西方的禪者阿倫・瓦茲寫道：「意識到這一點，心就成了一個整體：我與

我、人與世界、理想與現實之間的分裂就會終止。這樣，妄想之心——自心旁邊的『心』——就變成了覺醒之心，也就是與自心同一並因此而獲得自由的那顆心。覺醒之心從抓取之中解脫，因為手可以拿住那些東西；它從觀看之中解脫，因為眼睛可以看到那些事物；它也從想要理解自身的企圖中解脫，因為思維會思考那些問題。在這樣的感受、觀看和思考之中，生活既不要求有一個未來用以完滿自己，也不需要做什麼辯解來證明自己的合理性。在這一刻，生活已經完成了它自己。」〔32〕

——「悟」表現為一種超越感。

時間似乎凝固了。唐代李通玄有名句：十世古今，始終不離於當念，無邊剎境，自他不隔於毫端。李澤厚則把這種意境稱為「瞬刻永恆」。〔33〕瞬刻是世間年法的範疇，永恆是出世間法的範疇，因此，這種境界橫貫出世、入世。一念萬年，萬年一念，這正是大乘佛教追求的精神。

空間似乎不在了。聖嚴法師說：「開悟以後的『有』不是自己有，而是：一切都有，只是自己沒有。」〔34〕

精神似乎無限了。禪語云：長空無限，任白雲飛翔。一旦獲得這種心靈的自由，就如鈴木大拙寫到的：「所創造出來的奇蹟將顯現於森羅萬象：信步徐行在好好流淌的河流之中，河水為其開路；仰首縱觀虛空，飛禽的翱翔蹤跡恰似筆下而出。」〔35〕

顯然，很多人都曾有過這種寧靜、圓滿、超越的體驗，而不只佛陀與惠能兩人。這再次告訴我們：「悟」是存在的。

「悟」之難

可另一方面，「悟」又充滿不確定性。證據在於，同樣值得信賴的另一些大師們作證說：「悟」很少發生，甚至永不發生。

圓悟克勤禪師說：「向上一路，千聖不傳，學者勞形，如猿捉影。」

湧泉景欣禪師說：「見解人多，行解人萬中無一個。」

據馬祖道一禪師自述，他十年才得到印可。

據雲岩曇晟禪師自述，他二十年才開悟。

據為仰宗的開創者仰山慧寂評判，馬祖門下弟子八十四人中，有一人得大機（百丈淮海），一人得大用（黃檗希運）。

讓我們以此來計算下「馬祖學校」的「畢業率」：八十四人中只有兩人能畢業，2÷84=2.3％。就是說，即使允許學生無限期複學，留級再留級，終生無法畢業者高達 97.7％以上。這位馬祖耽誤了多少人的青春！

於是迷霧來了：禪宗以「悟」為全部目標，還撂下狠話「沒有悟，就沒有禪」，可成功率又如此之低，該如何解釋？你說它是騙局吧，有人「悟」過；你說它是真相吧，大多數人都沒見過真相。

我把對「悟」的解釋分為五類：前兩類當它存在，後兩類當它不存在，中間一類當存在就是不存在。

i. 無差別論

這種說法是：「悟」存在，只是看不出來。

憨山德清禪師開悟後作詩一首：「死生晝夜，水流花謝，今日乃信，鼻孔向下。」大意是，開悟了才知道生死是自然而然的事，就像鼻孔朝下般自然。

廓庵師遠禪師在《十牛圖》中描述開悟的情景：「提瓢入市，策杖還家，酒肆魚行，化令成佛。」又有詩：「露胸跣足入廛來，抹土塗灰笑滿腮。不用神仙真祕訣，直教枯木放花開。」如此放浪形骸，確實不像修行人。

既然外表無差別，那你不覺得別人開悟，實際上別人已經開悟了。你不覺得自己開悟，實際上你也已經開悟了。那看上去 2.3％的成功率，實際是 100％！不是「馬祖學校」考生「留級」，而是仰山慧寂「判卷」錯誤！

這下，我們釋然了。

ii. 不永久論

這種說法是：「悟」存在，只是不斷反覆。

佛陀的覺悟似乎是徹底的，可他的弟子的覺悟是否徹底，自古以來就有爭

論。當古印度佛教分裂時，就有人質疑「阿羅漢覺悟不徹底」，列出了五大症狀，即「大天五事」：仍有性欲，仍有煩惱，仍然猶豫，仍然需要別人印證，仍會覺得苦。說實話，這五件事可謂針針見血，均指向人難以除盡的本性。僧人大天自己質疑自己，說明他是個實事求是的人。

此外，禪宗中更有「大悟三十多回，小悟不計其數」的說法，把覺悟後的維護稱為「保任」，就是說，要繼續努力才能維持溫度。

既然不存在一勞永逸的覺悟，那別人不是沒覺悟，而是不斷在覺悟。我們又釋然了。

iii. 悖論說

第三種解釋有點令人費解：「悟」是存在的，但你一想要它，它就不見，你不想要它，它才出現。

教內人士以此為智慧。聖嚴法師說：「其實，一個人要是認為自己已經開悟了，一定是還沒有悟。這種人還有我執，有一個開悟的『我』，這是我執的明證。悟不是目標、不是感覺，也不是可以達成的境界。悟如果是這些的話，就是有形有限的，因此還是虛幻的。要是把悟看作目標，並有個『我』得到悟境的利益，那麼離智慧還很遠。」[36]

而教外人士估計把這當詭辯。心理學家斯坦諾維奇就曾諷刺過這說法：大家還不知道，我大腦中住著一個小精靈，它們基本上控制了大腦中的一切事情。但有一件事情阻止了我們看到它們，就是小精靈拒絕任何形式對大腦的侵入，如解剖，X光等，一旦覺察到外側的探測，它們就消失了。[37]

斯坦諾維奇用這個例子來說明，沒人能證明它錯也沒人能證明它對的理論是「偽科學」。我同意佛教不是科學，但我反對「偽」的標籤。[38]

不管怎樣，「悟」無法被檢測，我們又釋然了。

iv. 方便說

第四種說法試圖善意地解釋「悟」不存在，它僅僅是個方便。祖師們這麼講

是為了你們好，如果不設立個目標的話，你們怎麼修行呢？這種說法往往來自佛教內部。

一位老和尚對弟子說：「三十年來，我一直說東西騙你們。」弟子答道：「你早該退休了。」第二天老和尚挖了個大坑對弟子說：「如果我真該退休了，你就埋了我，否則我就埋了你。」

舒州佛眼禪師指出：今天明白了，明天去做什麼？今天沒明白，只要反覆體會，總會明白。向前的謎底，就是今天的悟，今天的悟，便是向前的謎底。他又指出有兩種病：一種是騎驢覓驢，一種是騎驢不肯下。總之，最好別把「悟」當回事。

有人問馬祖道一禪師：「和尚為什麼說即心是佛？」馬祖說：「為止小兒啼。」

近代禪宗人士南懷瑾先生也做過類似的評論。

v. 騙局說

最後這種說法則惡意地解釋「悟」不存在，「悟」都是哄你們的，「悟」根本是禪宗的騙局。這種說法往往來自教外的學者。

范文瀾寫道：「所謂頓悟無非是僧徒故作神奇，藉以騙人的一種手法。」[39]

胡適則寫道：「這個悶葫蘆最易作假，最易拿來欺騙人，因為是純粹主觀的，真假也無法證實。現存的五部《傳燈錄》，其中所載禪門機鋒，百分之七十怕都是無知妄人所捏造的。」[40]

話說得這麼透，人們想不釋然都不行。

自悟

「悟」的進階是「自悟」——無師自悟。沒人會否認，悟是自己的事，別人不能代替自己，但存在兩種情況：有人幫助「悟」，還是沒人在場悟。「自悟」指的是後一種情況。

咱們也先確認好消息，無師自悟是可能的。

佛陀的例子就不用提了，他是在菩提樹下覺悟，沒人在場。

傳說中，佛陀的侍者阿難作為佛陀的侍者三十年，號稱「多聞第一」，卻一直沒開悟。佛陀去世後，迦葉尊者召集第一次僧團結集，只限開悟的僧人參會，結果阿難被阻擋在會場外。他求助迦葉尊者協助被拒絕，因此悶悶不樂地回到寢室，沒想到，在躺下的過程中，突然開悟了。

類似的例子在禪者中不少。禪語云：無師道終不成。我估計這是「馬祖學校那 97.7％的留級生」散布出來的謠言。因為據我目測，情況正好相反：無師大道成。證據是，下面的公案無一不來自祖師：

——靈雲禪師看桃花時開悟；

——慧棱禪師拉捲簾時開悟；

——雲峰文悅禪師聽木桶箍斷的聲音開悟；

——洞山禪師見水中倒影而開悟；

——夾山善會禪師落水中開悟；

——樓子和尚穿鞋時開悟；

——香嚴智閑禪師在拋瓦片到竹子上聽到「啪」的一聲時開悟。

這些情形都沒有老師，甚至沒有任何人在左右，與佛陀、阿難的情況契合。

不僅有祖師開悟沒人幫忙的例子，還有祖師拒絕幫忙的例子。藥山惟儼曾長期不上堂，有學生回饋大家都盼望著他的升堂。於是藥山惟儼說：「你敲鐘聚集吧。」大家聚集後，藥山坐下又走了。別人追問，他回答說：「經有經師，論有論師，找我幹嗎？」意思是說：禪宗不需要老師。

「自悟」存在，但也充滿不確定性。這點我不用多講，只需指出下面的事實即可：

能開悟的人都很少，能無師自悟的人就更少。如果自悟那麼容易的話，禪宗就不需要師徒相傳了。

有那麼多幫助，開悟都是難事，更不用提沒幫助的情況。如果自悟那麼容易的話，師徒相傳也不需要那麼多機鋒、公案了。

頓悟

「自悟」再進階，就是「頓悟」。

中晚唐的禪宗大師圭峰宗密，在其所著的《禪源諸詮集都序》中，把「悟」的方法分類為頓悟頓修、頓悟漸修、漸修頓悟、漸修漸悟。其中，

──頓悟頓修裡面有兩個「頓」字，聽起來絕對快，最符合「頓」的定義，

──頓悟漸修和漸修頓悟可以合併為一類──頓悟＋漸修，只是，聽起來有快有慢、有慢有快，好像不夠「頓」。

──漸修漸悟裡面有兩個「漸」，絕對慢，它完全不符合頓悟的定義。

總之，與頓悟有關的只有前兩類，讓我們分別看看其可行性。

i. 頓悟頓修

佛陀是頓悟的，據紀錄，他目睹明星而悟道。

惠能也是頓悟的，還頓悟了幾次：第一次，他聽路人誦讀《金剛經》的名句，「心即開悟」；第二次，他聽弘忍講《金剛經》，「言下大悟」；第三次，他到廣州寺廟中，聽兩個和尚在爭論「風動還是幡動」，惠能說「仁者心動」，這下對方大悟。

遺憾的是，佛陀、惠能是悟性上的天才，而我們大多數人不是天才。對我們普通人而言，「頓」容易，「悟」則未必發生。張中行先生有個比喻：漸悟像是登梯子一步一步上房頂，而頓悟像是一躍就到了房頂。那就很好理解了，你向房頂一躍容易，但到達房頂的可能性小，更大的可能性是一步踏空。連胡適也承認：「『頓悟漸修』、『漸修頓悟』都是可能的……『漸修漸悟』更是普通的方法；只有『頓悟頓修』是沒有教學方法的。」[41] 惠能更指出，「法無頓漸，人有利鈍」，意思是，覺悟的速度因人而異。

更糟糕的是，「頓悟」即使發生，也未必持久。我們都有過被某種勵志的話感動的瞬間，只是瞬間難以持續。否則的話，煩惱為何重來？為何總是重來？究其原因，我們凡人，妄想太多覺知力太弱，而要想解決這兩項，只得漸修。就連

禪師們也承認，開悟後要「保任」，這說明「悟」很脆弱，如果不保溫，就會像水一樣變涼。

ii. 頓悟＋漸修

更現實的選擇是「頓悟＋漸修」。

這在實踐中也有紀錄，還是同一紀錄。把佛陀和惠能的經歷放大看，我們就會發現，兩人的「覺悟」均非毫無準備——看似頓悟頓修，更確切地講是頓中有漸。

先看佛陀，在菩提樹下之前，他已經苦行了六年。而在更早之前，據佛陀在《本生經》中追憶，他前世經歷了九十一劫，曾經捨身喂虎，曾經割肉喂鷹。到了這一世，他經歷了求道、苦行、連坐七天七夜，之後才成佛。

再看惠能，他在第一次開悟之前，已經砍柴多年。第二次開悟之前，篩米八個月。第三次「心動」之前，在打獵隊中吃鍋邊菜數年。惠能屬於「上上根人」，尚且需要悟幾次，次次有準備。

事實上，「頓悟＋漸修」更合乎法義，也更合乎常理。《楞嚴經》中有分析：理可頓悟，事須漸修。即認知可以很快，但實踐只能慢慢來。

圭峰宗密在《禪源諸詮集都序》中也有類似的說法：「真理即悟而頓圓，妄情息之而漸盡。」意思是，真理可立即領悟，情緒則需要慢慢控制。

「頓悟＋漸修」雖說更現實，但不足之處在於它與漸悟的區別實在不大。這就好像我們聽到兩邊吵得不可開交，仔細聽發現吵的是一回事。

聖嚴法師以登山為喻：漸悟像是晴天爬山，先看見了山頂，但還得一步一步爬；頓悟像是霧裡爬山，爬著爬著，剎那間突然發現自己到了山頂。[42] 區別呢？一丁點兒都沒有。

如果非說有，那頂多有感覺上的區別。比如我對朋友們宣告說：「本人一天之內頓悟。」朋友們一定會大吃一驚，從此以後，不是說我是個大師，就說我是個騙子，總之，我一句話就吊起了他們的興趣！但假如我重新宣告說：「本人一

朝頓悟，前後修了三十年。」故事還是那個故事，但朋友們一定大失所望，這種三十年的「悟」，也太慢了吧？從此以後，我又恢復為那個沒什麼可說的常人。

其實，宣導頓悟最積極的菏澤神會禪師也為漸修留下了餘地。他對外宣稱「修就是妄」，卻又對內部弟子說：「頓見佛性，漸修因緣，不離是生而得解脫。譬如其母，頓生其子，與乳漸養育，其子智慧，自然長成。」這個比喻正好說明問題：分娩只要一朝，可懷胎要十月，撫養要多年，教育要一輩子，誰敢說一天帶大一個小孩？

總結一下，兩類「頓悟」都有麻煩：符合定義的不太現實，而相對現實的又不太符合定義。這是本書堅持不以「頓悟」為惠能禪特徵的另一緣由。

不假次第

最後講下「不假次第」。次第是一步一步走流程，相反，不假次第就是沒流程。

在佛教看來，次第不是壞事，一步一步，才有「覺」的過程。

原始佛教的次第體現在諸多的數字中：四聖諦要按步驟推進，八正道要按步驟實踐，十二因緣要逐一理解，三十七道品、一百多種禪定要耐心體驗。

大乘佛教把次第靈活化了，但造成不同的次第紛紛湧現，如六度，如聞、思、修、證，如教、理、行、果，如信、解、行、證，如三解脫門，如菩薩道的十個階梯。

佛教傳入中國後，中國佛教簡化次第到戒、定、慧三學，雖然簡單了，但仍然要一步一步學。各宗又演化出各自的「妙法」。比如天台宗講六妙門，講止觀雙運，講五停心，講四念處。華嚴宗講十信、十住、十行、十回向、十地。唯識宗講消除煩惱的種子，慢慢地轉識成「智」。結果是，三學變得並不簡單。

這個傳統到禪宗為止。

針對中國佛教各宗奉行的戒、定、慧三學，惠能合併了一學：自性。《壇經》中說：「得悟自性，亦不立戒定慧。」

惠能之後，弟子青原行思禪師問惠能：「怎麼做才能不落階級？」惠能反問：「你做什麼來著？」青原答：「連佛經都不學。」惠能又反問：「那是什麼階級呢？」青原答：「連佛經都不學，還有什麼階級可言？」

有人問藥山惟儼禪師：「什麼是戒、定、慧？」藥山惟儼答：「這裡無此閒傢俱。」

「不假次第」有什麼迷霧呢？它與悟、自悟、頓悟毫不相干。

神會說：「不由漸階，自然是頓悟義。」這完全是混淆了兩個不同的維度。悟、自悟、頓悟指的是目標的維度，而不假次第指的是過程的維度。沒過程當然很容易做到，但目標能不能達到就另說了。不由漸階，就必然頓悟嗎？當然未必，既未必「頓」，更未必「悟」！

這就好像你朝山頂的方向走，爬啊，走啊，飛啊，不管什麼形式，都無法確保你登頂。當然，你可能到了山頂，但也可能爬到了山坡，也可能走到了溝裡，也可能飛到了樹上。不講過程而成功登頂的概率本來就不大，繞來繞去可能更慢。

同樣的道理，惠能禪把原來四步、八步、十二步、三十七步簡化為了一步：直指人心。次第少了，但時間還真不一定少，成功率也未必更高。原因在於，這樣準備所花的時間，或許比一步一步走花的時間更多，而這一步失敗的可能性，一般來說更大！

最糟糕的情況，是你朝月亮的方向爬啊，走啊，飛啊，不假次第，追到月亮了嗎？永遠也追不到！相反，要按部就班去做，「阿波羅」號不已經登月了嗎？

再請各位看下面這組驚人的數字：溈仰宗開發出了九十六種圓相圖；雲門宗有三句八要；法眼宗有六相四機；曹洞宗有五位君臣、五位偏正、五位功勳、五位王子；臨濟宗有三玄三要、四賓主、四料簡、四照用、七事隨身。禪宗更有《十牛圖》來比喻馴服心性的十個階段：尋牛、見跡、見牛、得牛、牧牛、騎牛歸家、忘牛存人、人牛俱忘、返本還源、入鄽垂手。這些不都是次第嗎？沒錯，

如果不假次第就悟、就自悟、就頓悟的話，那惠能的弟子們還費心開發這麼多次第幹嘛！

事實上，如果繞著說不悟、行動啟發不悟、藝術啟發不悟，下面怎麼辦呢？沒辦法，只能用回老方法，坐禪、念經、念佛——次第。直到今天，禪院中主要的修行仍是坐禪、念經、念佛——還是次第！

穿過這些迷霧，各位就會了解，禪宗的目標儘管可能，但遠遠不像禪宗暗示的那般接近。

話雖這麼說，有一種情況可以確保「不假次第的悟」一定發生：讓時間歸零。這就是日本禪的方法。

默然成道
——佛、禪怎麼變成了花、
茶、劍道

生活的驚醒

多年後的我，已經擁有很多，也放棄了很多，變平靜許多。當微風吹過時，一陣無名的空虛襲上心頭：擁有的似乎與我無關，放棄的也無所謂失去，那活著的意義何在？我心頭一驚。謝謝內心的空虛，它提醒我平靜本身像白紙般、白水般無意義，需要填充意義。放棄不想執著的事，為的是追尋自己真正想要的執著。

第十八章

東渡日本的禪
向死而生

提起日本禪宗，我們說它源於中國禪，而中國禪又源於印度佛，都好像沒日本什麼事。為了維護自己的正統性，日本人也未必反對這種說法。但別忘了，這是個世界上最善於學習並且學習後最善於改良的民族。他們引進了麵條，生產出了泡麵；引進了唱機，改成了卡拉 OK；引進了鉛筆，生產了自動鉛筆……那麼，他們引進的禪宗，可能原封不動嗎？

被忽視的日本佛禪

日本佛教的大致歷史如下。

西元六世紀，佛教傳入日本。最早在日本出現的六個派別，完全來自中國，分別是俱舍宗、成實宗、律宗、三論宗、華嚴宗、法相宗。九世紀，日本僧人空海和最澄又分別從中國引進真言宗和天台宗。十二到十三世紀，法然建立了淨土宗，日蓮建立了日蓮宗，榮西與道元建立了禪宗。至此，日本佛教各宗基本成立。

之後的發展幾乎一帆風順，以下四支逐漸演變為最大的宗派。

淨土宗：該宗以念佛為主要修行，有「家家彌陀佛」的說法。淨土宗通過民間結社滲透，具有強大的基層號召力，是目前日本信徒最多的佛教派別。

真言宗：該宗由印度祕密佛教傳來，強調身口意三密加持，儘管在漢族地區被視為「非法」，卻在日本受到追捧。原因在於，它的各種金剛、曼荼羅、神器與日本神道契合，以至於今天日本佛教寺廟的圖騰遠比中國寺廟中多。其中佛像之外的神像，大致來源於此。

日蓮宗：該宗以《法華經》為經典，但借鑒了淨土宗的方法，只念「妙法蓮華經」五字，並通過參與民間辦學而形成了民間號召力。另外，它還借鑒了密宗的方法，將其創始人日蓮的形象神化為與佛陀類似。

禪宗：其歷史單獨講。

由於前面所述的原因，日本佛教常常被忽視並自願被忽視，但我先指出它值得關注的結局：今天，世界上最多的佛教宗派在日本，共二百一十四個之多。世界上最多的佛教寺院在日本，共有七萬八千餘座。日本民眾宣稱自己屬於佛教信徒的高達日本總人口的 60%。[1]

今天，世界上佛教研究最活躍的中心在日本。京都大學、東京大學等以對佛教資料的收集，以對梵文、漢文、藏文的掌握，並以國際化的視野聞名於世。而本書多次提及的柳田聖山、中村元、西田幾多郎等都是近代日本的知名學者。

具體到日本禪宗的結局，也有值得注意的幾點：

一是它的走勢。相對於印度佛教滅亡、中國禪宗停滯，日本禪宗則一路向前。尤其到了近代，日本禪宗雖並非日本佛教中最大一支，但卻是揚名海外的一支。二十世紀以來，臨濟宗的鈴木大拙撰寫了大量英文介紹，而曹洞宗的鈴木俊隆設立了三藩市禪修中心。更不用提，英文中的 ZEN 一詞就譯自日文，以至於西方人常常以為日本禪宗就是日本佛教，又以為日本禪宗就是全部禪宗。這些當然都是必須澄清的誤解。

二是它的形式。日本禪宗在本身之外又衍生出了花道、茶道、劍道、弓道等「道」，後兩項也被稱為武道。需要說明的是，武道不同於武士道，前者是古代的、個人主義的，後者是近代的、軍國主義的。武道講「外殺天魔邪道，內鎮心中動搖」，重點在於「內鎮心中動搖」，首先為的是自己，而非雇主或國家。

三是它的用戶。日本禪宗不僅受到文人的喜愛，而且成了武士與農民的宗教。其中最奇怪的當屬武士，愛好和平的佛教與暴力結合，不知佛陀在天有靈，會做何感想。

要搞清楚這些是怎麼發生的，我們得先從日本這個民族說起。

最真心的泛自然神論

關於日本的民族性，討論最多的當屬其島國文化及其所孕育出來的集體主義精神，可少有提及日本人獨特的宗教情結。既然如此，本書就從這個角度入手。

首要的問題是：日本人有沒有宗教情結？我以為，同中國人一樣，日本人不願意討論宗教，不表示日本人不信宗教。證據就在於，即使到了現代社會，日本人仍普遍公開地信奉神道，還準時準點地拜神。各位去日本旅遊一不小心就會碰到像寺廟卻不是寺廟的神社，趕上新年，一不小心又會碰到人山人海的法會。今天，日本信奉神道的人數超過所有其他教派信徒的總和，如果算上去神社祈福的人，幾乎每個日本人都算信徒。

如果說這種宗教情結以神道為代表的話，你會問：神道是一種怎樣的宗教呢？我稱之為「最真心的泛自然神論」。這個詞雖長卻不複雜，並且，我也找不出比它更合適的詞。它由三部分組成。

i. 泛神論

不妨這樣理解：神多到一定程度，就變成了「泛」。前面說過印度有三百萬神，殊不知日本有八百萬神的說法。這次，它們不像一座金字塔，而像周圍的空氣一般——八百萬的神多到金字塔也裝不下。它們是從哪裡來的呢？

首先，本土神和不管從哪個角落飄來的外來神，都被日本人接收。本土的有日照大神和各種土地神。外來的有佛教中的各種神，如佛陀、菩薩、金剛。印度的化身說很好地解釋了它們之間的關係：彼此蘊含、相互顯現。因此，神道與佛教並不矛盾。

此外，日月星辰等天體，有多少算多少，都是卓然獨立的神。

此外，山水草木等自然事物，有多少算多少，都是與人共生的靈。

此外，神的數量還在不斷增加。這是因為，人死後可以變為神，很多日本神社中供奉的神之前都是人，而值得紀念的人數隨著歷史的推進也越來越多。

到這個程度，神就遍布虛空了。不是我們供奉著它們，而是它們包圍了我們。

ii. 泛自然

在一切神靈中，日本人格外崇拜自然。原因似乎在於，日本人的想像力不太豐富：祖先等神靈看不見摸不著，可自然界看得見摸得著。你看，一山、一水、一草、一木都在動，日月星辰整體也在動，海嘯常常發生，地震如家常便飯，颱風年年刮過，隕石隨時降落，甚至整個日本島都在下沉，這還沒算上近代出現的核彈與核洩漏……顯然，神祕的宇宙力量控制了日本。

日本思想家二宮尊德指出：天與地不發一語，但它們不斷重複著空白的聖書。

柳田聖山指出：你所踩的一粒沙石，比哲學家所辦的一系列講座，具有更深的意。

日本大燈國師有詩云：我用耳見，你用目聞，若有所得，若有所惑，簷下滴水，自然而然。

iii. 最真心的

關於日本人的泛神崇拜與自然崇拜，如果做下對比的話：

它不同於中國人的祖先崇拜，因為祖先只是神靈的一小部分。日本人相信這點，但更相信萬物有靈。

它也不同於佛教的「法界遍有情」說，因為所謂「青青翠竹，盡是法身，鬱鬱黃花，無非般若」說的是草木個體有靈。日本人承認這點，但同時相信萬物的整體有靈。

它也不同於西方的自然神論，因為後者一般指宇宙的整體是神。如西方哲學家斯賓諾莎相信世界本身是個「神」，牛頓相信上帝創造了世界又離開了世界，黑格爾相信世界是「絕對精神」的展開，這些都指的是自然界作為整體有靈。日本人相信這點，但同時相信，萬物的個體也是神。

我以為，與日本人的宗教情結最接近的當屬原始崇拜。要知道，我們的祖先生活在恐怖的黑暗中時，就相信萬物有靈，以至於相信黑暗本身就是靈。只不過，隨著人類進入城市乃至現代文明，自然崇拜已經湮滅，光明已經照亮了世界。到今天，再沒有哪個文明還真相信草木智慧，頂多在文學中比喻下罷了。可日本這個世界上工業化程度最高的文明之一仍然真心相信萬物有靈，並且，他們悲觀地相信：黑暗仍包圍著日本。

　　這種宗教情結如此原始，我只能稱為普遍而不複雜。

像自然般來去

　　因為懷有這種宗教情結，日本人當然需要解脫，也當然歡迎佛教。只是他們對解脫的理解有了一個新標杆：自然。比如學習佛法，日本人的教材基本不是經書。台灣的聖嚴法師講過一個有趣的例子，他在日本訪問時，一位僧人對他說：「我們很快讀一遍《法華經》吧。」聖嚴答：「怕時間不夠吧。」可對方堅持說來得及。只見對方拿起一本《法華經》，一頁一頁地用手指翻書，口中念念有詞：「妙法蓮華經，妙法蓮華經，妙法蓮華經。」八萬字的經，幾分鐘就念完了。這不是玩笑，因為直到近代前，日本從中國引進的經書都沒被翻譯為日文。可以想像，如果你拿著本日文書來讀，估計也只能那樣讀，幾分鐘念完。

　　好在，相對於經書，大自然是更好的教材。一花一世界，一葉一如來，抽象的佛法就在眼前，一覽無餘。對日本人而言，佛法在世間，絕非隱喻。

i. 覺悟

　　萬物有靈意味著自然本來就是覺悟的。顯然，這種覺悟沒人幫助，是自悟；這種覺悟瞬間完成，是頓悟；這種覺悟未經人為的操作，是不假次第。直心是道，無心是道，大自然本來如此！

　　西田幾多郎寫道：「有如花在顯示其本性時是最美麗的一樣，人在顯示其本性時便達到美的頂點。」[2]

ii. 無常

佛法講無常，而自然本來就變化莫測。

比如櫻花突然大片地綻放，在陽光下顯得生機勃勃；過了一段時間又突然大片地凋零，在風中顯得那麼淒涼。日本人癡迷它，正因為它的悲壯。集體的命運控制了個體，不管個體願意還是不願意，就像櫻花一樣。

此外還有牽牛花。它們也成片成片地開放，只是時間更短，當天開、當天謝。而日本人癡迷於它，正因為它微不足道的美麗。再醜的人也曾有青春靚麗的一刻，再美的人也終會容顏褪去，就像牽牛花一樣。

因此，道元禪師說：「草木叢林之無常，即是佛性也；人物身心之無常，是即佛性也；國土山河之無常，是依佛性之故也。」[3]

鈴木俊隆寫道：「接受無常，閃電過後，夜空仍只是夜空。」[4]

柳田聖山指出：大自然不可預測，並沒有什麼特別的偏好。

iii. 缺憾

佛教講苦，而自然中全是不圓滿。相對於大多數民族追求完整，日本人追求一塊碎片，一片殘葉，一節枯枝，一座歪石。生命的殘缺不妨礙它的璀璨。

久松真一將禪對日式的審美總結為七個方面：不均齊、簡素、枯高、自然、幽玄、脫俗、靜寂。[5]注意，裡面沒有一個是傳統意義的好詞，這意味著日本審美偏離了正常的「好」的標準——它以不夠好為美。

「花兒最盛時，何必月正圓。」我以為這句話說得太好：自然不圓滿，不圓滿才自然。要禪宗來回答的話，花開是花的事，月圓是月的事，作為花，我愛怎麼開就怎麼開，關月亮什麼事？作為月亮，我愛什麼時候圓就什麼時候圓，關花什麼事？花開不開、月圓不圓，又與你何干？

iv. 無善無惡

佛教講無我，正好與落花流水、陰晴圓缺等自然現象吻合。

自然中有地震、海嘯、隕石、颱風，何來溫暖有情，分明冷酷無情，卻可以

解釋為佛性清淨。這種不善不惡的自然觀，既迥異於西方宗教中的上帝全善，也不見於中國儒家講的人性之善。

日本的恐怖片，格外血腥；戰爭中的日本人，格外殘忍。我以為部分原因在於，他們對人性的看法不同。不是說他們反人性，而是說他們本來就認為人性沒那麼好。據說，受中國文化的影響，「情義」這個詞已經深入日本文化，可相比而言，「仁」這個詞在日本卻不常見。原因在於：「情義」是中性的，而「仁」則含有太多善意。

v. 空

甚至連抽象的「空」的覺悟，日本人都轉化為自然的具象。一位日本學者解釋「一切皆空」為「萬物皆如其本然」：「松樹不感到優於竹子，竹子也不感到次於松樹；狗不感到優於貓，貓也不感到次於狗……它們順乎自然地活著，毫無褒貶抑揚之意。」[6]

以上所述，你可以說是佛法的庸俗化，也可以說是佛法的通俗化。反正，日本人以自己的方式學到了。他們從來都是最好的學生。

像死了般活著

日本人不僅從自然中學到了生的智慧，還學到了死的智慧。

死是無奈的事，如落葉一般。有馬賴底寫道：「鮮花終將枯萎凋零而去，春風傳來歲月流逝的腳步。」[7]道元禪師有詩云：「生死茫茫如雲駒，迷途覺路夢中游。」

死也是瞬間的事，如閃電一般。道元禪師在《正法眼藏》中講述：萬物無非是浩瀚表象世界的一下電閃，生命只是剎那間的存在。但如果以為佛性只存在於生時，死時就不再存在，那也是少聞薄解。生時有佛性和無佛性，死時亦有佛性和無佛性。

死更是一種迴圈，如樹木般死了還會再生，活著遲早會死。「從生命的內在

意義而言，一分鐘、一秒鐘和一千年，其實都一樣長、一樣重要。夏日上午的陽光只持續數小時，但它和傲立風雪中的古松樹有著一樣重要的意義。」[8]

如果說印度人是樂觀而不現實的民族，中國人是樂觀而現實的民族，那我以為，日本人是現實而悲觀的民族。這毫無貶義。在日本人看來，大自然就是大自然——如果你非要把自然說成悲觀，那就悲觀吧。

日本人的悲觀體現在他們認為生死差別不大，以至於雖生猶死。日本有句諺語：「繼續就是力量。」所有其他民族的人聽到這句話，都會覺得「好慘！」其實日本人這麼說是中性的：就像死了一樣活著[9]，反倒立即解脫！

既然如此，你會問：為什麼不立即死呢？權當你已經死了吧。日本江戶時代的盤珪永琢禪師，以親身經歷解釋了「不生」之生：「我身上的疾病日益加重……我已經做好了迎接死亡的精神準備。雖然，我對這個世界並沒有什麼留戀執著之念，但是最終沒能解決『生』這一人生大事而告別人世，不禁令人遺憾萬分。正當我思前想後而坐臥不安時，口中絲絲發癢，一口黑血團吐了出來……我腦海間突然閃現出這樣一個觀念：世間萬物皆為『不生』……我感覺自己仿佛獲得了再生，歡欣喜悅之情不可言狀。」[10]

這就是說，既沒必要怕死，也沒必要刻意死。日本人的現實性體現在他們的關注點沒那麼遠。相對於印度人的佛是來世的，中國人的心是今生的，日本人的自然是無常的。看到草木的那一刻，的確，他們立即解脫了。於是，解脫的重心又一次前移。

印度的解脫：死後。

中國的解脫：今生、死後。

日本的解脫：**瞬間**。

武士的宗教

帶著日本人的解脫觀，我們來理解禪宗在日本的演變。請注意一個時間差：禪的發展在中國的隋唐時達到高峰，可傳到日本時已經是中國的宋朝，過去了幾

百年。因此，傳去日本的禪已經是中國晚期、受道家影響很大的禪。這個禪、道的「雜交品種」與日本這個愛自然、輕生死的民族相遇，相見恨晚。

明庵榮西，約西元 1141-1215 年人，他最早把臨濟宗引入日本。榮西出身於日本士人家庭，曾兩度來華求學，師從臨濟宗的傳人虛庵懷敞禪師。回國後，榮西在日本最大的東大寺任職，到條件成熟時才在京都及鎌倉兩地創立寺院，奠定了臨濟宗在日本的地位。最終被當時日本的統治者北條時賴和北條時宗冊封為千光國師。

他留下了兩部重要文獻：《興禪護國論》宣揚禪宗的實用價值——「令法久住」、「鎮護國家」；《吃茶養生記》則開啟了日本的茶道。

榮西也留下了屬於自己的公案。遇到饑荒，他把貼在佛像光環上的黃金撕下來布施給窮人。有弟子憤怒地質疑他：佛弟子毀壞佛像是正確的行為嗎？榮西答道：「佛陀甚至願意為受苦的人捨身，又怎會在意他像上的光環？」

注：兼具大乘的慈悲及禪宗的灑脫，大讚！

榮西之後，他的弟子及弟子的弟子們延續了榮西的做法，一方面保持了臨濟宗的風格，另一方面爭取統治者的支持。榮西傳臨濟宗到日本，接近鎌倉幕府，得到了北條家族和源賴家族的支持；榮西的後繼者南浦紹明、宗峰妙超均被天皇和幕府奉為國師；在鎌倉幕府解體後，禪僧夢窗疏石為室町幕府信任，建立五山十刹制度，在全國建立寺院和佛塔，祈禱國家和平。

最令人匪夷所思的是，從十二世紀到十九世紀的這七百年間，日本臨濟宗爭取到了整個日本武士階層的支持。要知道，在歷史上，佛教與士兵少有交集，似乎也不應該有交集。前者以殺為戒、為妄業，後者以殺人為榮、為惡業。雖然佛陀也曾提出「四無畏」，那只限於內心。雖然中國也曾出過少林拳——所謂「青山美景佛常住，金戈鐵馬亦為禪」，那只限於自衛。而在日本，則出現過一段僧兵橫行的時期。相比之下，印度的僧人慈悲忍辱，中國的武僧保家護院，日本的武僧卻橫行鄉里！日僧的暴力，可謂世界佛教史上的奇觀！

奇觀當然歸功於佛教中奇怪的一支——禪宗，進一步歸功於禪宗中奇怪的一

支──臨濟宗。《菊與刀》的作者寫道：「在任何其他地方，你都很難發現他們會像日本人這樣，用神祕主義的修行方法來訓練武士如何格鬥，而不是用它來追求神祕的體驗。在日本，從禪宗開始發生影響時起就一直這樣。」[11]至於背後的原因，忽滑穀快天在《武士的宗教》一書中列出了「禪」與「武」的四點神似。[12]

第一，都強調嚴格的紀律。

第二，都強調安貧樂道。

第三，都強調男子漢氣概和尊嚴。

第四，都強調面對死亡的勇氣。

我再補充最重要的一點：無念。

無念讓武士「內鎮心中動搖」。相對於思維令人躁動，直覺有安定作用。日本臨濟宗的澤庵宗彭在其著作《不動智神妙錄》中指出：沒有比生命更寶貴的了，但現在，我們必須把它的寶貴推到一邊，而立足於無念。無念比生命更高貴。

無念讓武士「外殺天魔邪道」。相對於思維令人猶豫，直覺促人行動，澤庵宗彭將其形容為「石火之機」。

無念讓武士超越生死。思維是過不了生死關的，而直覺則可能。澤庵宗彭將其形容為「浮生若夢，何以執著，心無所住」。

有故事說，當武將楠木正成在被敵軍四面包圍之際，他來到兵庫的一座禪院，向楚俊禪師請教：「生死交謝之時，如何面對？」禪師答：「兩頭皆截斷，一劍倚天寒。」①

禪為武士們提供了精神依託，武士們則把禪宗當作自己的宗教。

臨濟將軍曹洞土民

比榮西禪師稍晚出生的道元禪師，約西元 1200-1253 年人。他早年經歷與榮西相似，也是先在日本出家，再到中國求學。師從中國曹洞宗的傳人天童如淨。

回國後，道元創立了建永平寺，成立日本曹洞宗。他著有《正法眼藏》、《普

勸坐禪儀》等有影響力的禪修著作。

道元也留下了自己的公案。有人問道元禪師到中國學了什麼，道元說：「我是空手還鄉，我在中國學到的不過是眼橫鼻直而已。」

注：眼睛本來就是橫的，鼻子本來就是直的，道元說的是實話，曹洞宗教的「無心合道」，學了就跟沒學一般。

記得吧，曹洞宗與臨濟宗的風格原本就不同。

臨濟宗激烈，常做過分的事，如「卷舒擒縱，殺活自在」；還常說過分的話，如「鳥在水中游，魚在天上飛」。相反，曹洞宗細密，經常不做事，只管打坐；還常說廢話，如「柳綠花紅，火熱水涼」。

相應地，臨濟宗喜歡上層路線，曹洞宗則傾向於平民路線。榮西為政府服務，道元則採取遠離政府的態度，自耕自種。在道元之後，有瑩山紹瑾在打坐中引入祈禱、咒語等儀式。這看似微小的變化卻意義重大：平民百姓既沒有生死一如的必要，又喜歡簡單的崇拜儀式。於是，曹洞宗變得更加平民化。

不同的風格正好適應了不同的群體：臨濟宗的風格比較適合戰爭、武士訓練，於是吸引了統治者及武士階層；而曹洞宗的風格比較適合和平、平民修行，於是吸引了農民及工商階層。在日本的歷史上，有「臨濟將軍、曹洞土民」的說法。需要說明的是，今天的日本禪宗也以這兩宗為主。據統計，在總共二十四個日本禪宗流派中，二十一個為臨濟宗，三個為曹洞宗。[13]只是在修行方式上，都以坐禪、參禪、勞作、法會為日常功課。也就是說，今天的宗派叫臨濟的較多，但實修中都趨同於曹洞宗的方法。這是今天的形勢變化所致。

用戶的多元化，固然是日本禪的一大突破。只是，吸引到用戶還不意味著抓住了用戶。這就好像我喜歡聽艾爾頓‧約翰的歌，但假如明天聽不到的話——那就聽不到唄。可假如明天不聽他的歌，我作為工匠的產品就會變形，作為農民的糧食就會減產，作為士兵的作戰就會無力——要有這種嵌入生活的效果，日本禪還需要進一步突破。方法是：改頭換面！

解脫終於找到了
用途

佛到中國催生出了禪，禪到日本又催生出了各種道──花、茶、劍、弓道。只是，這些「道」究竟是什麼道？

此道非彼道

說來奇怪，也不奇怪，日本禪是日本人把他們所有的資源──中國禪、中國道、中國儒家、日本神道混合在一起的結果。

記性好的讀者會提醒我們：混合是有風險的，搞不好的話，每個組分都不再原汁原味──沒看到佛教在印度及在中國失敗的融合嗎？而日本人的不同在於，他們保留了每個組分的原汁原味，卻另搞出個混合味來。這就好像有 A、B、C、D 公司，與其將四個合併為一個，不如讓它們出資成立一個新公司，由四個變成五個。現在讓我們分析下新公司中各股東所占的比例。

i. 內外之道

日本道包含精神內涵與外在形式兩部分。這大概是因為：「道」這個漢字一詞多義，它既可以是「道理」的「道」，也可以是「道路」的「道」。西方人很快注意到日本人對藝術的雙重定位：「那些藝術並不具有實用或純粹欣賞娛樂的目的，而是用來鍛煉心智……因此，箭術不僅是為了要擊中目標，劍手揮舞長劍不僅是要打倒對手，舞者跳舞不僅是要表現身體的某種韻律。」[14]

這就告訴我們，內外結合才是道。如果光有「內」的話，那只能算某種意境，這就是為什麼禪意本身不算道；如果光有「外」的話，那只能算某種技術，

這就是為什麼劍術本身也不算道。

ii. 道乃心之道

進一步剖析日本禪中「內」的部分，它同時受禪與中國道的影響。

在生死觀上，它需要禪，因為禪在這點上講得更到位。道家的「齊萬物」是讓人像自然般生、追求自由地活著，而禪的「齊萬物」是讓人像自然般死、追求超脫生死。事實上，道家從未講清楚過死後的事情，而禪認為生死本不存在。臨濟宗教人「須是大死一番，卻活始得」，即置之死地而後生的意思。

在自然觀上，它需要中國道，因為在這點上，禪又需要中國道的補充。惠能說「一切萬法，不離自性」，把自然歸於人，而老子說「人法地，地法天，天法道，道法自然」，把人歸於自然。用今天的話講，「花開水流，鳥飛葉落，它們本身都是無意識、無目的、無思慮、無計畫的。也就是說，是『無心』的。但就在這『無心』中，在這無目的性中，卻似乎可以窺見那個使這一切所以然的『大心』、大目的性……不是說經說得頑石也點頭；而是在未說之前，頑石即已點頭了。就是說，並不待人為，自然已是佛性。」[15]

iii. 道亦禮之道

進一步剖析日本禪中「外」的部分，它受中國儒家和日本神道的影響較大。

其儀式中的敬畏感來自神道的祭祀。神道的祭祀強調虔誠與清貧。虔誠在所有宗教中都一樣，而清貧則與西方典禮的豪華、絢麗形成強烈反差，帶有明顯的東方氣質。

其儀式的莊重感來自儒家的「禮」。學日語的朋友會發現，日語裡面敬詞實在多，對子女、對妻子、對父母有不同的語氣——大致如中文中「你」和「您」的差別；對下級、對普通人、對上級有不同的語式——大致如中文中「請做」與「去做」的差別。估計中文、英文、印度文的古代版也類似，但現代版都簡化了很多；日文則把「儀式」保留至今。據說，日本人之所以癡迷於見面交換名片就是怕說話失禮，如果見不到名片上的稱謂，就不知道該如何開口。

綜上所述，**內外結合、由內而外**，讓精神內涵呈現為外在儀式，這大約就是「日本道」的技術核心了。在破解了它的核心技術之後，讓我們來看看它的一系列產品。

道在搏擊中

生死的精神套上搏擊的形式就變成了日本的劍道、弓道、自殺之道。本人並非弓、劍的專家，也缺乏自殺方面的經驗，因此本章將較多引用專業人士的說法。好在花、茶、弓、劍本身並非重點，「道」才是。所謂外行看熱鬧，內行看門「道」。

什麼門道呢？就像觀賞盛大的祭祀典禮，如果忽視了祭祀背後的虔誠之心，那就變成了看戲，而如果忽視了典禮本身，那就沒什麼好看的了。因此，咱們內外都要看到。

i. 劍道

劍術各國都有，而劍道則為日本特有。

一般人在生死之際，很難不想到死的後果──對自己、對家人、對雇主、對敵人的後果。只是，任何想法對劍術而言都是致命的。因此悖論是：想生，就難以活下來；想死，更不會活下來；只有不想，才是最佳戰術。在格鬥中，唯一正念是沒有念頭。

《劍道及劍道史》的作者高野弘正寫道：「劍道中除了劍術之外，最重要的是自由運用劍術的精神要素，那就是『無所念』或『無所思』的心境。但並不是拿起劍站在對手面前時沒有思想、沒有觀念、沒有情感之意，而是切斷思想、反省或者一切留戀之情，通過這種意識發揮與生俱來的能力之意。這種心境又稱之為『無我』，不抱利己思想，是一種對自己的一切無所意識的狀態。」[16]

所謂劍人合一，即不要把自己當作人，要把自己當作劍。《菊與刀》的作者形容劍道的訓練：「他被命令站在地板上，全神貫注於腳下支撐自己身體的那幾平方英寸地板。這塊窄小的地板逐漸升高，直到劍客學會了立在四英尺高的柱子

上，就像置身庭院之中一樣，那時他就得到『真知』了。他的心不再會因為有暈倒的感覺和摔倒的危險而背叛自己了。」[17]

作為劍道的代表，宮本武藏，是豐臣秀吉時代的傳奇人物。今天，手持寶劍的他仍是日本知名度最高的漫畫形象之一，而他作戰過的岩流島仍是劍道粉絲心中的聖地。

ii. 弓道

弓道的意境與劍道相同。

一位從德國到日本的禪修者這樣描述「心靈拉弓」：「在箭術中，射手與目標不再是兩個相對的事物，而是一個整體。射手不再把自己意識為一個想要擊中對面箭靶的人。只有當一個人完全虛空，擺脫了自我，才能達到如此的無念境界，他與技巧完美地成為一體；然而這其中蘊藏著十分奧妙的事物，無法借由任何按部就班的技術學習方式來達到。」

上面的禪修者還記錄了拉弓的儀式：「射手跪在一旁開始專注，然後站起來，儀式化地走向箭靶，深深向它頂禮，像供奉祭品般呈上弓與箭，然後搭上箭，舉起弓，拉滿弓弦，以極為警覺的心靈等候著。當箭與弓的張力如閃電般釋放之後，射手仍然保持著放箭後的姿勢，緩緩地呼出氣後，再深深吸一口氣。這時候他才放下手臂，向箭靶一鞠躬，如果他不再射擊，就靜靜地退到後面。就這樣，箭術成為一種儀式，表現了『大道』。」

當最後師父把弓送給他時，仍富有強烈的儀式感。師父囑託道：「當你用這張弓射箭時，你會感覺到老師的精神與你同在。不要讓它落入好奇人士的手中！當你不需要它時，不要擱著當紀念品！燒掉它，除了一堆灰燼，什麼都不要留下。」[18]

iii. 自殺之道

誰都會死，但是，死得「好」才算「道」。

「好死」，首先要有面對的勇氣。鈴木大拙說：「『無畏而死』，是日本人心

中最為崇尚的思想之一。人有各種各樣的死法，但只要符合無畏而死的這個特點，即便是罪犯犯下罪行，也往往可以得到寬大處理。『無畏』是指『不留遺憾』、『問心無愧』、『烈如勇士』、『毫不猶豫』、『鎮靜從容』等。日本人不喜歡猶豫不決、拖泥帶水地迎接死亡，而喜歡像被風吹落的櫻花般轉瞬即逝。」[19]

時至今日，日本常常有企業破產後經理自殺的報導，這難免讓外人覺得不可思議——不應該老闆自殺才對嗎？沒錯，自殺者是這樣想的：老闆應該為他的失敗負責，而我應該為我的失敗負責。如果老闆沒有羞恥感的話，我有！如果老闆是膽小鬼的話，我可不是！這就是日本人酷愛自殺的邏輯。

除了具備勇氣，「好死」還要配合莊嚴的儀式。

比如作詩。千利休因為被懷疑謀反而被勒令自殺，自殺前，他對著寶劍作詩如下：吾此劍兮，一生未離。寂滅現前，扔向蒼天。

又如切腹。你可能認為切腹太血腥、太殘忍，不會有人以它為儀式。要知道，無畏本來就未必美，無畏可能慘不忍睹。當你看到日本人剖腹自殺時，感到很醜陋不堪，可日本人看見殘花敗葉時，不覺得花不堪；看到山石崩裂時，不覺得石醜陋。那就是他們追求的自然美、殘缺美。因此日本人不管你的想法，他們就希望模仿花敗、山崩的樣子——慘烈地死去。

道在審美中

接下來，自然的精神套上審美的儀式就變成了日本的茶道、花道、庭院之道。

i. 茶道

禪茶一味的說法起源於中國。魏晉的士大夫們就有了飲茶的風尚，唐代陸羽寫下《茶經》一書。這部世界上最早的飲茶專著，介紹了茶的三個功能：提神醒腦、有助消化、抑制欲望，還介紹了三種意境：清貧、質樸、安靜。

待禪宗興起後，飲茶中透露的清淡素雅，禪意與之相符。參禪中喝茶，喝茶

中參禪，於是有了「禪茶」的公案。

——茶中乾坤。投子禪師吃茶時說：「森羅萬象總在這一碗茶裡。」別人倒掉了一碗茶，問：「森羅萬象在何處？」投子禪師答：「可惜一碗茶。」

——茶如人生。釋圓禪師與弟子喝茶。弟子感慨人生無味、茶也無味。釋圓讓弟子煮茶，弟子剛燒熱水就急著喝茶，釋圓又讓他連續煮，直到滿屋茶香。釋圓說：「茶悟人生，人生如茶。」

——喝茶去。前面講了趙州從諗禪師是所答非所問的專家，有次他接見新人，問新人來過這兒沒有，對方答：「來過。」趙州說：「喝茶去。」接著，又問下一個新人有沒有來過這兒，對方答：「沒來過。」趙州說：「喝茶去。」趙州的隨從不解地問：「來過的，沒來過的，怎麼都喝茶去呢？」趙州說：「你也喝茶去。」

注：高！對本書如有任何問題，請喝茶去！

茶禪是中國的事，而茶道則是日本的事。

榮西從中國帶回了茶種及飲茶的習慣，並著有《吃茶養生記》。在他之後，寺院設立了茶堂、茶寮、茶鼓、茶湯會等，並確立了茶具的擺放、禮敬的程式、品茶的坐姿，這讓清貧的意境固定為清貧的藝術。

千利休被認為是日本茶道的正式開創者，作為日本幕府的侍者，他開發的一系列流程沿用至今：

儀式。包括準備、調息、燒水、聽音、洗杯、燙壺、賞茶、沖水、洗茶、泡茶、斟茶、敬茶、聞香、觀色、隨緣、回味、謝茶等步驟。

茶具。茶具也有隱喻之意。據說，千利休開發出了不規則的茶具，取意為「侘寂茶」。

泡茶。用心觀察茶水顏色的變化，人心何嘗不也是如此，時清、時濁。品茶。不品就不知其味，不聞就不知道其香。所以，喝茶要慢，但回味無窮。

逐漸地，茶道從寺院擴散到世俗階層。日本古書《葉隱聞聲》中寫道：「茶道的本意在於使六根清淨。眼觀掛軸、插花，鼻嗅燃香，耳聞水沸之聲，口品茶

湯，手足端正，當五根清淨之時，心靈也自然會清淨。茶道的本意，最終在於使心靈清淨。我終日不離茶道之心，完全不是為了消遣解悶。另外，道具也只是一些與茶道本意相符合的東西。」[20]

日本還形成了自己的關於茶的公案，以下兩則來自「聰明的一休」，請品味。

一休禪師打碎了師父很貴的茶杯，趕緊把碎了的茶杯藏在背後。待師父回來時，他問師父人生為何一定要死，師父說人生總在無常之中。這時，一休才拿出茶杯的碎片給師父說：「您的茶杯死期到了。」

一休禪師與弟子珠光喝茶時，一休禪師將珠光手裡的茶杯打翻。珠光先是一動不動，隨後準備退下。一休問：「茶還在嗎？」珠光做了一個手捧茶碗的動作，答：「無心之茶，柳綠花紅。」

ii. 花道

花道的情況與茶道的情況類似：賞花是中國的事，而花道則是日本的事。中國人拈花微笑的意趣，被日本人固化為拈花微笑的藝術。

——這次，真的拈花，真的微笑。

「一位花道師父上課時，他先仔細地解開捆紮花枝的纖繩，卷起來放在一邊。然後他一一地檢查花枝，一再審視後，選出其中最好的，小心地彎曲成適當的形態，最後把它們一起放進一只優雅的瓶子裡。完成後的景象，就彷彿是花道師父偷窺了大自然祕密的夢境」[21]。

iii. 庭院

庭院之道大致是花道與茶道的延伸。中國禪「無一物」的精神，在日本被固化為自然、樸素的建築風格。

十四世紀的室町幕府時期，執政者足利義尊將軍請來了夢窗疏石禪師主持設計了金閣寺、永保寺、西芳寺、天龍寺等庭院，它們成為後世日本庭院的典範，至今保存完好。

這些建築中包含了下面的設計要素：

選址，依山水的自然形態而建，不強求開闊對稱；建築，採用木質結構；庭院，採用洄游式庭院，設有茶亭、茶舍等。

如果你說上述都在延續中國風，沒錯，但「枯山水」的景觀當屬日本特色。中國園林用的是真山、真水，而日本庭院中常以一塊石頭象徵山，以波浪形的沙石象徵水，所以才叫「枯」。這種設計無疑具有空間設計的實用功能，但我以為它還有象徵的意義：相比起中國園林用真山、真水來表達生機盎然，日本的枯山、枯水散發出一種灰濛濛的悲涼氣息，這是日本的民族性所致。

道在做事中

最後，「無念」套上工藝就產生了日本的匠心之道。

這種匠心精神一般被理解為認真負責。事實上，如果僅靠道德規範的話，「心」是難以為繼的。匠心精神，顧名思義，首先發自一種自我完善的訴求，不僅對使用者負責，對產品盡責，首先要對自己負責——這來自禪的精神。如鈴木俊隆禪師所說：「努力的意義在於努力本身。我們不是在開悟之後才了解開悟的，努力把事情做好的本身就是開悟。」[22]

當這種精神外顯到行動上，才體現為認真負責，再到產品上，才體現為精美的工藝。古代日本的明慧禪師就宣揚各行各業、各盡其道，行行都有自己「應該有的樣子」：農夫應該有農夫的樣子，工匠應該有工匠的樣子，武士應該有武士的樣子，僧人應該有僧人的樣子。而原本武士出家的鈴木正三禪師著有《萬民德用》，強調農業（沒錯，連最低級的耕田）也算修行。

這種精神延續到今天，組裝汽車的流水線也算修行，於是，日本的工匠精神隨著日本商品的出口成為美談。

最無用的也變得有用

總結一下，日本禪以「道」的形式嵌入了各階層的生活，這意味著什麼呢？

有史以來第一次，解脫變得有用。要知道，解脫原本很難有用、原本應該無

用。在印度，它是一種來世的理想；在中國，它是一種現世的雅興；在日本，它卻被變成一種「忠君愛國、對國家無害而有益的思想和實踐」[23]。誰說中國人現實呢？日本人有過之而無不及。

解脫一旦有用，意義就十分重大，對供需雙方都如此。對禪宗來講，有用的東西難以被擺脫，就好像有根的大樹不會被連根拔起。佛教在印度滅亡、禪宗在中國停滯，都因為其缺乏社會基礎。而日本的情況則不同：在明治維新後的一段時間內，佛教也曾被當作舊傳統而受到官方打壓，但由於它已經滲透到人們生活的方方面面，無法根除，也容易恢復。

對社會來講，有信仰的民眾變得安心本分，就好像樹根不僅對大樹有利，更對保持土壤有利。即使在高度世俗化的今天，百分之六十以上的日本民眾都宣稱信仰佛教，這與日本社會極低的犯罪率不能說全無關聯。

至於這種奇蹟為何能夠發生，公平地講，除了內因，還有外因。否則的話，你會發問：哪個社會不歡迎有用的，尤其對保衛國家有用的東西呢？比如中國的宋朝就深切地感受到蒙古的威脅，而那時禪宗就在身邊。

讓我們看下無學祖元（約西元 1226-1286 年）的例子吧，因為他的一生都在中日兩地度過。

無學祖元原本是溫州能仁寺的主持。當蒙軍南下中原、攻陷溫州時，他面對沖入的蒙古兵，打坐於寺廟中，吟詩一首：「乾坤無地卓孤節，喜得人空法亦空。珍重大元三尺劍，電光影裡斬春風。」可以說，那時的祖元禪師保持了中國禪的風格，凜然而被動。蒙軍感歎其勇氣而沒殺他，無學祖元得以東渡日本。

到日本後，無學祖元被尊為國師，可不久，日本又面臨蒙軍渡海入侵的威脅。鑒於日本國內的危難意識及宋朝覆滅的前車之鑒，無學祖元用禪的精神指導日本武士。他在《佛光國師語錄》中指示：若能空一念，一切皆無惱，一切皆無怖，猶如著重甲入諸魔賊陣，魔賊雖眾多，不被魔賊害。掉臂魔賊中，魔賊皆降伏。

據說，在日、蒙兩軍決戰的前夕，當時日本的最高指揮官北條時宗找到無學

祖元。無學祖元鼓勵北條時宗用盡全身力氣，發出雷鳴般的大吼，並喊道：「啊，獅子吼！你是真正的獅子。去吧，永不回頭！」最終，北條時宗統率軍隊，以「獅子吼」的精神擊退了蒙軍，救國家於危難。[24]

這個故事提醒我們：當時中日社會的背景並不相同。

由於兩國在人種、文字、氣候上的相似，我們往往以為日本社會就是中國社會的延伸。一開始確實如此，但也僅僅是開頭如此。

從六世紀到十世紀，日本引進了中國的制度，以至於一直到唐朝時，中日的政治體制都大體相同，即文武共治。表現為：一是文武系統各自獨立，二是官員雙向流動，武將可以出將入相，文官也可以出相入將。

十世紀末，在中國的宋朝，文武共治變為了文人政權。皇帝是最大的文官，他管理著龐大的文官隊伍，文官管理著士兵、農夫、商人。宋太祖為了避免五代反覆出現的擁兵自重的現象，讓文官系統完全控制了武將系統，於是只存在文官被派往領兵的可能——出相入將，反向的可能——出將入相則不復存在。到了明朝，乾脆連宰相的職位都被取消，改由「大學士」們集體管理。

十二世紀後的日本社會則走向了另一極端：文武共治變成了武士政權。天皇成了傀儡，幕府將軍成為日本政權的實際控制者：他管理著武將階層，武將階層管理著文人、農夫、商人。為了區別武士階層與其他階層，幕府規定武士階層高於其他階層，德川幕府在頒布的《禦定書》中規定：武士如果不得已殺對其無禮的人，經核實後無罪。

一個輔助的標誌是刀劍藝術的發展。在中國，刀劍僅僅是個工具罷了，宋朝以後的中國文人哪有雅興去欣賞殺人武器，宋朝以後的中國皇帝也少有舞刀弄劍，他們把更多時間放在吟詩繪畫上。而在日本的幕府統治下，佩刀是武士的特權，因此武士們以寶劍為榮，反過來，寶劍也為武士們所喜愛、珍藏、交換。甚至，後鳥羽天皇還曾親自鍛造寶劍，這在中國歷史上是不可想像的。日本的太刀、腰刀、短刀分類嚴格、製造精密、代代相傳。這些寶劍傳到今天，包括後鳥羽天皇親自鍛造的那把，仍被日本博物館當作國寶收藏，數百年後仍寒光凜凜，

仍可見當年尚武的風尚。

　　武士是講求實際的。相比之下，文人禪不過是為了風雅，可有可無，武士禪是生死之間，無路可退，容不得半點造作。不僅自己講實用，武士們還要求整個社會都講實用。結果是，所有日本佛教宗派，包括禪宗在內，都投其所好。

　　──天台宗：其創始人最澄著有《佛教護國論》，在禪宗之前就提出「興教護國」的主張，他說，國寶就是有道心的人，言下之意，佛教可為國家培育英才。

　　──日蓮宗：日蓮宗的創始人日蓮著有《立正安國論》，獻給當時的執政者北條氏，以表達佛教幫助國家的強烈願望。

　　──淨土宗：淨土宗為底層百姓提供了強大的精神寄託，其日本分支的「敢死精神」不亞於禪宗。

　　最終，日本佛教變為了社會的一分子。日本和尚可以吃肉，這點與漢地和尚不同。日本和尚可以娶妻，這點又與世界任何地區的僧人都不同。官方的說法，變革是從明治維新開始的，可實際要早很多。日本真言宗的創始人親鸞就夢到自己會娶觀音菩薩為妻，據記載，預言很快成真，他與「觀音」生下了五個子女。基本上，日本僧人嚴格持戒的很少，不管按照佛教的標準評判，還是按照儒家的標準評判都如此。

無所謂執著與不執著

　　我們最後要回答的質疑是：如此講求實用的日本禪宗，還算不算佛教、算不算禪宗呢？

　　審視日本禪對佛教的繼承，可以從因緣法理解：靈魂是永恆的因緣，也是即刻的因緣。如果這太抽象的話，不妨讓我們看清每個念頭都有其短暫的成、住、壞、空。成與住即因緣生，壞與空即因緣滅。《金剛經》中有這樣的名句：「一切有為法，如夢幻泡影，如露亦如電。」日本人的即刻解脫，其實很符合因緣的法則。

再審視日本禪對中國禪宗的傳承，可以從「自性」理解：自性要擺脫一切束縛，那麼，執著於不執著何嘗不是另一種束縛。結果是，中國禪不執著於印度佛，而日本禪不執著於中國禪。日本禪語云：「守規循矩，無繩自縛，但不循矩守規，也不能逃出無繩自縛的譏笑。」這樣我們就能理解日本和尚吃肉娶妻的不執著，與日本工匠及武士精神的執著。用現代語言講，想執著的時候執著，想不執著的時候不執著，這才是真自由。

而且，佛法從來就有一個萬能的法寶：方便說。佛陀在《中阿含經》中給出了一個比喻，並在《金剛經》中再次引用了這個比喻：兩山之間的河流寬深水急，沒有橋梁，一個男子有急事要渡河，於是造了個木筏渡河，在成功到達彼岸之後，男子因為這木筏讓他成功渡河而想帶著它走。男子的想法當然是荒謬的。佛陀用「筏喻」來說明：到達彼岸的時候要捨棄佛法，更何況那些不是佛法的法。日本禪師會說，「別把佛陀的話放在心上」！事實是，這樣反而把佛法放在了心上！

結論是肯定的：日本禪仍然是佛法，也仍然是禪法。

季羨林先生以榕樹從房頂向下長來比喻佛教，我再把這個比喻擴展下：這棵奇怪植物不僅是從天上往下長，而且是漫遊著長的。它的種子飄在印度的天空上，接上了中國的地氣長成為大樹，又深入了日本的土壤長出了樹根。今天，佛教的樹木已經遍及世界。

第二十章

延綿的脈動，
動中的不動

　　我們穿越過巨大的時空，印度、中國、日本，古代、近代、現代，是時候把它們連貫成一幅整體的圖畫了。為了說明這幅畫面提供的答案與之前有何不同，我希望援引歷史上關於佛與禪的一場爭論。

　　1953 年，在同一本國際期刊上，兩位享譽國際的大師分別發表了各自的文章：胡適的文章題為《禪宗在中國——歷史和方法》，而鈴木大拙的文章題為《禪——答胡適博士》。兩位大師在標題上針鋒相對，爭論的焦點主要集中在兩個問題：

　　第一，佛與禪是變了，還是沒變？

　　第二，佛與禪是理性的，還是神祕的？

　　顯然，這兩個問題與我們的主題基本吻合下面的回答來自胡適與鈴木大拙一以貫之的觀點，而不僅僅限於上述兩篇文章。

大師的爭論誰對誰錯

　　關於第一個問題，胡適大致認為，變了，而鈴木則認為，沒變。

　　如前論述，胡適所喜愛的用詞是「革命」，該詞所暗示的質變我以為並不成立，但此處我們姑且把該詞柔和化為「改變」。胡適的理由是：「印度禪是要專心，不受外界任何影響；中國禪是要運用智慧，從無辦法中想出辦法來，打破障礙，超脫一切。印度禪重在『定』，中國禪重在『慧』。」[25] 總之，變了。

　　鈴木大拙則反駁道：「禪是佛的精髓，不論它的外表顯得多麼怪異、多麼奇特，但終究說來，它仍然不出佛教的一般系統。」[26] 他不否認（也沒人否認）

時空的流轉，但指出：「禪是超越時空關係的，甚至自然地超越歷史事實。」總之，沒變。

關於第二個問題，胡適認為佛和禪是理性的，而鈴木則認為是神祕的。

鈴木大拙指出，「禪是自成一格的神祕主義……這也是為什麼西方人經常無法準確測度東方精神的深度，因為神祕主義在本質上是難以用邏輯去分析的，而邏輯又是西方思想最獨特的性質。東方的論理方法是綜合性的，它不太重視具體細節的闡釋，而著眼於對全體的直觀性把握。」〔27〕「關於禪，我們所能說的是，它的獨特性在於它的非理性，或者說，它超乎我們的邏輯理解能力……禪悟最大的敵人是理智，至少在開始時是如此。」〔28〕總之，非理性。

胡適則反駁道：「我所絕對不能同意的，就是他否定我們理解和衡量禪的智能。所謂禪，果真那麼不合邏輯、不合理性，果真『完全超越吾人理解的限域之外』嗎？我們的理性或唯理思維方式『在衡量禪的真偽方面』果真毫無用處嗎？」〔29〕總之，非神祕。

在上述爭議的背後，更根本的爭議在於判斷的依據：以考據還是以體驗為憑？

胡適主張以考據為憑，而鈴木大拙則主張以體驗為憑。

胡適指出：「禪放在它的歷史背景中去加以研究，才能得到適當的理解；這與中國哲學其他任何宗派一樣，都必須放到它的歷史背景中去予以研究、理解才行。拿『非理性』去解釋禪的人，其主要的毛病就出在他們之故意忽視此種歷史的方法上……但假如我們把禪學運動放回它的『時空關係』之中，這也就是說將它放在它的適當歷史背景中……始可得到知性和理性的了解與評鑑。」〔30〕

在胡適背後，是學者的陣營。學者們先天就傾向於歷史考據，當然也有少數承認其局限。如日本學者上田義文寫道：「作為佛教的研究方法，文獻學的方法和歷史學的方法都有其局限性……當我們不能掌握佛教的本質，就不能真正了解佛教，也就不可能藉此振奮自己的精神，活出精彩的人生。」〔31〕不過，這些學

者苦於沒有更客觀的選項，只好紛紛沿用學術界的常規——歷史考據。

鈴木大拙曾批評胡適「知道禪的歷史而不知道禪本身」。在他認為：「不論歷史學家如何處理它，說它是革命性的，或破壞偶像的或反傳統的，我們都必須記得，這一種討論禪的方式永不能說明禪的自性。」[32]那什麼是禪本身呢？體驗。「在『禪』裡，個人體驗比什麼都重要。沒有體驗基礎的人，不可能領略任何觀念。」[33]

在鈴木大拙的背後，是禪者的陣營。禪者們先天就強調直覺體驗。賈題韜先生犀利地指出：「釋迦牟尼活了八十歲還是釋迦佛，活了七十九歲還是釋迦佛，說他只活了六十歲還是釋迦佛，但這些考據對整個佛教有何相關？對自己的修行有何相關？」他又指出：「佛教不是歷史學，不是考據學，而是幫助我們擺脫生死苦海的學問和實踐。學佛的目的在於人生的真實受用。」聖嚴法師持類似觀點：「禪其實沒有理論：如果我們將它理論化，那就不是禪了。禪不能用任何邏輯思維來理解，也不能用語言文字來解釋。」[34]

作為旁觀者，我們沒有必要局限自己於任何一陣營。前言中講過，古代人看不清黃河的全貌，而有了衛星後，現代人就可以。那麼，大師們的爭論過去幾十年了，我們能否看得更全面些呢？我們沒有大師們的智慧，卻有時代賦予的視野。

延綿的脈動

要解讀這幅完整的畫面所提供的資訊，我想不妨從這個問題入手：佛教是印度的、中國的，還是日本的？

印度是佛教的源頭，佛教是印度最重要的文化遺產之一，不會有人否認這點，因此佛教是印度的。可另一方面，佛教又不全是印度的。如果孤立地看待印度這段歷史，就難免以為後期佛教不過是前期的延續。不，很多問題佛陀沒有回答，也回答不清，甚至沒有想到。這些問題不僅在佛陀之後才得到回答，甚至在印度本土以外的地區才得到回答。佛教的種子來自印度不假，但這顆種子生根發

芽的地方在印度之外。

那麼佛教是不是中國的呢？同樣毋庸置疑，佛教從唐朝之後就改變了中國文化，中國的禪宗也是出自佛教。可另一方面，佛教又不全是中國的。如果孤立地看待中國這段歷史，又難免以為佛教在中國發生了「革命」。但仔細檢驗就會發現，「革命」的議題在之前及之後都曾出現。這棵大樹在中國長成不假，但它的種子與樹根都在中國之外。那麼佛教是不是日本的呢？答案同樣是肯定的。佛教貫穿於日本人今天的生活之中，日本人也從禪中變出了各種道。可另一方面，佛教又不全是日本的。如果孤立地看日本這段歷史，又難免過多強調日本佛教的特殊性。只是，它的佛來源於印度佛，而它的禪來源於中國禪。這棵植物在日本生根不假，但它的種子源於日本之外。

事實是，佛禪不僅是印度的、中國的、日本的，還是韓國的、越南的、蒙古的，今天，更是世界的。隨著時空的變化，它的思想自然表現出不同的形態。

儀式：在印度複雜，在中國簡化，到日本綜合；

經典：在印度煩瑣，在中國簡潔，到日本虛設；

修行：在印度清淨，在中國自然，在日本實用；

這幅畫面呈現為一種延綿的脈動，沒錯。

動中的不動

換個角度看，脈動中又存在著一種相似相續的東西。印度佛教、中國佛教、日本佛教、韓國佛教、越南佛教、蒙古佛教，乃至今天的歐美佛教，它們之所以都叫同一個名字——佛教，當然有共通之處。——它們都追隨同一位覺悟者：佛陀。

——它們基於同一種「覺」：禪定。佛教講「戒定慧」是分步講，禪宗講「定慧等持」是一步講。雖然次第不同，但佛也好，禪也好，都在踐行同一種體驗。

——它們追求同一種「悟」：因緣法。印度佛教側重因緣「滅」；中國禪側重因緣「生」；日本禪側重「即生即滅」。雖然重點不同，但印度佛教也好，中國禪也好，日本禪也好，都在闡述同一種道理。

結論是：智慧恒久遠，一種永流傳。（套用某句廣告語）

關於這種動與不動的關係，一千多年前，中國的高僧僧肇就曾經辯證地比喻：「旋嵐偃岳而常靜，江河競注而不流，野馬飄鼓而不動，日月曆天而不周。」中國人的辯證，都如此浪漫！

我們可以把上面的相似相續類比為生命的展開，好像青蛙的不同發育階段表現為受精卵、蝌蚪、成蛙，每個階段的形體差異很大，但都有著相同的基因。

我們也可以把這種相似相續類比為河水的流動，好像從上游到中游，再到下游，每個階段表現為溪流、瀑布、海水，但本質上都是水。當然，我們更可以把它類比為看畫距離遠近的不同：有的人距離畫很近，於是覺得每部分都在變，胡適大致屬於這一類觀眾，他只從局部考據，自然得出局部變的結論；而有的觀眾距離畫很遠，於是覺得有東西沒變，鈴木大拙大致屬於後一種觀眾，他只從本質體驗，自然得出本質沒變的結論。

因此，關於大師爭論的第一點，我的評判是：都對！只是，把他們的論點綜合起來，更對！

胡適不全錯鈴木不全對

再看大師關於第二個問題的回答，胡適大致認為佛禪是理性的，而鈴木大拙認為是神祕的。

可以確定的是，這次，他們不可能都對。這是因為：如前所述，佛禪的本質相同，要麼都理性，要麼都神祕；並且，理性與神祕是反義詞，不可能既理性又神祕。

那麼，我們要來鑒定一下：佛禪到底是理性的還是神祕的呢？讓我們分三步來進行。

首先要明確一下定義：何為理性？何為神祕？在《牛津英語詞典》中，理性（rationality）的意思是「基於理由」，神祕（mystery）的意思是「無法用理由解釋」。

至於「理由」，如果依據邏輯實證主義的原則，不外乎兩種：實證或邏輯。

前者通過經驗驗證，後者通過演算法推演。

於是，我們就得出一種未必最嚴格但可以操作的定義：理性的意思是基於實證或邏輯，而神祕的意思是不可實證且不符合邏輯。

接下來，讓我們把世界上的所有命題分為四種情況：

情況一，符合邏輯且可以證實的，科學就屬於這種情況。比如萬有引力，其中，「引力」可以被實驗檢測，而「萬有」符合公式推演。

情況二，符合邏輯但不可證實的，數學就屬於這種情況。比如，「完美的等邊三角形」符合幾何原理，但無法被實測存在，因為現實中的等邊三角形無一不存在誤差。柏拉圖舉過類似的例子。

情況三，不符合邏輯但可以證實的，經驗就屬於這種情況。比如「陽光存在」，談不上什麼邏輯，但人的眼睛可以感受到陽光。

情況四，既不符合邏輯也不可證實的，鬼神就屬於這種情況。比如天堂的存在，既無法被邏輯推演，也沒法被實驗證明。

在上述四種情況中，只有第四種才屬於神祕，而前三種均屬於理性。佛禪屬於哪一種呢？第三種。禪定的體驗不合邏輯但可以證實，因此在本質上是理性的。

最後，讓我們用經驗來覆核。

比如口渴的經驗，沒人覺得口渴神祕吧。

再如冷熱的經驗，人人都可以證實。就算「如人飲水，冷暖自知」（惠能語），水的溫度也差不了太多，否則的話，怎麼各位去飲水機那裡，會按「熱水」鈕出熱水，按「冷水」鈕出冷水呢？原因在於冷熱有個大致範圍。相反，假如按「熱水」鈕出冰塊、按「冷水」鈕冒熱氣，各位會不會接受服務員「冷暖自知」的解釋呢？你會覺得此人不是故作神祕，就是欠揍，或者兼而有之——神祕得欠揍！

再如快樂的感覺、痛苦的感覺、無聊的感覺，都沒有神祕可言。如果我們堅

持以科學為理性的參照物，可以說，上述都是今天科學研究的物件：經驗的原始材料——感覺可以被現代心理學解釋；科學的現代心理學就是從馮特等人測量聽覺、視覺開始的。並且，經驗的結果——直覺同樣屬於科學的範疇：心理學家契克森米哈賴則用「心流」一詞來描述直覺的體驗。這些都從側面證明，經驗並不神祕。

鑒定完畢。

根據上面的鑒定，我要對兩位大師就這個問題的回答做評判了。我的評判是：都有問題。

胡適說禪與佛是理性的，結論是對的；但他以歷史為依據，論證是錯的。

錯誤就在於，我以為，他混淆了兩種理性：內在理性與外在理性。當我們說某事物本身符合理性時，指的是其內在結構。比如我們說萬有引力是理性的，指的是宇宙的內在結構符合理性。反之，我們說巫術是非理性的，因為「巫」不具備邏輯推演或實驗觀察的結構。

而當我們說對事物的觀察符合理性時，指的是它的外在變化。同樣用巫術的例子，在歷史上曾經出現過巫術這個事物，是符合邏輯且可以證實的，對這一歷史事件本身的觀察是理性的。

顯然，這兩種理性之間絕無必然聯繫，否則的話，我就可以通過對歷史上巫術的考據來證明巫術是門科學，而這種推理十分荒謬！

胡適正是犯了這種錯誤：他論證佛禪的歷史變化理性，並不能證明佛禪的內在結構理性。前者無法證明後者，後者也無法證明前者。事實是，佛禪是生命的智慧，歷史的考據僅僅描繪了它的形態，卻無法把握它的本質。「諸佛妙理，非關文字」，更非關歷史。通過歷史去把握生命，無異於隔靴搔癢，蜜蜂叮窗紙，蚊子咬鐵牛！如果遇到古靈神贊禪師，他一定會罵起來：「世界如許廣闊不肯出，鑽他故紙，驢年去得！」

這就是胡適的結論如此重要卻未能引起足夠重視的緣故：因為他對理性的論證不符合理性。可反過來講，他的論證錯不表示他的結論錯——在神祕主義回潮

的今天，他的結論很重要：佛與禪是理性的，儘管與歷史無關！

鈴木大拙的情況正好相反。他說佛禪的精髓在體驗，論證的是對的；但他強調體驗的神祕性，結論是錯的。我以為，錯誤就在於，他混淆了兩種體驗：體驗的物件與體驗本身。

體驗的物件說不清，這點沒有爭議，但體驗本身可以描述，否則的話，世界上的文學、藝術、音樂就沒有存在的可能。世界上的文學、藝術、音樂之所以存在，是因為這種難言的意境可以通過無數的方式表達。

又如宗教人士常說神不可揣測。沒錯，神作為體驗的物件不可測，但神聖體驗本身就是揣測。否則的話，信徒們在教會裡討論什麼？神父們布道講些什麼？沒有人能確切地認識神，但不妨礙人們表達自己的神聖之感。

禪定更是如此。禪語說「月映萬川」，沒人說水中月等於月亮本身，但前者映射出後者的樣子，這種現象有何神祕可言？

鈴木大拙在國際上頗具知名度，因此他的神祕論流傳甚廣。可反過來講，他的知名度高不表示他說得對——在二十一世紀的今天，他的結論很容易誤導大眾：神祕絕非佛禪的本質，就算它是體驗！

智慧之父與叛逆之子

所幸，作為二十一世紀的現代觀眾，我們有一幅相對完整的畫面來提供相對完整的答案。本書在前言中列出了三個問題：

一、佛與禪有何相同及不同？

二、佛為何及如何變成了禪？

三、它們是印度的、中國的，還是日本的？

我以為，全部答案已經寫在了本書的封面上。

一是佛與禪之間的關係，就像父與子，既不是一個人，也不是兩個無關的人，它們相似相續。

二是佛與禪之間的演變，就像老子生出了兒子，老子比較有智慧，兒子比較叛逆，它們「相愛相殺」。

三是印度佛禪、中國佛禪、日本佛禪，以及其他國家佛禪之間，乃是家族相似性的延續。在人類思想這個偉大的家族中，遺傳與變異從來存在，智慧與叛逆從來迴圈，本書所勾勒的不過是其中一例！

　　我們繪畫的目的在於領悟智慧，而領悟智慧的目的在於生活。那麼佛與禪的智慧，對生活在二十一世紀的人來講，意義何在？

第二十一章

生命是黑暗中的奮力一躍

本書從那個古老的話題開始，結尾還要回到那裡：現代人需不需要解脫？前面講了古印度人、古中國人、古日本人，可今天我們都變為了同一種人——現代人。確切地講，這是一種「沒有同一」的人。現代的信仰是多元的——有嚮往死後的，有嚮往今生的，有嚮往當下的，還有最「貪婪」的——都嚮往的。並且，現代人的性格是多元的，有樂觀而現實的，有樂觀而不現實的，有悲觀而現實的，還有最糟糕的——悲觀而不現實的。但在多元的背後，有一點是共同的，就是每位現代人都更關注精神上的自由。

西方存在主義的困境

關於精神上的自由，我在開頭引用過盧梭的名言，那是否定式的，而此處，我們需要一句肯定式的。美國心理學家威廉・詹姆斯說：「生命是黑暗中的奮力一躍。」這句話的信息量也很大：**生命，黑暗，一躍**。

i. 生命

誰不關心自己的存在呢？只是，僅僅在幾百年前，人們還更關注生命之外的部分。因為那時生命的束縛主要來自外部，物質的匱乏帶來了痛，社會的不公帶來了惡。按照心理學家馬斯洛的學說，人的存在，首先要解決基礎需求，才能顧及高層需求。因此，當外部問題解決後，現代人才第一次奢侈地把全部焦點集中到生命本身——存在。

存在主義應運而生。通常的說法是，一百個存在主義者會有一百多種對存在

主義的理解。我的理解是：存在指的是自我，主義指的是思潮，存在主義指的是一場回歸自我的思潮。

這個運動的先驅之一——哲學家克爾凱郭爾曾講到這樣一個故事：一個對自己的生命心不在焉的人，直到他在一個陽光明媚的早晨一覺醒來發覺自己已經死了，才意識到自己的存在。克爾凱郭爾是北歐人，那裡冷，人少、陽光少，北歐人還總思考「存在的意義」，難怪自殺率那麼高。

或許，各位現在沒想這個問題，這是因為我們大多數時候都試圖不去想它。我們讓自己埋頭於日常的瑣事中。哲學家海德格爾形容這種感覺為：埋頭不想，就煩；抬頭想想，又畏。只是，在人生中的某個時刻，起碼在最後時刻，希望不是在那個時刻，每個人都要回應大腦中的一種聲音：我，為何而存在？

ii. 黑暗

遺憾的是，當我們有幸關注存在、追問存在的時候，才發現它的意義已經離我們遠去。

要知道，數千年來，人們把意義寄託在上帝、國王、家族上，尤其在西方，人們始終以上帝為依託，認為上帝安排了一切：之所以你會出現、之所以別人同時出現、之所以世界會出現，都是他老人家的安排，都是為了實現他老人家的意志。那時，上帝是光明的，它照亮了生命、社會、世界。

可隨著宗教改革、科學革命、啟蒙運動對權威的瓦解，隨著上帝失去最高權威，點燃了數千年的燈突然熄滅。生命、社會、世界的意義變得一片漆黑。

一片漆黑。

——生命似乎是無意義的。虛無主義思潮與存在主義思潮並起，兩種思潮都認為生命虛無，只是前者已經放棄了追問，而後者仍在追問。

——怎麼辦？克爾凱郭爾形容這種「致死的疾病」讓現代人戰慄而恐懼：「當一個人面對一種極度的危險時，其他的危險都不存在了，這種極度的危險就是絕望。」

——社會似乎是陌生的。二十世紀法國哲學家，讓·保羅·薩特有驚世之

言:「他人即地獄」、「通過深入而劇烈地拒斥他人對我們的培養,我們才成為自己現在的樣子」。諾貝爾委員會覺得他講得好,決定授予他諾貝爾文學獎,可他拒絕領獎。很多人認為薩特在炒作,而我以為他會這麼回答:「得獎也好、貶低也好,那是別人的事,別人關注我,等於侵犯了我。」

——世界似乎是荒誕的。這個世界是物質的,可人的意識卻獨立於物質世界之外。奇怪的是,意識莫名其妙地現身於這個世界,沒人徵詢它的同意;又莫名其妙地終將死去,也不會有人詢問它是否願意死去。這個世界中似乎有星火燎原般的意識在出現、消滅、出現、消滅。薩特的朋友,同樣被諾貝爾文學獎提名並接受了提名的法國哲學家加繆形容,這種感覺好似來自一位局外人。

如果你以為這個矛盾正在緩解,那就錯了。人類所創造的輝煌文明正凸顯出它與個人存在的矛盾:社會的物質越來越豐富,人們的欲望卻永無止境;社會的醫療越來越發達,人們的身心卻疲憊不堪;城市的交通越來越發達,人們的心靈間卻越來越遙遠;社交網路越來越發達,人們卻日益孤獨。用社會學家西美爾的話講,是形式代替了內容:我們有了豐富的詞彙,卻無話可說;我們有了好的房子,卻沒有安定的家庭;我們有了選擇的自由,卻不知道自己要什麼。詩人T.S.艾略特寫到,現代生活把人們變成了「不想在貧乏之生中覺醒的僵屍」。

假如不講清楚上面這些情況,各位也許會奇怪:如此重要的話題,為什麼到現在才開始討論呢?

把世界上的各種「主義」簡單分下類的話,它們大多屬於兩類:一類屬於話題久且討論久,如理性主義、現實主義等;另一類屬於話題新且討論新,如馬克思主義、後現代主義等。而存在主義屬於特例:「存在」是一個極其古老的詞,人們在走出非洲前就意識到了自己的存在,但存在的「主義」卻不啻為一種現代關懷,從上世紀初才開始。

究其原因,在古代,上帝或皇帝覆蓋了存在的意義,而到了現代,才出現了人們不知道為何存在的情況。這就像一個小孩始終在媽媽的保護傘下,長到三十歲還住在媽媽家裡,突然有一天媽媽不在了,才發現自己需要獨立面對世界!而

這個世界—現代世界給這個三十歲的「孩子」的答案是：沒有答案！

iii. 奮力一躍

解決辦法呢？

存在主義給出的藥方是：自我選擇。

——自我：既然上帝不能再提供意義，那人只能自己創造意義。克爾凱郭爾強調：個體是大寫的人。尼采指出：人必須學會愛自己，通過健全的愛，人才能與自己相處，而無須漂泊遊蕩。

——選擇：既然意義先天不再，那麼只能後天創造。薩特強調，生存就是選擇，不再選擇就是不再生存。克爾凱郭爾指出，不選擇也是選擇，並給了個比喻：「設想船長在船必須轉向的瞬間。他也許可以說『我要麼這麼做，要麼那麼做』，但假使他不是一位傑出的航海家，他就會以為船一直像往常一樣前行……這並不是因為他已作出了選擇，而是因為他忽視了選擇。」

解決得怎麼樣呢？

讀存在主義者的文學，克爾凱郭爾是負面的，薩特是負面的，加繆是負面的，海德格爾未必是負面的但也絕非正面的，這些似乎都不是大多數人期冀的「自我」。

再看存在主義者的人生，克爾凱郭爾潦倒，尼采瘋了，海德格爾成了納粹，加繆英年早逝，這些似乎絕非大多數人的理想「選擇」。

究其原因，「把生命掌握在自己手中，結果呢？糟糕透頂，怨不得別人了。」[②]這只是最表面的。

更深層的原因是這樣的：存在主義成功地喚起了人們的關注，卻無法提供有效的出路。它強調自我，卻沒講清楚自我為何；它強調選擇，又沒告訴人們如何選擇。

半個多世紀過去了，存在主義演變為一場無解的、集體的哀怨。從一定意義上講，這種關注而無解，反而加劇了現代人的苦悶。

佛：消除了存在

當然，我並不認為問題無解，否則的話，我就不必寫這本書了。

要說佛禪是不是存在主義，可以確定的是：它們都不是虛無主義，因為它們都在試圖解決問題，並且，它們解決問題的切入點也相通：都關注生命，強調選擇。所以，我們才把它們放在此處比較。

但我以為，佛禪是「沒有存在與主義」的存在主義。這是因為佛否定存在，而禪否定主義。且聽我進一步解釋。

《哈姆雷特》中有句經典台詞「To be or not to be, that is the question」，一般翻譯為「生存還是毀滅，這是個問題」——這裡的「生存」和「毀滅」是動詞。而來自佛教的翻譯一定是「存在還是不存在，這是個問題」——這裡的「存在」和「不存在」是狀態。我之所以如此肯定是因為，佛教的核心思想就在於質疑這種狀態。

佛教質疑存在的實有性，理由是「諸法無我」，因緣和合造成了萬物的生成，因緣離散也將讓萬物離散。

佛教還質疑存在的時間性，理由是永恆的輪迴，甚至還可能更永恆地跳出輪迴。

當佛陀在菩提樹下思考人生之苦時，他追問：人為什麼會老死？答案是生。不生就不會老死。

繼續追問：可人為什麼會生？答案是業力。如果沒有這輩子的業力，就不會有下輩子的再生。

繼續追問：可為什麼會有業力？答案是欲望。沒有欲望就不會有業力。

繼續追問：可為什麼會有欲望？答案是感受。沒有感受，就不會有欲望。

繼續追問：可為什麼會有感受？答案是身體。沒有身體，就不會有感受。

繼續追問：可為什麼有身體？答案是意識。沒有意識，就不會分別出身體。

繼續追問：可為什麼有意識？答案是，與生俱來的業與無明。追溯到根源，人生之苦的根源在於無明，即錯誤認知。

既然錯誤的認知產生苦，那麼正確認知就能消滅苦。佛陀指出：無明滅即行滅，行滅即識滅，識滅即名色滅，名色滅即六入滅，六入滅即觸滅，觸滅即受滅，受滅即愛滅，愛滅即取滅，取滅即有滅，有滅即生滅，生滅即老死憂悲苦惱滅。

對佛陀來講，正確的認知就是承認存在的永恆性但否認它的實有性。

佛教以「存在永恆而不實有」的道理來解脫，這當然有其實用的意義：

——人們之所以煩惱，就是因為人們以煩惱的物件為真，以煩惱的主體為真，以煩惱的思維為真。一旦人們把事物當作非實有的，就消除了煩惱。

——人們之所以感到虛無，就是因為生命的意義有限。一旦人們把存在當成無限的，就消除了虛無。

顯然，佛教與存在主義在理性思辨這點上是相通的。佛在覺悟前就在思考人生，在覺悟後又用思想來普度眾生。他不僅思辨，還反對不思辨。「佛的偉大，恰在於他面對這差別與矛盾以及由之而生的人間苦難，苦心孤詣沉思默想；在於他了悟之後並不放棄這個人間，依然心系眾生，執著而艱難地行願；在於有一人未度他便不能安枕的博愛胸懷。若善念一動也違佛法，佛的傳經布道又算什麼？若是他期待弟子們一念不動，佛法又如何傳至今天？」[35]

但注意，在思辨的內容上，佛教與存在主義是相反的：後者強調自我，前者強調「無我」。所以我說，佛教否定了「存在」。

至於哪種更對，我只想說，存在主義有它的道理，符合常識；而佛教為現代人提供了另一種道理，反常識。

禪：消除了主義

禪宗以為，道理本身才是癥結所在，不管是找回自我的道理，還是消除自我的道理，不管是常識的道理，還是反常識的道理。禪宗追求生命的本源，反對任何束縛，哪怕以思考人生為名的束縛。

因此，禪宗不喜歡概念。它以禪命名，就是要將智慧與戒律都壓縮到禪定中去，那是一種沒有名相的體驗。

禪宗也不喜歡價值判斷。人們判斷一件事的價值為正，就叫它善；判斷一件事的價值為負，就叫它惡。可禪者的自性本來清淨，因此無善無惡。

禪宗更不喜歡問題。在禪看來，這些關於生命的困惑都是人的大腦在沒事找事：人活的時間越來越長、衣食無憂，才讓無益的概念在腦子裡徘徊，結果排擠了生命中最寶貴的部分。

禪宗以不思量求解脫，這當然也有實用意義：不思量，就不可能煩惱。

——生命是虛無的，可「虛無」本身就是一種概念，跳出了虛無的概念，就無從判斷虛無。

——社會是陌生的，可「陌生」也是思維的結果，因此，跳出思維，也就無從感覺陌生。

——世界是荒謬的，可「荒謬」何嘗不也是胡思亂想的結果。停止胡思亂想，也就無從覺得荒謬。

不思量的另一面是直覺。

如果你認為直覺不如思想根本，那就錯了。人可以不思考，但不可以沒直覺。人的大腦就是這麼設置的，有感覺就有直覺，有直覺才可能有思考。禪的通用性由此而來。

如果你以為直覺沒思想清晰，那又錯了。在所有的人類認知中，直覺來自最真實的體驗，且在思考的干擾之前。禪的真實性由此而來。

如果你覺得思量比直覺更活躍，也不對，直覺是生命的原始表達，而思考則是二次加工過的表達。禪的創造性由此而來。

總之，直覺是生命的家；追求生命體驗的禪，必須回家。

宗下講，禪是行門，不是解門，即禪宗重行動。

四祖道信有名言：妄情既不起，真心任遍知。

白兆圭禪師有名句：空中飛鳥，不知空是家鄉。水裡遊魚，忘卻水為性命。

在行動中領悟，才是真領悟。生命的智慧靠從內向外的領悟，不靠從外向內的灌輸。這就是住房和看房的區別。

在行動中選擇，才是真選擇。生命是發生的，不是靜止的，是主動的，不是被動的。這是繪畫與看畫的區別。

現代心理學家羅洛‧梅評價道：「作為一種對西方過於能動的矯正，禪具有真正的作用：它對體驗的即時性，對存在而不僅僅是行動的強調，為許多備受競爭性、驅動性困擾的西方人提供了重要指導。」

相比之下，存在主義者同樣強調行動。克爾凱郭爾就曾說：「存在對我完全不是思辨問題，而是一種我個人熱情介入的實在。我並不是在心靈這面鏡子裡找到這種存在的影子，我是在生活裡遭遇到它；它就是我的生活，一股無形地環繞著我的整個心靈鏡子奔騰不息的『流』。」〔36〕只是，這些不仍是用思維在領悟，用思維在選擇嗎？

禪的行動與存在主義正好相反：前者以哲學來反哲學，後者則以行動替代哲學。所以我說，禪消除了「主義」。

同樣，我不是說禪的方法比存在主義更好，我只是說，它為現代人提供了另一種非常規的方法。

不要存在主義，而要存在主義的實踐

好，佛與禪，一個不煩惱，一個煩不了。如果各位還追問「存在」的話，這裡有佛與禪的兩個模型。

這兩種模型很容易辨認，因為真正的禪是不假次第的，而佛教是講次第的。因此，儘管下面的話是禪師說的，我仍然將其歸於佛教的模型。

宗下有「三關說」：

破初關，見空；

破重關，見有；

破牢關，見無。

唐朝時，青原惟信禪師有類似的總結：
第一階段：見山是山，見水是水；
第二階段：見山不是山，見水不是水；
第三階段：見山還是山，見水還是水。

北宋時，兜率從悅禪師給出了新比喻：
第一階段：撥草參玄，只圖見性；
第二階段：識得自性，方脫生死；
第三階段：脫得生死，便知去處。

南宋時，又有了新組合：
第一階段：落葉滿空山，何處尋行跡。（出自韋應物的詩）
第二階段：空山無人，水流花開。（出自蘇軾的詩）
第三階段：萬古長空，一朝風月。

我試圖用現代的語言解釋一下：
一、不執著於外境，成為外境的主人；
二、不執著於身體，成為身體的主人；
三、不執著於開悟，獲得心靈的自由。
本人對照了一下，一項也沒做到，仍在努力中。好在，我們還有另一個更簡單的模型，儘管更難做到。

禪的模型只有一個階段：當下。
雲門禪師揚著棒子對學生說：凡夫把這個棒子當成實物。而佛教中有人形容它為「無」，有人形容它為「空」，有人形容它外表「有」但實際「空」，但棒子

就是棒子——你們行也好，坐也好，不要站在那裡猶豫不決[37]。

請不要猶豫。

我沒什麼可說的了！

第一篇　智慧之父──佛陀因何大事現身於世

① 盧梭這句話中的「無往」有時被翻譯為「無處」，無論是「無往」還是「無處」，均不影響此處的理解。此句參見盧梭《社會契約論》開篇。

② 日本哲學家久松真一把人們對來世的恐懼歸結為「死與罪」。

③ 印順法師可能曾有過類似的說法，確切出處不詳。

④ 耆那教的經典《聖仙語錄》中記載了四十五位元「佛」，而佛經中也承認佛陀之前有「七位佛」。七佛分別為毗婆屍佛、屍棄佛、毗舍婆佛、拘留孫佛、拘那含牟尼佛、迦葉佛、釋迦牟尼佛。

⑤ 此處假設禪宗可以單算作一種宗教，否則的話，它當然應該併入佛教。

⑥ 參見 Charles Kimball, Comparative Religion, The Teaching Company Courses, 2008 。

⑦ 「神可能在宇宙」指的是古印度教中的吠檀多派，「也可能在每個人的心中」指的是古印度教中的數論派。

⑧ 佛教中有鴦掘魔得道因緣的故事，內容有不同版本。

⑨ 此處的「生命」，在原文中是「名」與「色」。

⑩ 關於《奧義書》中的「不滅」，請參見其中〈剃髮奧義書〉一章。

⑪ 佛教僧團在第一次結集後形成的是經、律、法三藏。在第二次結集後，經、律、法三藏被修改為了經、律、論三藏。

⑫ 「八王子」指的是，難陀、羅睺羅、跋提、提婆達多、婆娑、阿難、阿那律、佛陀。

⑬ 澳大利亞心理學家 Frank Jackson 介紹過一個頭腦實驗：一位在黑白空間中的女士瑪麗，終生研究顏色，卻缺乏紅色的體驗。那麼與本文相通的問題是：她是否真的知道紅色？

⑭ 「拈花微笑」的典故最早出現於《大梵天王問佛決疑經》，後來被《五燈會元》等收錄。但日本學者忽滑穀快天指出，《大梵天王問佛決疑經》是部偽經。

第二篇　叛逆之子——禪宗是不是發生在華夏的一場「革命」

① 《楞伽經》有三個版本：四卷本，七卷本及十卷本。它們之間並非是完整和不完整的區別，而是立意不同。

② 參見釋印順《印順法師佛學著作全集》第十九卷及鈴木大拙《自性自見》。

③ 參見胡適《禪宗在中國》一文中：「第八世紀的中國禪……只是中國佛教內部的一種革新或革命。」《中古思想史》一文中：「這些都是革命的教義。」《中國禪學的發展》中的「這是革命的教義」及「是革命的……打倒印度佛教的革命」。

④ 參見錢穆《〈六祖壇經〉大義》一文中的「佛門中極革命的意見」。

⑤ 參見范文瀾《禪宗——適合中國士大夫口味的佛教》一文中，「禪宗是披天竺式袈裟的魏晉玄學」。

⑥ 參見任繼愈《禪宗與中國文化》一文中「中唐以後小農經濟社會的產物」。

⑦ 梁啟超贊《大乘起信論》在佛教中的地位，「譬如七級浮屠，此其頂也」。

⑧ 參見范文瀾《禪宗——適合中國士大夫口味的佛教》一文，原文是：「代煩瑣學派而興起的總是簡易的學派，禪宗就是佛教裡比較簡易的學派。」

⑨ 參見胡適《中國禪學的發展》一文中，「這是中國的佛學者力求簡單化的結果」。

⑩ 參見季羨林《唐初統治者對宗教的態度》一文，原文是：「一直發展到禪宗，佛國入門卷越賣越便宜，麻醉性越來越大。」

⑪ 惠能隱居的時間，有四年和十六年兩種版本。

⑫ 《金剛經》中說：「無我相，無人相，無眾生相，無壽者相。」又說：「若見諸相非相，即見如來。」

⑬ 「十二部經」指的是早期的佛經：契經、祇夜、記別、諷誦、自說、因緣、譬喻、本事、本生、方廣、未曾有、議論。

⑭ 無遮大會是印度佛教的習慣，在會場提供食物並講法，兼具布施與討論的功能。

⑮ 「北魏初年」指魏太和元年，西元 477 年。過了三十六年後指延昌中期，西元 513-515 年。又過了三十七年指東魏末年，西元 550 年。

⑯ 總結來自樊樹志先生的演講。

第三篇　默然成道——佛、禪怎麼變成了花、茶、劍道

①　鈴木大拙列舉過這個公案。

②　心理學家榮格語。

參考文獻

自序　連貫的思想史才有意義

[1] 《悉達多的心理學：對現代心理學說「不夠」》，金木水著，海口：海南出版社，2017，P216-217。

[2] 《不一樣的日本佛教史》，藍吉富著；《日本佛教史：思想史的探索》，末木文美士著，上海：上海古籍出版社，2016，導讀P1-2。

[3] 《印順法師佛學著作全集》第十九卷，釋印順著，北京：中華書局，2009，P240。

第一篇　智慧之父──佛陀因何大事現身於世

[1] 《武士的宗教：中國與日本的禪學》，忽滑穀快天著，林錚顗譯，新北：暖暖書屋文化，2018，P94-96。

[2] 《中國印度之智慧：上冊》，林語堂著，南京：江蘇人民出版社，2014，P10。

[3] 《禪之道》，阿倫·瓦茲著，蔣海怒譯，長沙：湖南美術出版社，2018，P59。

[4] 《悉達多的心理學：對現代心理學說「不夠」》，金木水著，海口：海南出版社，2017，P176。

[5] 《禪之道》，阿倫·瓦茲著，蔣海怒譯，長沙：湖南美術出版社，2018，P55。

[6] 《中國印度之智慧》上冊，林語堂著，南京：江蘇人民出版社，2014，P11。

[7] 《奧義書：生命的究竟奧祕》，佚名著，黃寶生譯，新北：自由之丘文創，2017，P38。

[8] 《悉達多的心理學：對現代心理學說「不夠」》，金木水著，海口：海南出版社，2017，P157。

[9] 《印度佛教史》，平川彰著，顯如法師、李鳳媚、莊昆木譯，貴陽：貴州大學出版社，2013，P187-188。

[10]《印度哲學概論》，梁漱溟著，2版，上海：上海人民出版社，2013，P47。

[11] 《軸心時代》，凱倫・阿姆斯壯著，孫豔燕、白彥兵譯，海口：海南出版社，2010，P276。

[12] 《悉達多的心理學：對現代心理學說「不夠」》，金木水著，海口：海南出版社，2017，P127。

[13] 《季羨林談佛》，季羨林著，武漢：武漢出版社，2014，P73。

[14] 《悉達多的心理學：對現代心理學說「不夠」》，金木水著，海口：海南出版社，2017，P210。

[15] 《印順法師佛學著作全集》第十九卷，釋印順著，北京：中華書局，2009，序P6。

[16] 《覺與空：印度佛教的展開》2版，竹村牧男著，蔡伯郎譯，台北：東大圖書股份有限公司，2015，P46-47。

[17] 《從比較觀點看佛教》，中村元著，香光書鄉編譯組譯，嘉義：香光書鄉出版社，2003，P158。

[18] 《印度佛教史》，平川彰著，顯如法師、李鳳媚、莊昆木譯，貴陽：貴州大學出版社，2013，P63。

[19] 《我的佛教觀》，池田大作著，王遵仲譯，香港：牛津大學出版社，2014，P27。

[20] 《佛學概論》，關大眠著，鄭柏銘譯，南京：譯林出版社，2013，P103。

[21] 《印順法師佛學著作全集》第十三卷，釋印順著，北京：中華書局，2009，P6、P230。

[22] 《緣來如此：胡適說佛》，胡適著，北京：群言出版社，2013，P6。

[23] 《印度哲學史略》2版，湯用彤著，北京：中華書局，2016，P23。

[24] 《從比較觀點看佛教》，中村元著，香光書鄉編譯組譯，嘉義：香光書鄉出版社，2003，P40。

第二篇　叛逆之子——禪宗是不是發生在華夏的一場「革命」

[1]　《印順法師佛學著作全集》第十九卷，釋印順著，北京：中華書局，2009，P12。

[2]　《禪宗十日談》，高峰等著，上海：上海辭書出版社，2009，P7。

[3]　《緣來如此：胡適說佛》，胡適著，北京：群言出版社，2013，P44。

[4]　《南懷瑾禪學講座（上）》，南懷瑾著，台北：老古文化事業股份有限公司，2017，P37。

[5]　《克爾凱郭爾》，派翠克‧加迪納著，劉玉紅譯，南京：譯林出版社，2013，P68。

[6]　《中國哲學簡史》，馮友蘭著，趙複三譯，北京：文化發展出版社，2018，P238。

[7]　《禪宗與道家》，南懷瑾著，北京：東方出版社，2017，P4。

[8]　《中國哲學十九講》，牟宗三著，上海：上海古籍出版社，1997，P273。

[9]　《季羨林談佛》，季羨林著，武漢：武漢出版社，2014，P156。

[10]《山今老人談另類佛學：佛都有㘉》，岑逸飛著，香港：次文化有限公司，2015，P166。

[11]《拈花微笑》2版，聖嚴法師著，台北：法鼓文化，1999，P50。

[12]《箭術與禪心》，奧根‧赫立格爾著，魯宓譯，昆明：雲南人民出版社，2016：序VII。

[13]《禪的訓練》2版，關田一月著，徐進夫譯，台北：天華出版事業股份有限公司，2001，P124。

[14]《緣來如此：胡適說佛》，胡適著，北京：群言出版社，2013，P11。

[15]《印順法師佛學著作全集》第十九卷，釋印順著，北京：中華書局，2009，P293。

[16]《緣來如此：胡適說佛》，胡適著，北京：群言出版社，2013，P431。

[17]《禪宗與道家》，南懷瑾著，北京：東方出版社，2017，P51。

[18]《禪宗思想的形成與發展》，洪修平著，南京：江蘇古籍出版社，2000，P375。

[19]《鈴木大拙禪學入門》，鈴木大拙著，林宏濤譯，海口：海南出版社，2012，P105。

[20]《中國古代思想史論》，李澤厚著，北京：生活‧讀書‧新知三聯書店，2017，P196。

[21]《禪門修正指要》3版，聖嚴法師著，台北：法鼓文化，2016：自序3。

[22]《南懷瑾禪學講座（下）》，南懷瑾著，台北：老古文化事業股份有限公司，2017，P312-315。

[23]《心的詩偈：信心銘講錄》3版，聖嚴法師著，台北：法鼓文化，2017，P56。

[24]《佛教思想發展史論》2版，楊惠南著，台北：東大圖書股份有限公司，2008，

P224。

[25]《季羡林談佛》，季羡林著，武漢：武漢出版社，2014，P153。

[26]《禪宗與道家》，南懷瑾著，北京：東方出版社，2017，P209。

[27]《當勵志不再有效》，金木水著，北京：中國友誼出版公司，2019，P274-277。

[28]《中國人之思維方法：詩的原理》，中村元著，徐複觀譯，北京：九州出版社，2014，P126。

[29]《禪的對話》，有馬賴底著，劉建、華海譯，海口：海南出版社，2014，P26。

[30]《禪的訓練》2版，關田一月著，徐進夫譯，台北：天華出版事業股份有限公司，2001，P2。

[31]《禪門三柱》，菲力浦·凱普樓著，顧法嚴譯，慧炬出版社，1990，P228。

[32]《心之道：致焦慮的年代》，阿倫·瓦茲著，李沁雲譯，桂林：廣西師範大學出版社，2015，P180。

[33]《中國古代思想史論》，李澤厚著，北京：生活·讀書·新知三聯書店，2017，P182。

[34]《心的詩偈：信心銘講錄》3版，聖嚴法師著，台北：法鼓文化，2017，P68。

[35]《禪生活》，鈴木大拙著，劉建譯，海口：海南出版社，2014，P66。

[36]《禪的體驗》，聖嚴法師著，西安：陝西師範大學出版社，2009，P145。

[37]《對偽心理學說不》，基斯·斯坦諾維奇著，竇東徽、劉肖岑譯，北京：人民郵電出版社，2012，P29。

[38]《悉達多的心理學：對現代心理學說「不夠」》，金木水著，海口：海南出版社，2017，P81-82。

[39]《適合中國士大夫口味的佛教》，范文瀾著；《文化名家談佛錄》，楊耀文著，北京：中央編譯出版社，2011，P141。

[40]《緣來如此：胡適說佛》，胡適著，北京：群言出版社，2013，P59。

[41]《緣來如此：胡適說佛》，胡適著，北京：群言出版社，2013，P56。

[42]《禪的世界》，聖嚴法師著，台北：法鼓文化，1999，P152。

第三篇 默然成道——佛、禪怎麼變成了花、茶、劍道

[1] 《日本佛教史：思想史的探索》，末木文美士著，塗玉盞譯，上海：上海古籍出版社，2016：導讀P1-3。

[2] 《善的研究》，西田幾多郎著，何倩譯，北京：商務印書館，1965，P127。

[3] 《禪與西方思想》，阿部正雄著，王雷泉、張汝倫譯，上海：上海譯文出版社，1989，P62。

[4] 《禪者的初心》，鈴木俊隆著，梁永安譯，海口：海南出版社，2012，P121。

[5] 《遊戲三昧：禪的實踐與終極關懷》，吳汝鈞著，台北：台灣學生書局，1993，P186。

[6] 《禪與西方思想》，阿部正雄著，王雷泉、張汝倫譯，上海：上海譯文出版社，1989，P259。

[7] 《禪的對話》，有馬賴底著，劉建、華海譯，海口：海南出版社，2014，P200。

[8] 《禪與日本文化》，鈴木大拙著，錢愛琴、張志芳譯，南京：譯林出版社，2014，P184-185。

[9] 《菊與刀》，露絲・本尼迪克特著，麥芒譯，天津：天津人民出版社，2017，P212。

[10] 《禪生活》，鈴木大拙著，劉建譯，海口：海南出版社，2014，P129。

[11] 《菊與刀》，露絲・本尼迪克特著，麥芒譯，天津：天津人民出版社，2017，P219。

[12] 《武士的宗教：中國與日本的禪學》，忽滑穀快天著，林錚顗譯，新北：暖暖書屋文化，2018，P60-66。

[13] 《認識日本佛教》，藍吉富著，台北：全佛文化事業有限公司，2007，P78。

[14] 《箭術與禪心》，奧根・赫立格爾著，魯宓譯，昆明：雲南人民出版社，2016：序 VII。

[15] 《中國古代思想史論》，李澤厚著，北京：生活・讀書・新知三聯書店，2017，P195。

[16] 《禪與日本文化》，鈴木大拙著，錢愛琴、張志芳譯，南京：譯林出版社，2014，P79。

[17] 《菊與刀》，露絲・本尼迪克特著，麥芒譯，天津：天津人民出版社，2017，P226。

[18] 《箭術與禪心》，奧根·赫立格爾著，魯宓譯，昆明：雲南人民出版社，2016：序Ⅷ。

[19] 《禪與日本文化》，鈴木大拙著，錢愛琴、張志芳譯，南京：譯林出版社，2014，P60。

[20] 《禪與日本文化》，鈴木大拙著，錢愛琴、張志芳譯，南京：譯林出版社，2014，P163。

[21] 《箭術與禪心》，奧根·赫立格爾著，魯宓譯，昆明：雲南人民出版社，2016，P44。

[22] 《禪者的初心》，鈴木俊隆著，梁永安譯，海口：海南出版社，2012，P188。

[23] 《禪的歷史》，伊吹敦著，張文良譯，北京：國際文化出版公司，2016，P164。

[24] 《武士的宗教：中國與日本的禪學》，忽滑穀快天著，林錚顗譯，新北：暖暖書屋文化，2018，P68。

[25] 《緣來如此：胡適說佛》，胡適著，北京：群言出版社，2013，P31。

[26] 《鈴木大拙禪論集之一：自性自見》，鈴木大拙著，徐進夫譯，海口：海南出版社，2017，P60。

[27] 《鈴木大拙禪學入門》，鈴木大拙著，林宏濤譯，海口：海南出版社，2012，P7-8。

[28] 《禪與生活》，鈴木大拙著，劉大悲譯，上海：上海三聯書店，2013，P114。

[29] 《緣來如此：胡適說佛》，胡適著，北京：群言出版社，2013，P67。

[30] 《緣來如此：胡適說佛》，胡適著，北京：群言出版社，2013，P67-68。

[31] 《大乘佛教思想》，上田義文著，陳一標譯，台北：東大圖書股份有限公司，2002，P50。

[32] 《禪學隨筆》，鈴木大拙著，孟祥森譯，台北：五南圖書出版股份有限公司，2018，P136。

[33] 《鈴木大拙禪學入門》，鈴木大拙著，林宏濤譯，海口：海南出版社，2012，P5。

[34] 《禪在哪裡？：聖嚴法師西方禪修指導》，聖嚴法師著，法鼓山國際編譯組譯，台北：法鼓文化，2013，P23。

[35] 《無答之問或無果之行》，史鐵生著；《文化名家談佛錄》，楊耀文著，北京：中央編

譯出版社，2011，P172。

[36] 《非理性的人》，威廉‧巴雷特著，段德智譯，上海：上海譯文出版社，2012，
   P213。

[37] 《禪與生活》，鈴木大拙著，劉大悲譯，上海：上海三聯書店，2013，P20。

文化思潮 206
智慧之父與叛逆之子：佛與禪

作　　者—金木水
圖表來源—金木水
責任編輯—陳萱宇
主　　編—謝翠鈺
企　　劃—陳玟利
封面設計—陳文德
美術編輯—菩薩蠻數位文化有限公司

董 事 長—趙政岷
出 版 者—時報文化出版企業股份有限公司
　　　　　108019 台北市和平西路三段二四〇號七樓
　　　　　發行專線—（〇二）二三〇六六八四二
　　　　　讀者服務專線—〇八〇〇二三一七〇五
　　　　　　　　　　　（〇二）二三〇四七一〇三
　　　　　讀者服務傳真—（〇二）二三〇四六八五八
　　　　　郵撥—一九三四四七二四時報文化出版公司
　　　　　信箱—一〇八九九　台北華江橋郵局第九九信箱
時報悅讀網—http://www.readingtimes.com.tw
法律顧問—理律法律事務所 陳長文律師、李念祖律師
印刷—勁達印刷有限公司
初版一刷—二〇二二年二月十八日
定價—新台幣三八〇元
缺頁或破損的書，請寄回更換

智慧之父與叛逆之子：佛與禪／金木水著. -- 初版. --
台北市：時報文化出版企業股份有限公司, 2022.02
　面；　公分. --（文化思潮；206）
ISBN 978-957-13-9867-9（平裝）

1.佛教 2.禪宗

220　　　　　　　　　　　　　　　110021619

ISBN 978-957-13-9867-9
Printed in Taiwan